A BIOGRAPHY OF SONG ZIWEN

王 松◎著

宋子文全传

团结出版社
UNITY PRESS

图书在版编目（CIP）数据

宋子文全传 / 王松著. -- 北京 ： 团结出版社，
2017.10
ISBN 978-7-5126-4987-3

Ⅰ．①宋… Ⅱ．①王… Ⅲ．①宋子文（1894-1971）
一传记 Ⅳ．①K827=7

中国版本图书馆CIP数据核字(2017)第064233号

出　　版：团结出版社
　　　　　（北京市东城区东皇城根南街84号　邮编：100006）
电　　话：（010）65228880　65244790　（出版社）
　　　　　（010）65238766　85113874　65133603（发行部）
　　　　　（010）65133603（邮购）
网　　址：http://www.tjpress.com
E-mail：zb65244790@vip.163.com
　　　　　fx65133603@163.com（发行部邮购）
经　　销：全国新华书店
印　　装：三河市东方印刷有限公司

开　　本：170mm×240mm　　　16开
印　　张：21.5
字　　数：301千字
印　　数：4045
版　　次：2017年10月　第1版
印　　次：2017年10月　第1次印刷
书　　号：978-7-5126-4987-3
定　　价：52.00元

CONTENTS · **目 录**

宋子文 全传

Biography of Song ziwen

1

家世与教育

宋子文，中国第一代哈佛学子，被称为"国民政府著名的理财家"。在民国政坛上风云一时。

其父宋嘉树具有永不满足的进取精神和敢于改变自己命运的非凡勇气。他是上海滩上声名显赫的大富翁，以万贯家财资助推翻清王朝的革命斗争，由此成为孙中山的坚定支持者和亲密战友。

宋嘉树造就了一个"没有加冕的宋家王朝"，其影响力之深，名气之大，鲜有望其项背。

美国《时代周刊》曾把宋子文作为封面人物。美国《华盛顿邮报》赞叹说："在风云变幻的20世纪30和40年代，这个王朝不仅在中国而且在全世界都是声名显赫的。"

宋嘉树对宋子文寄予厚望，而宋子文真的能把"宋家王朝"推上顶峰吗？

上海处于东部海岸线中心部位，长江入海口咽喉。地势平坦，河港纵横。黄浦江、苏州河流贯境内。700年前上海不过是一个海边渔村，以后逐渐发展成为沿海小镇。自1842年辟为五口通商口岸之一以后，由于它为长江吐纳之口，得海外侨商萃集之利，迅速成为一座国内最大的商业、工业日臻兴旺的繁华都市。

在远离闹市区的中心的朱家木桥一带，有一所平房，四周草木葱茏，门前碧水淙淙。1894年12月4日，这家传出添丁的喜讯。随着"哇"的一声啼哭，一个白胖的男婴在上海同仁医院降临人间。这家主人，男婴的父亲决定：孩子的英文名字叫保罗，中文名字叫宋子文。意思是希望孩子将来能像圣徒保罗一样在中国弘扬基督教的福音，像民主革命先行者孙文（中山）一样在中国传播西洋富强之学。

宋子文的父亲，是一位不平凡的传奇式人物。他的名字对于当今大多数中国人来说肯定是陌生的，但只要一提起他的儿女们，又都感到非常的熟悉。他的女儿宋蔼龄、宋庆龄、宋美龄，被世界上公认为最不平凡的"宋氏三姊妹"；他的三个儿子：宋子文、宋子良、宋子安，也是民国时期的著名人士。更值得一提的是，孙中山后来成了他的女婿，蒋介石尊其为"泰山"。他的名字叫宋嘉树。

宋嘉树，字耀如，教名查理·琼斯·宋，老朋友见面叫他查理宋。他于1866年出生在海南岛文昌县一个普通小商人家庭。父亲韩鸿翼，是一位颇有文化修养的商人，当地人唯有见了韩鸿翼不按习惯称谓叫"老板"，而亲切地称"先生"。韩先生的先祖可上溯到春秋战国时代的韩国之君。传说秦灭韩后，一位韩国公子不愿臣秦，便以货殖为业，世代相袭。明代，韩姓商人在山西经商，颇享盛名。1664年清兵入关后，韩姓族人忠于明皇，乃举族南迁，最后渡过雷州海峡，落籍海南文昌。母亲姓王，叫韩王氏，是一位典型的慈母良妻。

一件偶然的事竟改变了宋嘉树的一生命运。1875年，他的舅父（其实是其婶婶宋氏之弟）从美国经商回到家乡招收学徒。父母决定把9岁的他送给舅父作义子，带到美国学做生意。舅父在美国马萨诸塞州的波士顿，开设了一家茶丝商店。在波士顿城中心的一座中国住宅内，宋嘉树按照中国传统的方式，度过了三年的学徒生涯。开始义父对他寄予很大希望，要他安分守己、专心经商。在义父教导下，宋嘉树也是专心学习做生意的技巧，一天到晚在店里忙个不停，一心只想等到长大以后成为这个店的新店东。茶丝商店以外的世界，他是十分陌生的。然而，又是一个偶然的事件，打破了这个中国少年内心的平静，并做出了一个令人吃惊的抉择。

宋嘉树所处的时代，正是中国经历严重政治危机的时期。清朝统治集团内部一些有识之士，在中国屡遭外国"坚船利炮"的打击之后，痛定思痛，允许少数达官贵人的子女到美国、欧洲一些著名大学留学，希冀"师夷长技以制夷"。于是酿成一股"留洋新风潮"，有钱人家纷纷将其子女设法送往牛津、剑桥、哈佛、巴黎等名牌大学。远涉重洋是那时许多青年梦寐以求的理想。宋嘉树虽然也到了美国，但进大学接受外国教育并不属于他的理想。然而，自从结识了两名中国留学生之后，进学校读书的念头便占据了宋嘉树的心。这两位中国留学生一个叫温秉忠、一个叫牛尚周。

牛尚周是上海嘉定县人。12岁那年进入上海英租界的中国留学生预备学校。1872年8月11日，他作为中国第一批第一期13名留学生中的一位，来到美国求学。温秉忠祖籍广东新宁县，出生在上海，他是中国第一批第二期30名中国留美学生中的一员。他们三人不仅结下了天长地久的友谊，而且后来因分娶倪氏三姊妹而成为连襟兄弟。

牛尚周、温秉忠经常到宋嘉树的店里来，对站在柜台后面的这位内心充满渴望的少年吹嘘他们多彩多姿的学校生活、惬意的课外活动，还眉飞色舞地宣告他们回国以后，要把中国从欧洲中世纪时代中拯救出来。并不时批评宋嘉树将自己局限于柜台内那块狭小的空间以及贫乏的生活。宋嘉树听得神往极了。有一天宋嘉树郑重地向养父提出了入学的要求。他的养父懂得金钱的作用，却不懂得知识的价值。他根本没有把义子的要求放在心上，只以"这不可能"回绝了。在养父看来，宋嘉树已有光明的前程，他应努力工作，锻炼自己成为优秀的商人，然后掌管丝茶店，这才是他应该走的路。

但是，养父不知美国文化的影响已经悄悄地浸入这座中国商店。宋嘉树像一般美国十三四岁的男孩可能做的那样——离家出走了。他跑到波士顿码头，爬上了一艘从波士顿开往北卡罗来纳州的汽船"考尔法克斯号"，偷偷地逃跑了。宋嘉树不晓得这船要开往哪里，但也无所谓，只要离开那个令人窒息的地方，他就感到心满意足了。

船员们发现了这个"小犯人"，并把他送到船长跟前。船长查理·琼斯，是一位和善虔诚的信教人。他没有赶走或惩罚宋嘉树，而同意留在船上打工挣饭吃，打算等汽船返回波士顿时再送他回到养父那里。每次船驶入波士顿港时，宋嘉树就会神秘地消失，直到汽船重新起锚，远离波士顿后，他又会突然地冒出来。宋嘉树以东方人特有的勤劳拼命干活，赢得了船长的欢喜。船长得知嘉树希望获得美国教育的心思后，便把他交给自己在威明顿的朋友，第五号街卫里公会教堂的佩奇——里考德牧师。里考德牧师对这个中国小男孩非常关心。在这里宋嘉树接受洗礼，皈依了基督教，取教名为查理·琼斯·宋，以此感戴查理·琼斯船长的恩德。这件事很快传遍了威明顿小城，并引起当地富商卡尔将军的关注。卡尔将军约见了宋嘉树，经过一番认真考查，决定资助他进入学校，实现接受教育的理想。1881年，宋嘉树进入圣三一学院（后改名杜克大学）。两年后又转到田纳西州的万德毕尔特大学就读。

1885年，宋嘉树结束了在万德毕尔特大学学业，想留在美国再学习医学。但教会认为他应该回到中国当传教士。10月初，在马克谛耶主教的主持下，北卡罗来纳州监理会举行特别仪式，授予宋嘉树监理会见习牧师，派回中国传教，在中国布道区上海布道团负责人林乐知博士手下工作。

1886年1月13日，宋嘉树乘海轮回到中国上海。在上海他没有得到同胞的欢迎，人们把他看成是"洋鬼子"。因为他离国多年，只会讲英语和家乡土话，而不会讲上海话。而在那些高鼻梁、蓝眼睛的外国传教士眼中，宋嘉树是个"无国籍的华人"，一个既是东方人又是西方人的"流浪汉"。更使宋嘉树不能容忍的是林乐知对他的鄙视。林乐知不让宋嘉树回文昌探望父母，

宋嘉树是"宋家王朝"的奠基人，他心中有一个宏愿，就是要努力将子女培养成中国的林肯、华盛顿式的伟大人物。

还诬蔑他是个智力低下的人。1886年11月，在华传教大会举行首次会议时，宋嘉树被派去苏州地区昆山一带传教。1889年调到上海乍浦区传教，兼教英文，大名鼎鼎的胡适是其学生之一。

1892年，宋嘉树辞去教会职务，开始从事实业工作，逐步发展成为一个富有的买办资本家。他在上海协助组成第一个"中国基督教青年会"，还创办了一家印刷所——上海华美书馆，大量印刷中文《圣经》。

宋嘉树作为基督教的世俗领袖和商人以外，还被人认为是个革命者。1894年春，孙中山先生为谋求民富国强的道路，北上上书清廷重臣李鸿章，途经上海，结识了宋嘉树。宋同情民主革命事业，是国内最早聆听孙中山宣传革命道理的人之一，不久参加中国同盟会，成为孙中山的热情支持者和知心朋友。他冒着被清朝砍头的风险，常以印刷中文《圣经》为掩护，秘密印刷反清和宣传革命思想的文章及小册子。

宋嘉树在苏州地区昆山一带传教时，重逢在波士顿早已认识的朋友牛尚周。此时牛已与浙江余姚倪家的三个女儿之一结了婚。他把妻妹倪桂珍介绍给宋嘉树。倪桂珍是一位贤淑、端庄、有教养的女子，是明代著名科学家《农政全书》的编著者徐光启的后裔。她早先就读于家庭私塾，后进培文女子高等学堂读书，爱好弹钢琴和文学，思想上受西方文化影响较深。1887年，宋嘉树与倪桂珍在上海南方卫里公会教士里德主持下结了婚。1890年，他们的第一个孩子宋蔼龄出生。1892年次女宋庆龄出生。1894年，宋子文出生于上海。宋子文是他们的第三个孩子，也是第一个男孩。此后几年里，宋嘉树夫妇又生了一个女儿、两个儿子：宋美龄、宋子良、宋子安。他们的六个子女后来都成了中国政治舞台上的重要人物，对中国社会产生了重要影响。

培育出伟人的父亲不可能是侏儒。宋嘉树既是一位富有传奇经历的人物，又是一位教子有方的典型父亲。宋嘉树对子女的教育完全采用民主的方式，对男孩女孩一视同仁，给予同样的关怀和正规的新式教育，赋予同样的社会责任心。宋子文的童年、少年时代，就生活在民主氛围浓烈的家庭之中，并受到系

1913年3月7日，孙中山等人与日本军界人士的合影。前排左四为孙中山，左二为宋嘉树。

统的宗教生活熏染。

宋嘉树对中国封建传统压抑个性，以循规蹈矩为贤明，以唯唯诺诺为老成的陈腐教育深恶痛绝。他认为这种教育的结果只能使一个伟大的民族一天一天地沉沦下去。他心中有一个宏愿，就是要努力将子女们培养成中国的林肯、华盛顿式的伟大人物。

他屡次对人说，只要一百个孩子中有一个成为超人式的伟大人才，中国就有四百万超人。现在中国大多数家庭还不能全心全意培养子女，我要敢为天下先。他和妻子制定了一套现代型的教育方案，并为实现理想倾注了大量心血。

1890年2月12日，是美国历史上享有盛名的总统林肯的诞生纪念日。宋嘉树、倪桂珍夫妇在这一天里收获了爱情的第一颗硕果。夫妇给自己的千金取名爱琳（蔼龄），以此表达对林肯总统的敬仰，寄托誓将子女培养成中国式林肯的宏愿。

倪桂珍，是明代科学家徐光启的后裔。有着一双大脚，受过西式教育，能在钢琴上弹奏出美妙的乐曲。

当孩子还在襁褓之时，倪桂珍就领着他们做祈祷。在他们夫妇看来不自觉自愿地接受上帝的指引，绝对不能成为真正的伟人。宋嘉树对子女要求非常严格，反对无节制地满足孩子的欲望，而主张培养孩子的自制力、独立性。他特别强调要成为一个伟大人物，应当有比钢铁更坚强的意志。当孩子蹒跚学步时，他就购买皮球等玩具给他们去尽情地玩耍，孩子跌倒了，他不去扶，而是笑着鼓励他（她）自己爬起来。等孩子稍大些，他就开始实行"沐于大麓，烈风雷雨而不迷"的教育。宋嘉树经常选择风狂雨骤的日子，携子女在雨下受淋。有时还带上孩子们到野外徒步旅行。宋嘉树还认为每个人必须学会自制、忍耐，培养坚韧的气质才行。在他培养子女的方案上列有"忍饥挨饿"一项。

宋嘉树尽管患有较重的胃病，但为培养孩子的意志，以身作则，常常和孩子们一起禁食，忍饥挨饿。父子（女）们一起默默地祷告，以驱散食欲，抵御诱惑。据外国作家评论，在宋氏兄弟姐妹中，宋子文是受过宋嘉树特殊熏陶的唯一男孩，不但能吃苦耐劳，专心致志、坚韧不拔，富有进取精神，而且性情活泼，不乏幽默诙谐。

宋嘉树夫妇信奉知识就是力量这一至理名言，主张所有的孩子都应不分性别得到受教育的机会。孩子们入学前，他就从美国购买了大量儿童读物，夫妇俩轮流教他们读写。宋嘉树重视英语训练，一有空就用英文给孩子们讲故事。宋嘉树在讲述故事时，把基督教的博爱、平等观念和孙中山的民主革命思想自然地融入其中；把只有使国家摆脱贫穷落后的命运，才能使我们平等地自立于世界之林的道理滴滴渗入孩子们的心田。1898年，宋嘉树还和长女宋蔼龄一

倪桂珍，是明代科学家徐光启的后裔。有着一双大脚，受过西式教育，能在钢琴上弹奏出美妙的乐曲。

起编了一份《上海儿童报》。这是一份英文打字小报，主要文章都由孩子们自己写。

在这块自由创作园地里，宋子文和他的兄弟姐妹用自己的幼稚之笔，描绘出一幅幅充满童年生活情趣的美好图画。宋子文还担任过小报的打字任务。这份独特的家庭小报一直办到宋子文的两个小弟弟宋子良、宋子安进入中学才停刊。

宋嘉树同时又很重视对孩子进行中文训练。他常对孩子们讲，学英文是为了睁眼看世界，将来报效祖国，中文一定要更好。在宋嘉树的督导下，宋子文认真练习过毛笔字，学习过古文和进行过中文写作技能训练。当子女们陆续进入学校，周末回到家时，宋嘉树还常常组织他们召开小型讲演会，锻炼他们的聪明才智和灵机应变能力。

宋嘉树认为教育应当是全社会、全方位的，不管家庭教育多好，也不能代替集体干活的训练。因为孩子们长大了总要走上社会，独立地面对社会和人生。他们不应当是笼中的金丝鸟，而应做勇敢的弄潮儿。

宋子文很小的时候，宋嘉树就带着他经常参加社交活动。每当家里来了客人，宋嘉树总是把子女叫出来一一地与客人见面，并鼓励孩子们与客人交谈。孙中山是宋嘉树的至朋好友，孙中山每次来到宋家，孩子们就像过节一样愉快。有时全家人为孙中山的到来召开家庭晚会，宋氏夫妇用小号、钢琴合奏，宋子文唱歌，宋蔼龄等姐妹表演舞蹈。

宋嘉树不放弃任何一个有利于教育子女的机会。为培养孩子的爱国情感，宋子文等人还经常跟随父亲参加政治集会。1904年4月30日，上海市民在张园举行拒俄特别大会，抗议沙俄军队霸占东北，声援留日学生的拒俄运动。宋嘉树认为这是一次开阔孩子政治视野，培养爱国精神的极好机会，便让华美印书馆印出了几千张《爱国歌》，带着宋蔼龄、宋庆龄、宋子文到会场散发。三个孩子生平第一次见到如此宏大的场面，第一次目睹国人如火如荼的爱国热情，他们幼小的心灵都深深地震颤起来。从张园回家的路上，他们一齐高唱着《爱国歌》。

宋嘉树虽然深受美国文化的影响，并一向把美国看成理想国的楷模，但在中美之间需要他做出抉择时，他会自觉地把砝码加在中国一方。1905年爆发了全国性的反美爱国运动。这次运动是由于美帝国主义迫害华工引发的。1894年美国同清政府订立了一个排华性的"限制华工"的条约。这个条约到1904年期满，但美国要求续订并更加残酷地迫害华工。5月，上海市民开展拒美运动。12岁的庆龄、10岁的子文都置身于这场爱国运动的行列中去了。在虹口附近的繁华地段，宋嘉树吹着小号，庆龄、美龄和子文跟在身旁散发传单。回到家中，庆龄不声不响地把自来水笔、书包、文具盒等美国货毫不吝惜地丢进废物箱，宋子文把心爱的美国玩具也扔进了废物箱。上海人民拒美热情继续高涨，少年儿童也组织了"中国童子抵制美约会"。宋庆龄、宋子文、宋美龄是最早加入的一批少年。宋子文他们在虹口美租界挨家挨户地劝大家抵制美货。7月19日，上海各界又在上海西门外务本女塾大礼堂举行拒美特别大会，有一千六百多人参加，宋嘉树一家的出席引起了极大震动。

严格特殊的家教也无法取代正规的学校教育。宋嘉树夫妇先后把六个子女送到学校读书，接受正规的西式教育。长女宋蔼龄5岁时，宋嘉树就执意将她送到上海教会学校——马克谛耶女子学校住宿求学。马克谛耶女子学校是1892年由美国卫理公会在上海创设、专为外国小姐和上流社会服务的学校。庆龄、美龄也是从这所学校毕业的。宋子文兄弟姐妹长大后，宋嘉树就送他们独自到美

　　在哈佛大学读书的宋子文

国求学，并告诫他们：要你们到美国去，不是让你们去看西洋景，是要将你们造就成为不平凡的人，回来报效祖国。这是一条艰苦的、荆棘丛生的路，要准备付出代价，不管多么艰苦，都不要中断你们的追求。

由于没有马克谛耶女子学校那样的卫理公会男生学校，宋子文跟家庭教师念了几年书，然后进入圣约翰大学少年班。

圣约翰大学，是美国基督教在旧中国开办的大学。1879年（光绪五年），美国圣公会施若瑟主教将培雅书院、度恩书院合并为圣约翰学院，校址在上海。1890年（光绪十六年）开始设大学课程。1905年（光绪三十一年）正式改为圣约翰大学。在美国哥伦比亚区注册立案。1906年设神、文、理、医、工等学院和研究院。当时在中国有许多教会学校，这是外国教会机构以兴办学校、医院等某些社会公益事业作掩护进行传经布道活动的一种手段。尽管这些教会学校办学条件很好，但历届毕业人数并不多，主要原因是一般中国人不信任西洋人，不了解西方文化，因此招生困难。教会学校在传播宗教信仰的同时，主要讲授一些现代科学文化知识，其课程仿效外国，设有天文、地理、数学、物理、化学、哲学、体育等，提倡德、智、体三育兼顾。

宋子文坚持每天从虹口家中步行去学校。他学习非常认真，看书的时候总是眉头紧锁。他记忆数字的诀窍巧妙得令人难以置信。宋子文在学校经常参加演讲会，尽管年龄小、个子矮。平时又有点口吃，但能用英、汉两种语言讲演，自然流畅。他的这种讲演天才也使学校老师大为惊叹。

宋子文度过了从圣约翰大学预备班和大学班的学习生涯，1912年毕业后赴美留学，进入哈佛大学。哈佛大学是1636年在波士顿办起的第一所大学。波士顿好像一座大学城，马萨诸塞街横贯市中心，哈佛大学和麻省理工学院分别在大街两端，大街就从这两个大学校园中心穿过。哈佛大学在美国的地位相当于北京大学在中国的地位，许多美国名人、伟人皆出自哈佛，迄今为止已培育出6位美国总统。文、理、工等许多学院散落在以哈佛广场为中心的街道两旁。校园绿树碧翠，建筑古香古色，哈佛大学创始人哈佛的铜像矗立在校园中央。麻

在美国留学期间的宋子文（中）、宋美龄（左）、宋庆龄（右）

省理工学院在美国的地位相当于清华大学在中国的地位。当时由美国人创办的清华学堂也处处着意模仿麻省理工学院的模样，连清华大学的大礼堂也和麻省理工学院的大礼堂都有几分相像。

在波士顿哈佛大学求学期间，宋子文俨然成了妹妹美龄的保护神和监护人。宋美龄1913年秋天从卫里斯学院转学到波士顿近郊的韦尔斯利文理学院，以便与在哈佛上二年级的哥哥宋子文离得近一点。这所贵族女子学院，依山傍水，浓荫环绕。校园内绿草如茵，风景如画。宋美龄开始住在韦尔斯利小镇，这是美国十二个贵族城镇之一。多年以后宋美龄回忆说：这个地方"有围墙、迷人的树林和空旷的场地"。上完一年级之后，她搬进校园，住在伍德楼里。宋子文和他的朋友经常出现在伍德楼的石阶上。他们都是哈佛大学和麻省理工学院的中国留学生。留学期间宋美龄还与来自江苏省的哈佛学生李彼得宣布订婚，但婚约只维持几个星期就解除了。

这是近代中国最富传奇色彩的家族。右起：席地而坐者为宋庆龄、宋子安、宋子文、宋蔼龄；后排：宋美龄、倪桂珍、宋嘉树、宋子良

宋子文兄妹虽然不在同一所大学，但学习都很努力，很受老师和同学的喜爱。兄妹之间互相照顾、感情笃深，宋美龄很听宋子文这位兄长的话，她总是希望得到他的教诲，与人交谈时也经常谈到子文。

1915年，宋子文以优良成绩从哈佛大学毕业并获得经济学硕士学位。他没有急着回国，而是前往纽约，进入国际银行工作并到哥伦比亚大学听课，攻读经济学博士学位。国际银行在纽约市东端曼哈顿的华尔街，这是世界金融中心。宋子文在国际银行供职，不是后来人们所传说的那样当经理，而只是一个初出茅庐的办事员，主要照应向中国汇款事项。这份工作虽然并不十分复杂重要，但使他看到华侨同国内的家庭和公司如何小心谨慎地处理财务问题，对他了解国际金融业务，提供了十分难得的见习机会，为日后回国执掌民国政府财政金融大权积累了经验。夜晚，宋子文到哥伦比亚大学听课。哥伦比亚大学也是美国创立较早、影响很大的一所高等学府，始建于1754年。

1917年，宋美龄从韦尔斯利文理学院毕业。宋子文偕美龄一同离美回国。回国之后，宋子文担任了汉冶萍公司秘书。

宋子文 全传

·Biography of Song ziwen

2

丘比特之箭

宋子文留洋回国，在汉冶萍公司供职时，遇上了清末民初民族资本家盛宣怀的七女盛谨如。宋子文的年轻英俊和广闻博学使盛谨如的芳心为之颤动。

那天，盛七小姐拿着一张上海金融时报走进宋子文的办公室，那张报纸上登载着宋子文的大名，称宋是"金融界理财的好手"、"汉冶萍公司的希望"。

夜幕降临，两人时常来到湖畔散步谈心，清澈的湖水中不时映现他们相依相伴、卿卿我我的身影。

后来，丘比特之箭改变了方向，江西九江富商张谋知之女张乐怡成了宋子文的新娘。

宋子文心灵深处的情感，何人能知？

汉冶萍煤铁厂矿公司，简称"汉冶萍公司"，是中国最早的钢铁联合企业。其统辖汉阳铁厂、大冶铁矿和萍乡煤矿。1889年（光绪十五年）春，当时的两广总督张之洞筹划在广州建立炼铁厂，因同年他调任湖广总督，于是筹办的炼铁厂也随迁汉阳。1890年开始动工兴建铁厂，后又决定在大冶开采铁矿。1891年大冶铁矿投产，1893年汉阳铁厂基本完工，当时共有6个大厂、4个小厂和炼炉两座，1894年投产。上述企业开始均为官办。从筹办起至1895年，共投入经费白银580余万两。中日"甲午战争"后，清政府因无力筹措经费，后于1896年将这些厂矿改为"官督商办"，并由盛宣怀招股100万两接办。1898年，为解决汉阳铁厂燃料问题又招股100万两，并设"萍乡煤矿局"，在江西萍乡开采煤矿。然而由于这些厂矿经营腐败，没出几年负债便倍于股本。1908年盛宣怀获得奏准合并扩充，且改名为"汉冶萍煤铁厂矿公司"。此时该公司实权为盛宣怀把持。辛亥革命前夕，汉阳铁厂工人约3000人，每年出钢7万吨；萍乡煤矿工人3000余人，每年出煤60万吨。因连年亏损，从1903年起盛宣怀以厂矿财产作抵押，陆续向日本借款，并用生铁和铁砂廉价抵偿，于是该公司逐渐为日人控制。后来，北洋政府和国民党政府时期，又续借了大量日款，公司大权则全部落入日本人手中。

1916年盛宣怀去世时，七小姐盛谨如只有16岁，但已出落得如出水芙蓉，亭亭玉立了。她是盛府当家人庄夫人的亲生女儿，见多识广，不仅能诗会绣，还写得一手好字，虽排行第七，却是盛府上下的一颗明珠。当时宋子文从美国留学回来，担任了汉冶萍公司总经理盛恩颐（七小姐的四哥，亦为庄大人所生）的英文秘书，常常出入盛府，由此结识了"惊为天人"的七小姐。

盛恩颐（世称盛老四）是上海滩有名的大少爷，因社交活动繁多，几乎白天黑夜颠倒，每天差不多要睡到下午才起床。宋子文的作风是西洋化的，按着钟点来盛府汇报工作，见主人未起床，只得在客厅里等候，这给了他向七小姐进攻的机会，可谓天赐良机。

宋子文不仅主动担任了七小姐的英文教师，还经常向她讲述大洋彼岸的异国风光和风土人情，尽可能地显示他的博学，很快便赢得了七小姐的芳心。

在宋子文来汉冶萍公司3个月后一个落霞的傍晚，一份美好爱情，悄然向他走来，一时使他猝不及防。本来，回国后一心扑在事业上的宋子文，像所有有志气的男人一样，打算先立业后成家，并没有把爱情提到日程上来。那天傍晚，当宋子文听了盛谨如小姐的表白后，心里竟一时没有了谱。

爱情，一个多么撩人心扉的字眼啊！

上帝缔造了人，人就有爱和被爱的权力，爱和被爱都是幸福的。这叫作自由抑或缘分。然而在"媒妁之言，父母之命"的旧中国传统社会里，这种自由常会被扭曲，缘分也常会被割断。

那天，盛谨如小姐是拿着一张上海《金融时报》走进宋子文办公室的，那张报纸上登载着宋子文的大名，并称他是"金融界的理财好手"和"汉冶萍公司的希望"。文章中列举了宋子文来公司后的几项大的举动，还称他是汉冶萍公司的"智多星"。对这张报纸，宋子文不屑一顾。可是，在旁边姑娘的爱火却在燃烧。盛小姐看着宋子文说：

"中国的金融界还能有第二个宋子文吗？到底还是洋博士啊！"

宋子文抬头看了盛小姐一眼："本来就是平平常常一个人么，有什么好张扬的！"

盛小姐却目不转睛地盯着宋子文道："就是这么平平常常一个人，才讨人喜欢呢！"

"可喜欢我什么呢？"宋子文故意问。

"喜欢你的人品，还有能力。"盛小姐认真地说。

"可盛小姐是盛老总的千金，岂是寻常人能随便高攀的呀！"宋子文不免有些心事重重地说。

"那又怎么样，盛老总也是人嘛！而且他的女儿也要找婆家呀！"说着，盛小姐走到宋子文身边，用手抚着他的双肩道："子文，我爱你！并不是一时的冲动，自从你来到公司的第一天起，我就喜欢上你啦。一直到现在我才来找你，请你答应我，好吗？"

"这……怕是不行吧！"

这是实话，在恋爱中，宋子文已经有过不少的教训了。当年在美国求学时，也曾有过几个比较好的美国姑娘锲而不舍地追求他，但终因中西文化的差距及其女方父母的反对而"落果"，至今他心中的伤口还没痊愈呢。所以，面对如花似玉的盛谨如小姐，宋子文实在不敢再有非分之想。

与宋子文有情无缘的盛小姐

"那你是怕……怕我爸我妈不同意？"盛小姐又追问一句。

宋子文点点头，一时默然不语。

"那明天——我就给爸爸妈妈说，让你到我家来做客，公开我们的关系。"

就这样，宋子文和盛谨如两个人悄悄地相爱了。

在那段时间里，宋子文像整个换了一个人似的，整天精神焕发，浑身仿佛有使不完的劲儿；常常埋在办公室里，一干就是半夜。到了周末休息的时候，他就约上谨如小姐，两个人来到湖畔散步谈心，清澈的湖水中不时映现他们相依相伴、卿卿我我的一双身影。

然而，当时宋子文家境并不太好。他回国的第二年父亲就去世了，留下的家产也不多，与七小姐的关系遭到了盛家的阻挠。

七小姐的母亲硬是不允许这门婚事，因为那时两家的地位非常悬殊。盛家虽然失去了老太爷的支撑，但"瘦死的骆驼比马大"，在上海滩仍能呼风唤雨，而宋家是传教士家庭，老百姓称其为拉洋风琴的，宋子文当时只是个留洋归来的小秘书，如何能般配？宋子文也犟得很，庄夫人越阻挠他越来劲。有时他开着车子，看见七小姐的车子在前面，马上加足马力追上去，把车子往七小姐车前一横，硬要跟七小姐"对话"。七小姐既不想违背母意，又不想违心地拒绝宋子文的求爱，那段时间，她被折腾得好苦。

聪明的七小姐为了不把事情弄得不可收拾，有时就答应与宋子文一起去逛街，但同时拉上了八小姐盛方颐，对此，宋子文也无可奈何。有一次，他们三人走在街上，宋子文只顾起劲的跟七小姐讲话，冷不防一辆汽车从身边擦过，走在后面的八小姐赶紧把他往旁边一拉，结果人未撞到，可衣服被撕破了一个大口子，宋子文顿时吓出一身冷汗。

为了将宋子文与盛家七小姐拆散，盛恩颐借故将宋子文支到汉冶萍汉阳总公司去当会计科长。宋子文耐不住寂寞，不久又回到上海。适逢孙中山先生一封封电报催他南下广州参加革命，他认为是个发展的好机会，但却放不下七小姐，就力劝七小姐与他同赴广州。在婚姻问题上，七小姐表面上顺从母亲，毕竟母亲已年迈，但她内心深处对婚姻自主充满了向往。而宋子文要她离家出走，投身革命，这对一个生活在高墙深院中的大家闺秀来说，又是无法接受的。

那天，宋子文手里捏着三张开往广州的船票，追七小姐、八小姐追到了杭州，当时她们正在杭州看潮。在西子湖畔，他劝两位小姐跟他同去广州，说革命一定会成功。八小姐讥笑他说："怎么，你还想拖两个人走呀！"

七小姐心里很难受，她掏出一把金叶（金制的树叶造型的礼金）给宋子文做路费。金叶是上流社会的礼金，送人金叶比送钞票显得高雅些。她对宋子文说："你还是自己去吧，我在上海等你回来！"宋子文手握金叶感激地说："我真心地感谢你，这就算是你借给我的吧。"

宋子文一去就是好几年。孙中山先生命他筹办中央银行，后出任行长，还担任了国民政府财政部长兼广东省财政厅厅长，中央党部商业部长。随环境的变化和职务的升迁，宋子文把上海的七小姐淡忘了。1927年宋子文曾经来沪，当时盛家庄夫人已去世，而那时国民党内部分裂，宋子文处境不好，新上任的上海警备司令杨虎和特别军法处处长陈群，在他的住宅四周布置了暗探，他只得深居简出，不敢走出法租界和公共租界，几个月后去了武汉。1930年，宋子文再次返沪时，已带来了夫人张乐怡。盛七小姐为此伤心透顶，大病了一场。

宋子文后来对七小姐一直怀有愧疚之情，因为七小姐直到32岁才与庄夫人的一个内侄结婚。抗战胜利后，盛氏兄妹常在盛老五家（位于淮海中路的大花园洋房）聚会。有一次，七小姐接到电话前去玩，没想到宋子文居然也在场。宋子文主动和七小姐搭话，并有心约她聊聊，盛氏其他兄妹也力促他们讲和。可是七小姐一脸冰霜，丝毫不给宋子文面子，她根本不需宋子文做任何解释，因为事实早已说明了一切，而且早年的那段恋情，毕竟已过去20多年了。大家劝她留下来共进晚餐，七小姐站起身来，冷冷地说："不行，我的丈夫在等我呢！"说完拂袖而去，宋子文讨了个没趣，也走了。

谁知人算不如天算，盛家自有用得着宋家的时候。抗战胜利后，国民党肃奸部门空前忙碌，把敌伪时期的"落水"分子基本上一网打尽，盛毓度也阴差阳错的被抓了进去。

盛毓度是盛家的孙子，因当过日本人的翻译，在狱中被囚10个月。他多次写信申诉，说是由戴笠安排他加入日本宪兵队的，曾策应营救过不少国民党人士，只因他与戴笠是单线联系，戴笠飞机失事身亡后，他有口说不清，被"挂"了起来。

盛氏兄妹自然是急得团团转，能动的脑筋都动了，能托的人都托遍了，可就是不见放人。最后大家央告七小姐给宋子文打一个电话，请他念及旧情的分上，帮一下忙。盛毓度的太太则在七小姐面前长跪不起。

七小姐极不情愿再去理会那位宋院长，但盛毓度是她最最疼爱的亲侄子呀。无奈，只得硬着头皮往宋府打了一个电话，宋子文十分痛快地答应了。七小姐又说："我想跟毓度一起吃中饭。"宋子文立即表示："我一定让你明天中午跟你侄子一起吃饭！"第二天中午，盛毓度果然被放出来了。

新中国成立后，七小姐参加了里弄工作，宋子文则跑到美国当了寓公。1971年，宋子文在美国旧金山去世。七小姐则活到1983年，享年83岁。

宋子文追求的第二个人是张乐怡。张乐怡是江西九江富商张谋知的女儿。

1927年11月，就职于南京政府的宋子文出席完在九江附近牯岭召开的军政会议后，在庐山找到了此前刚认识不久的张乐怡。

张乐怡一见宋子文的到来，喜不自禁，一口一个"宋部长"。宋子文要求她不要叫"宋部长"，而以英文"uncle"相称，这样既显得亲热，又显得实在。对宋子文来说，做张乐怡的"uncle"，他还心有不甘，他希望能够做她的"husband"（丈夫）。

在宋子文眼里，张乐怡太迷人了，又俏皮，又纯情，又可爱。每当他们两人在一起时，宋子文总是称她为"小丁丁"，用昵称表示对张乐怡的喜爱。

宋子文尽管公务繁忙，但在1928年1月27日发表"国民政府对海关态度宣言"

被宋子文称为"小丁丁"的张乐怡

后，以"身体不适，需要休假"为由，不顾蒋介石的劝说，再次来到庐山，与张乐怡团聚。

这一回，宋子文给张乐怡带来了一份厚礼：一枚红宝石戒指。可他迟迟不敢拿出来，生怕遭到拒绝。但张乐怡接受了这份礼物。临走时，张乐怡问宋子文什么时候再来看她，宋子文紧紧地握住张乐怡的纤手，无限深情地说："小丁丁，我爱你，我实在离不开你！我请求你尽快与我结婚。如果你说一个不字，我财政部长也不做了。"

张乐怡一听，顿时感动得泪水晶莹，低下头，驯服地倒在宋子文的怀里。

宋子文三番五次上庐山引起了蒋介石的注意，便与宋美龄谈起此事，宋美龄听后笑道："要弄清这个秘密很容易，就是下次他去庐山时，我偷偷跟着去一趟。"

数月后的一天，当宋子文正在与张乐怡喃喃私语时，秘书突然来报：蒋总司令偕夫人到了庐山，请宋部长前去一晤。

宋子文感到吃惊，当然，他也明白，纸是包不住火的。好在他与乐怡的事已经水到渠成，让蒋与妹妹美龄看看也不是坏事，于是对秘书说："告诉他们，我一会儿就与乐怡去会晤。"

经过简短的会晤，宋美龄就喜欢上了这个美丽的小女子，她觉得张乐怡与自己有相同的一面：聪明、胆大、不怯场。于是，她和蒋介石都同意了这门亲事。

宋子文 全传

·Biography of Song ziwen

3

崭露头角

在宋庆龄的引荐下，宋子文来到孙中山的陆海军大元帅大本营。

孙中山见宋子文有胆有识，任命他为大本营秘书、广东中央银行行长、广东国民政府财政部长。有了施展才华的舞台，宋子文有声有色地大干起来。

此时，广州商团叛乱，商团军到处张贴"打倒孙政府"、"请孙文下台"等标语。

宋子文沉着冷静，为孙中山出谋划策，顺利解围。孙中山对此十分高兴，握着宋庆龄的手，感激地说："子文果然身手不凡。"

孙中山逝世后，宋子文签名于"总理遗嘱"见证人之首，备受国人关注。

宋子文步入政坛，并在民国政治舞台上日益发挥重要的作用，与他在广州追随孙中山，参加广东革命政权的活动有直接关系。

1923年3月1日，孙中山在广州成立中华民国军政府陆海军大元帅大本营，这是孙中山第三次在广州建立的革命政权。为了适应日益激烈的革命斗争的需要，孙中山急需各方面的人才。这时，宋庆龄便把宋子文引荐给了孙中山。宋庆龄认为，她这个弟弟能够解决国民党所担心的南方财政问题。

宋子文于1923年10月抵达广州，孙中山随即任命他为陆海军大元帅大本营秘书。宋子文由此走上了政坛之路。

由于广东革命政权经费奇缺，因而宋子文向孙中山建议，采取一系列严厉的财政"紧急措施"。这些措施于1924年初陆续生效。这些措施包括对橡胶、甲醇和制造化肥用的硫酸铵征收特别进口税；广州的每个商人都必须"借给"广东革命政府5—500元；向在饭馆就餐者征收10％的附加税；征收清凉饮料税；对专卖药品、化妆品、婚礼、葬仪、宗教仪式、人力车都实行征税。

孙中山对宋子文的才干十分器重。1923年10月27日，孙中山准两广盐运使

广州军政府大门

邓泽如辞职，任命伍汝康继任，宋子文为两广盐务稽核所经理。很快，又委宋子文以筹备建立中央银行的重任。

宋子文多方筹措资金，主持拟定了中央银行《条例》、《章程》和《组织规程》等文件。经过近一年的筹备，中央银行于1924年8月在广州正式成立，孙中山任命宋子文为行长。

宋子文就任中央银行行长以后，采取了许多措施，加强中央银行在广东金融界的地位，提高和巩固中央银行钞券的信用。他主张纸币发行须有充足准备、反对随意增发纸币；与同业来往，要根据有关规定办事，不可贪利而涉风险乃至投机营业；革命政权向中央银行借款，也必须有抵押品或切实担保。

正因为如此，中央银行开业后，各项业务都能正常进行，银行的信誉也非常好。中央银行发行的钞票甚至在不受国民党控制的中国其他一些地方也获得承认。宋子文认真履行银行的保证，逐渐提高了银行的信誉。

宋子文的工作成效给许多国民党人留下了深刻的印象。但是，那些广州的商人、买办和大亨却视他为"另一个布尔什维克"。广州商团的许多买办资本家对孙中山同苏联的友谊感到惊愕，阴谋发动反革命叛乱，推翻广东革命政府。

1924年10月10日，在英帝国主义的唆使下，由汇丰银行广州分行买办陈廉伯策划的广州商团叛乱爆发。商团军向参加纪念辛亥革命游行活动的群众开枪射击，当场打死20余人，受伤者百人以上。12日，商团军到处张贴"打倒孙政府"、"请孙文下野"、"驱逐孙文"等反动标语。盘踞东江的陈炯明也准备配合商团军进攻广州。

民国九年3月发行的"阜丰机器面粉股份有限公司股票"。这枚股票因认购股东为宋子文，背面有宋子文及弟宋子良的亲笔签名而尤显珍贵。

危急的形势使宋子文面临了一次严峻的考验。在反动商团的猖狂进攻面前，宋子文积极为孙中山出谋划策，协助制订粉碎商团叛乱的计划。为确保万一，宋子文悄悄地将国民党政府的全部资金搬到"沃罗夫斯基"号船上。他还为孙中山、宋庆龄及各种随从人员、鲍罗廷及其苏联助手等的紧急撤离做了准备。孙中山对宋子文的所作所为十分满意。握着宋庆龄的手说："子文果然身手不凡。"

在广大的广州工人、农民群众的支持下，孙中山指挥工团军、农民自卫军、黄埔军校学生和北伐军向商团军发起总攻，终于在10月15日平定了商团叛乱。

也正在这一时期，冯玉祥发动了北京政变，曹锟被迫于1924年11月2日宣告退位，直系军阀控制的北京中央政权告终。冯玉祥还决定把末代皇帝溥仪驱逐出宫。

北京政变后，北方出现了由冯玉祥和奉系军阀张作霖、皖系军阀段祺瑞共同支配而由段为临时政府总执政的中央政权。三者之间形成了又联合又斗争的新局面。

冯玉祥、张作霖、段祺瑞各怀着不同的政治目的电邀孙中山北上共商国

1925年3月12日，孙中山先生病逝于北京。图为先生家属在北京中山公园灵堂守灵

是。孙中山为求得全国统一，不顾个人安危，毅然决定应邀北上。

孙中山于1924年11月13日由广州北上，中途经过香港、上海，取道日本赴天津，辗转一个多月，直到12月13日才风尘仆仆地到达北京。由于多年艰苦的革命工作，孙中山劳累成疾，北上途中，又怒不可遏地一再痛斥段祺瑞等人的卖国谬论，更使病情恶化。他到达北京后，竟一病不起，送进协和医院后，被确诊为肝癌，而且已经到了晚期。

1925年1月29日，宋子文应北京急电北上。

来到北京后，宋子文同宋庆龄、孔祥熙等人一起，精心照料着身患绝症的孙中山先生。

危在旦夕的孙中山先生，在病床上仍十分关心全国革命形势的发展，还时常约见国民党在京的要员，嘱咐他们坚持革命。孙中山对宋子文说，有革命政府一天，须维持一天，勿令所失。

1925年2月24日，孙中山病笃。孔祥熙、宋子文、孙科、汪精卫四人进入病房。

孙中山问他们有什么话要讲。

孔祥熙、宋子文等人犹犹豫豫，不敢言语。过了一会儿，汪精卫才说："当1月26号先生入病院，诸同志皆责备我等。要请先生留下些教诲之言俾资遵循。如先生之病即痊愈，固无说矣；设或不痊愈，吾等仍可永久听教诲也。"

孙中山听后，欲言又止，沉默良久，然后说："我何言哉！我病如痊愈，则所言甚多，幸先至温泉休养，费数日之思索，然后分别言之。设使不幸而死，由汝等任意去做可矣，复何言哉！"

宋子文四人再次请求说："吾等仍愿听先生之吩咐也。"

汪精卫还说："我等今已预备一稿，读与先生一一请听，先生如肯赞同，即请签字，当作先生之言，如不赞成，亦请别赐数话，我可代为笔记。"

孙中山说："可。汝可试读之。"

汪精卫立即取出所拟文稿，即著名的《总理遗嘱》，低声慢读。

孙中山听毕，点头说："好，我极赞成。"

汪精卫迅速取来笔具，请孙中山签字。孙中山说："汝暂时收存可也，今日不需签字，俟数日后再酌。吾总还有数日之生命。"

3月11日，孙中山病危。汪精卫将预备好的《总理遗嘱》呈上去，孙中山先生因手力甚弱，不停颤动，无法自持。夫人宋庆龄含泪托起孙中山先生的手腕，执钢笔签上"孙文"二字。

宋子文将孙中山的英文秘书陈友仁起草的《致苏俄同志的一封信》轻声读了一遍，孙中山听过后，用英文签字。

1925年3月12日，中国民主革命的伟大先行者孙中山先生在北京溘然长逝。宋子文以见证人之一的身份，首先在孙中山的两份遗嘱上签名，并且参加了治丧事宜。这使宋子文的社会地位进一步提高，备受国人关注。

宋子文在参加了孙中山的治丧事宜后，匆匆忙忙地赶回广州。

这个时候，广东革命政府经过镇压广州商团叛乱、两次东征，消灭了陈炯明反革命军队，平定了滇军杨希闵和桂军刘震寰两部的叛变，壮大了革命力量，广东革命根据地也开始获得统一。广东革命根据地形势的迅猛发展，为宋子文施展其理财筹款的才能提供了一个历史的机遇。

1925年7月，国民政府在广州成立。广东省政府依照国民政府所颁布《省政府组织法》改组成立。广东省政府设民政、财政、教育、建设、商务、农工、军事七厅，宋子文出任商务厅长。8月20日，国民政府财政部长廖仲恺遇刺身亡。9月20日，国民党中央任命宋子文为国民政府财政部长兼广东省财政厅厅长，并仍保留中央银行行长与商务厅长的兼职。

1926年1月，在国民党第二次全国代表大会上，通过了《关于财政决议案》。这次大会明确提出了改善广州国民政府财政制度的任务，要求在短期内迅速统一国民政府的财政。根据国民党"二大"的精神，广东国民政府制定了统一财政的计划。

随后，宋子文签发了广东省政府财政厅的通电，向各军政单位提出三点要求：

一、核实军政各费，确定预算案。

二、实行统一财政，无论何等部队不得截留。

三、自高级机关以下及各军各部队彻底的财政公开，并实行军需独立，金库独立。

国民政府还于1926年3月27日公布了修正统一军民财政条例，严禁擅自征收或截留钱款。

宋子文具体负责整理财政，他采取了一系列措施，整理了国民政府的财政：

（一）清理田赋。由于田赋之册籍湮没，无法稽考，宋子文特设立田赋清理处，进行登记清理工作。他还责成各县县长将旧欠、新粮，按章征收，解交国库，并要求扫除浮收巧取之弊。对各县长解缴钱粮，作为征收考绩，成绩显著者，予以奖赏，违章县长，分别予以记过，记大过和罢免处分。这样，从1925年10月至1926年9月，国、省两库共收301.8万元，超过上年近一倍。

（二）清理厘捐。当时厘金税捐，名目繁多，稽核困难，国民政府遂建立改良税捐委员会，逐渐取消苛捐重税及一切不良征收制度，将商人承包饷税制，推广到各厘税局，公开竞争投标，并将土丝出入酌收保证金。这些办法颇有成效，全年厘捐增加，每月平均达100万元，实三倍于前年。

（三）整顿盐务。广东国民政府在歼灭军阀邓本殷的反动军队，完全克复粤南后，即恢复了沿海各销售区的原状，并改组了盐务行政与稽核分权的隔阂，裁并运署及稽核所，将盐务总处直辖财政部，招商承包运销，均能投出溢额。在盐场产地，国民政府清查产量与盐户丁口名额，取缔产场走私，并发给场业盐证。这样，产地运销配套联络一气，因而产销两旺，比较前一年增加盐税近百万元。

（四）改革印花税。印花税原本是很丰富的税源，以前由于管理不善，虽缴款领票，但并不粘贴，这就给一些人以可乘之机，乱收滥罚。国民政府徒蒙恶名，而税收还极其微薄。1925年12月，印花税归财政部接办后，宋子文一面重新公布税法，加强宣传教育，使商民养成粘贴印花习惯，一面分区派员，认真检查，遇有违反漏贴情况，即依法处理。对于奥可加、爆竹、烟、酒各项印花，改由检查所于入口时代贴。仅此项收入，一年间竟达304万元，在烟酒奢侈税方面，过去招商承办，起色不大。财政部派员设局，加证烟酒牌照等税及出产入境税。结果，1926年各月税收已过30万元。

（五）整理沙田耕地。广东沙田是海滨淤地，1926年4月，国民政府财政部派出人员，先从沙田最多的中山、顺德两县着手，按广升科，"已熟之田，限期登陆，占筑沙恒，查催补价"。1925年9月、10月间月收入仅数千元，经苦心经营，逐渐加赠，全年收入，有余64.5多万元。

（六）设立筹饷局。在1925年12月以前，各项防务军饷，多被驻军把持据收，或任意将饷款截留。为了保证供应北伐军需粮饷，1925年12月，国民政府设立筹饷总处，宋子文派出人员多次分别向驻军进行交涉，陆续收回了一些款项。同时，还将原来归军队附征之保护费，呈准咨请军事委员会通令取消，充作正饷。经过几个月的努力，征收军饷工作有了起色，在1929年的一段时间，每月收数已达140余力元。

（七）募集团内公债票与金库券。广州士敏土水泥厂（附砖瓦厂）系清光绪年（1908）建立，年生产水泥约15万桶。辛亥革命后，由广东省政府接管，1924年因为战事不断，经费奇缺而停产。广东省财政厅、商务厅为帮助士敏土厂开工以及建筑黄埔商港，通过募集国内公债票与金库券，共收有2428万元，而1924全年库收只有789.6万元。

在国民政府的支持下，宋子文整理财政的措施，取得了比较显著的成效。国民政府的收入逐年增长：1923年政府收入为1031.6万余元，1924年为798.6万余元，1925年增至2518.2万元，而1925年10月至1926年9月底（即宋出掌财政后的一年）猛增至8020万余元，1926年全年收入则为10013.6万余元，1927年为10876.8万余元。

宋子文对其在广东革命政权整理财政的工作颇为满意。他说，前半年奋其全力，将各军队及歧出机关之财政权，收归本部直接管理，使统一日就完成。后半年废除庞杂无定之组织与其管辖之移置，使明统系而便稽查。然后取消不良之管理，改善租税制度。

诚然，这一段整理财政工作尚有许多不足，例如许多不合理的捐税还未废除，当时存在的税捐约有百种；农村的正赋（田赋），多由一般地主、豪绅、旧粮站差所包办，结果地主劣绅不用出粮，粮差则到处勒索；发展生产、广开财源方面的措施也不多，等等。但是，从总的方面看，宋子文在广东整理财政还是成功的。广东革命根据地财政经济状况的好转，为国民政府的统一和广东

1927年3月10日在汉口召开的国民党二届二中全会上部分与会者的合影。前排居中者分别是：孙科、宋庆龄、宋子文，中排右二为毛泽东

革命根据地的不断巩固，提供了重要的经济保证。

在广州，宋子文理财获得了成功。但是，在武汉，宋子文虽然也在财政经济方面采取了一些措施，却收效甚微。宋子文没有办法也不可能解决武汉政府的财政经济问题。

1926年下半年，当北伐军攻克武汉，占据长江流域的广大地区之后，革命中心已经北移，此时的国民政府和国民党中央从中国南端的广州迁到内地已成为形势发展的要求。因此，1926年11月，国民党中央召开政治会议，决定迁都武汉。

1926年11月16日，宋子文和宋庆龄、孙科、陈友仁、徐谦、蒋作宾、鲍罗廷等人离粤北上，为国民党中央和国民政府北迁武汉做准备。

此时，宋子文的社会地位日趋重要：

1926年12月8日，宋子文、孙科等在庐山同蒋介石举行重要会议，商谈有关军事、财政等要案。

同年12月10日，宋子文等抵武昌，受到盛大欢迎。

宋子文先后被选为中央执行委员会政治会议武汉分会成员、政治委员会主席团成员、军事委员会委员、国民政府常务委员（仅5人，其余4人为孙科、徐谦、汪精卫、谭延闿）。显然，宋子文已跻身于武汉政权的决策核心。

宋子文来到武汉以后，为了解决武汉国民政府的财政问题，也做了不少的努力。他颁布条例，整理币制，准备发行金融公债2000万元，财政公债1500万元；设立中央银行汉口分行，自任行长，要求一切税款须存放中央银行；整顿税收，征收田赋等。但是，这些措施收效不大。

宋子文于1927年1月22日向记者发表谈话，介绍了他的财政方针。在这次谈话中，宋子文流露出对统一货币、改善武汉政府的财政经济状况缺乏信心的思想。他说："窃思以小洋单位改成大洋单位，同一银行所发行之纸币，票面上文字应当统一，及由西建改为洋建等等，皆为今日货币统一上重要问题，急望其能早日实行。但现在之国民政府，于军事政治外交方面，诸端待理，今欲即行从事于此等理想之改革，乃极困难，换言之乃不可能之事，故拟与各般施政之改善，同时详细研究，而徐徐谋其进行也。"

应该说，宋子文的这番话或多或少地反映出了当时复杂的政治形势。既然，国民政府在军事政治外交方面，诸端待理，那么，财政经济方面要想取得大的成效，当然是极困难，当然是不可能之事。显而易见，宋子文在1927年1月，已经或多或少地预见到他在武汉政府实施的理财措施难以取得显著成效。

宋子文 全传

· Biography of Song ziwen

4

向左转，向右转

四一二反革命政变后，蒋介石集团宣称将武汉政府司法部长徐谦、财政部长宋子文等一律免职。

宋子文在上海的办事处被封闭，其寓所受到青帮和特务的监视。每次去宋蔼龄家，宋子文都要被孔祥熙和宋蔼龄"洗脑子"。

宋子文强烈反对蒋介石同宋美龄联姻，兄妹几乎决裂。

日坐愁城，去住两难。他对美国记者希恩说："我无法使中央执行委员会理解……看看他们把我的钞票弄成什么样了，我的多好看的钞票啊！它们膨胀得一文不值了。"

宋子文打算以广州王先生的名义买一张船票离开上海。但是，他又说："我姐姐不理解。谁也不理解有多少困难。我不知道回汉口后会不会被暴民拖出财政部，撕得粉碎？"

一张旧船票，能登上哪只船呢？转折关头，何去何从？

的确，武汉国民政府此时面临着重重困难。蒋介石为了实现其军事独裁统治的阴谋，挑起了迁都之争。蒋介石挟中央政治会议于1927年2月22日作出了"在党部与政府未迁以前在武汉不得以中央党部暨国民政府名义另行办公"的决议，与武汉国民政府对抗。武汉国民政府内的一些国民党的要员们由于与蒋介石集团有着千丝万缕的联系，在同蒋介石的斗争中表现出严重的动摇性。这就不能不影响到武汉国民政府的威信，不能不影响到工商金融界对武汉政府的态度，当然也就不能不严重地影响武汉政府的财政经济状况了。

宋子文在武汉待的时间并不长。他于1926年12月10日到达武汉，1927年3月27日，就赶赴上海。此后，他便难以同武汉方面保持正常的联系了。

武汉政府派宋子文赴上海主要目的在于：一方面对蒋介石"劝阻分裂"，

东平路9号。这幢别墅原是宋子文买来送给妹妹宋美龄作陪嫁的。1927年12月3日，蒋介石与宋美龄婚后即居此，并将其题名为"爱庐"。

另一方面则控制上海和江浙一带的财政金融。

武汉国民政府发布通令，"为实行财政统一，派财政部长宋子文到上海主持，并令江浙两省财政，非经宋办理，概不承认"。宋子文希望在上海和江浙财政金融界行使权力。这些地区的年收入占全国年收入的40％左右，掌握了这些富庶地区的财政收入，武汉国民政府就有了可靠的财政来源。

上海是宋子文的故乡。无论在政治、经济和文化各方面，宋子文都同上海有着特别密切的关系。

宋子文当年在上海有多处住宅，其中两幢为宋之最爱。一处在岳阳路145号，另一处在东平路11号，建造于1928年。这两幢建筑都是孟莎式的坡屋顶，在陡峭的坡度上开设装有檐口的窗户，即"老虎窗"。建筑注重装饰，具有对称庄重的特点。宋宅的特点是有大露天阳台，宅前有大花园，花园里有各色植物。其中，岳阳路145号为荷兰式花园住宅，占地30来亩。

宋子文府邸隔壁的东平路9号，知名度甚至超过前者。这幢别墅原是宋子文买来送给妹妹宋美龄作陪嫁的。1927年12月3日，蒋介石与宋美龄婚后即居于此，并将其题名为"爱庐"。

宋子文到达上海的第二天，便去拜访蒋介石，商议接收江浙财政事宜。蒋介石也想利用宋子文为其筹措军费。两人似乎一拍即合，蒋介石很快以国民革命军总司令部的名义颁发布告，支持宋子文对江浙财政进行接收处理。

宋子文在上海，力图行使财政部长的权力，和上海资本家的头面人物恢复联系。为了取得他们的支持，宋子文设立了3个顾问委员会：一个关于政府债券的，一个关于国家预算的，一个关于银行业和商业的。上海金融界、商业界和工业界的头面人物都被邀请参加。

宋子文此时的所作所为只是希望蒋介石能和武汉国民政府进行谈判。但是，蒋介石却对宋子文的行动感到非常可疑，认为宋起着武汉政权代理人的作用。

随着蒋介石在上海发动的"四一二"反革命政变，宁汉对峙的局面公开化。蒋介石逐渐向宋子文施加压力，劝说宋子文在他的政权中任财政部长并同武汉断绝来往，宋子文有些动摇。

当时，蒋介石为了维持其庞大的军费开支，向上海银行家和企业家"贷款"。而这些银行家和企业家似乎对蒋介石同武汉国民政府的关系不甚明了，他们不甘心把钱"白白给"蒋，希望至少能拿到一张偿还"贷款"的书面保证，并请宋子文以财政部长的名义签字。他们以为如果以后不能从蒋介石那里讨回"贷款"的话，至少也可以在享有声望的宋子文那里得到一部分。宋子文自然是拒绝签字。

宋子文的态度，使蒋介石十分气恼。于是，蒋介石置宋子文财政部长的权力于不顾，不同宋商量而自行借款，并且指派财政官员。

4月18日，蒋介石集团在丁家桥前江苏省议会举行南京"国民政府"的成立"大典"。"国民政府"委员为蒋介石、胡汉民、张静江、吴稚晖、李石曾、邓泽如、蔡元培、李宗仁、白崇禧、何应钦、钮永建、古应芬、柏文蔚、陈铭枢、甘乃光、蒋作宾等。胡汉民任"国民政府"主席，钮永建为秘书长，伍朝枢为外交部长，古应芬为财政部长（钱新之代），薛笃弼为民政部长，王宠惠为司法部长，蔡元培为大学院院长。

南京政府的成立，在中国南部就出现了两个政权——武汉国民政府政权同南京政权对立的形势，各种政治斗争更为错综复杂。南京政府宣称已将武汉政府司法部长徐谦、交通部长孙科、财政部长宋子文一律免职，令其他各部部长表明态度，未表明态度前，南京政府暂不委任部长，但将任命执行委员，以便执行政务。

4月20日，蒋介石派人封闭了宋子文在上海的办事处。

此时此刻，宋子文这位武汉政权的决策核心人物、财政部长，还能做什么呢？

面对蒋介石和南京政府的强大压力，宋子文处于极度的恐惧之中，他开始动摇了。

武汉国民政府不断派人赴上海，想说服宋子文回武汉。而宋蔼龄、孔祥熙以及蒋介石又不断地给他施加影响。宋子文每次去西爱咸斯路宋蔼龄的家或者西摩路宋美龄同宋老夫人的居处，都要被宋蔼龄和孔祥熙"洗一次脑子"。有时，宋子文宁愿待在莫里哀路宋庆龄空着的屋子里，以避开宋蔼龄。但是，青帮的恶棍却监视着这栋房子，这又使他感到十分紧张。孔氏夫妇还一再催促蒋介石加紧做子文的工作。

1927年6月，美国记者希恩来到上海，他想说服宋子文同他同乘一艘英国轮船离开上海，并且确保宋子文的安全。

宋子文在会见希恩时，表示同意这个计划，并且请希恩以广州王先生的名义为他买一张同希恩同舱的船票，他还不断询问武汉事态的发展情况。

当宋子文将自己准备同希恩一同离开上海的想法透露给宋老夫人以及孔氏夫妇时，立刻遭到这些人的强烈反对。

这样，宋子文便改变了返回武汉的想法。第二天，他心事重重地对希恩说：

"我没有理由去（武汉）"，"你看，事实是，我不是一个社会革命者。我不喜欢革命，不相信革命。如果劳工政策使所有商人和工厂老板吓得不敢开业，我怎么能平衡预算或者使货币流通呢？我无法使中央执行委员会理解……看看他们把我的钞票弄成什么样了，我的多好看的钞票啊！……它们膨胀得一文不值了……"

"唉，我姐姐……我姐姐不理解。谁也不理解有多么困难。我怎么知道回汉口后会不会被暴民拖出财政部，撕得粉碎呢？我怎么知道我能制止货币贬值？如果他们不断鼓励罢工和群众集会，那么干什么也无济于事。他们让人民处于想入非非的激动状态，他们肯定要失望的……请想想，我是不讨人喜欢的。我从来没有讨人喜欢过。那些暴民不喜欢我。去年冬天要不是士兵及时赶来，他们就把我杀了……他们都知道我不喜欢罢工和群众集会……我能怎么样？……"

在恐惧和动摇之中，宋子文留在了上海。随着国内政局的急剧变化，在其家族的影响下，宋子文为了维护自己的既得利益，开始倾向蒋介石一边。他对蒋介石同宋美龄婚姻的态度也逐渐发生了变化。

1927年4月间，也正是蒋介石在上海进行反革命大屠杀的时候，蒋介石正式向宋美龄求婚。这件事，在中国政界产生了很大反响，众说纷纭。在宋家内部，也泛起轩然大波，争吵不停。

有一天，宋家专门为此事开了一个家庭会议。全家人进行了激烈的争辩，有赞成的，也有反对的。宋蔼龄吹捧蒋介石"前途无量"，可为宋家"争光"，认为这门亲事乃"天赐良缘"，不宜错过机会。宋庆龄和宋子文持反对态度，认为蒋介石将来的成败尚是未加数，未必能给宋美龄带来幸福，坚持不能答应这门亲事。宋老夫人也反对这门婚事，理由是蒋介石不是基督教徒，而且又结过好多次婚。再加上1927年白色恐怖的发生，更使宋老夫人根本无法对蒋介石产生好感。

这次家庭会议并没有起到什么作用。

在这次会议后，宋蔼龄反复说："我们可以利用这个人。"她费尽口舌，想让宋家的全家人相信，这门亲事对宋氏家族有利，对大家有利。

宋子文多次表示反对这桩婚事，有时还十分急躁冲动，几乎兄妹决裂。为了迫使宋子文同意这门婚事，宋蔼龄、宋美龄经过商议，请求谭延闿出面调解。她们认为，宋子文对谭信服，谭的威望可以压得住宋子文。

这样，谭延闿的日记中就出现了这样一段有趣的记载：

"应宋美龄电邀到西摩路赴宋母之约，抵彼，美龄迎于梯门，称有事奉托。入室，宋母以美龄将嫁介石事见告，并称不料子文反对，托为劝解。继呼子文来，同至另室详询经过，当婉劝以儿女婚事尚不应多管，何况兄妹，徒伤感情，且贻口实。再回譬解，始得完成使命而归。"

之所以谭延闿能"完成使命而归"，除了他的一番"道理"，弄得宋子文无话可讲而外，还有一个重要原因，是宋子文已经从众人的"劝说"中清楚了这一点：如果他反对这件婚事，他就什么事也干不成。如果不支持蒋宋联姻，就休想在上海继续混下去。

这样，宋子文终于表示同意这门婚事，并且愿意参加蒋介石集团的活动。

宋子文于1927年7月12日又回到武汉。他向武汉政府的要员们带来了蒋介石的要求：立即抛开共产党人和鲍罗廷，同南京联合，没有商量的余地。

宋子文在当天晚上还会见了宋庆龄，转达了他的母亲、宋蔼龄、宋美龄以及孔祥熙的"所有强迫、威胁和搅乱人心的话"。但是，宋庆龄明确而坚决地表示不愿同蒋介石合作，并且将继续同蒋进行斗争。

当天，宋子文密电孔祥熙，详细说明汪精卫提出的几点保住面子的办法。这封电报由孔祥熙转给了蒋介石。

13日傍晚，宋子文收到了孔祥熙的回电。电文说："告诉卖主，商人同意按所索取的要价支付。他期望在商定的日期交货。"

"商定的日期"到了。1927年7月15日，汪精卫在武汉召集"分共会议"，正式宣布和共产党决裂，在"宁可枉杀一千，不可使一人漏网"的反动口号下，大规模地逮捕共产党人和广大革命群众，进行反革命的大屠杀，中国革命遭受了极其严重的损失。

由于国民党内部矛盾不断加剧，蒋介石于1927年8月13日突然宣布下野；8月16日宣布辞去国民革命军总司令之职。9月28日，蒋介石同张群等人东渡日本。

与此同时，宋子文也以探望母亲的名义赴日本。在日本期间，宋子文与前来求见宋老夫人的蒋介石见面，两人互相取得了谅解。在宋子文的引见下，蒋介石正式向宋老夫人提出了同宋美龄结婚的要求。

蒋介石拿出了同原配夫人毛福梅离婚的证明书，给宋老夫人和宋子文看了，解决了人们私下议论纷纷的其他纠葛。蒋介石还向宋老夫人表示愿意学习《圣经》，并且尽力去做。他的话，使宋老夫人感到满意。订婚的事，不久就宣布了。

1927年10月下旬，宋子文回国。为了垄断金融，国民政府颁布了《中央银行条例》20条。11月1日，中央银行在上海正式开业，宋子文任总裁。

宋子文一面同孔祥熙密切配合，极力斡旋，为蒋介石复职四处奔波，一面同宋氏家族的其他成员一道，筹备宋美龄的婚事。

11月10日，蒋介石由日本回到上海，即电汪精卫赴上海"商谈党务"。蒋介石、汪精卫在上海达成相约同时复职的协议：蒋介石复任总司令，汪精卫复任国民政府主席，共同对付桂系。12月，汪精卫由于受到国民党内各派系的攻讦，亡命法国，蒋介石重新成了国民党的中心人物。

伴随着蒋介石的东山再起，蒋介石、宋美龄的婚礼于12月1日在豪华的上海大华饭店的舞厅里举行。在蒋宋婚礼上，宋子文是女方主婚人，报纸当时报道说，那天"新娘宋女士，由其兄子文先生扶持"，交与蒋介石之手。

1928年1月初，蒋介石由上海回南京"主持大计"，并且复任国民革命军总司令兼军事委员会主席。宋子文则于1月7日正式就任南京国民政府财政部长之职。

宋子文 全传

·*Biography of Song ziwen*

5

筹款理财

在其位，谋其政。

宋子文担任南京政府财政部长后，面临着百业待举、百废待兴的局面。

宋子文采取整治措施：争取关税自主、改革盐税统税、成立中国银行、建立国家预算、发行巨额公债、施行废两改圆。

有人称他是"中国近代财政制度的奠基者"，也有人说他是"中华民国金融之父"。是对？还是错？功过是非，任人评说。

1928年初，宁汉合流实现，蒋介石复职，宋子文以国民政府委员身份兼任南京政府财政部长。

南京政府建立初期，由于连年用兵，财政支出不断增加。宋子文上台的第一天对记者谈话称："现在收入每月仅两三百万，支出须一千一百余万，相去甚远"。因此，必须设法增加收入，稳定财政，巩固统治。

关税是近代各国收入的大宗，然而当时中国的海关仍为帝国主义所控制。中国关税税率自鸦片战争以来，由于受协定关税的束缚，一直被冻结在值百抽五的水平上。这还只是名义上的，实际上由于大部分货品实行从量征税，自1858年修订税价后又长期不变，海关征收的税款折合税率还低于值百抽五的水平。帝国主义国家依据协定关税所掠夺的中国人民的财富，是无法统计的。我国自协定关税以来，产业不能振兴，洋货不能抵制，权利外溢，百业凋残。因此，取消协定关税，已迫在眉睫。

当时，宁汉虽然已经合流，但北京奉张政府还未覆灭，还存在南北两个政府。宋子文作为南京政府的财政部长，当然要反对北京政府对海关的要求。1928年1月27日，宋子文首次代表南京政府发表对海关态度宣言，称"国民政府现统辖二十一省之十六省，所收关税约占百分之七十。北京政府又非前经承认政府之法律继承者，国民政府自不能承认任何团体有单独行使管理关税之权，或有派任何代理人行使此种管理之权。"从这个宣言中可以看出，宋子文当时考虑的还不是废除协定关税，而是同北京政府争谁是继承者。

1月29日，南京政府代理外长郭泰祺接见路透社代表，解释宋子文27日发表的宣言说："此举并无干涉以海关税缵付外债之意；至于内债，以在国民政府辖境之关余，供北京政府用作抵御国民军之兵费，似欠公允。"郭泰祺的这番话旨在说明南京政府行使关税权后，将继续以关税抵作外债，各国

任南京国民政府财政部长的宋子文
（1928年春）

不必为此担心。

宋子文发表海关宣言后，署理总税务司英国人易纨士从北京南下。2月7日，易纨士在上海访晤南京政府外交部长黄郛，略述关税问题意见："（一）按以前关税会议修正之七级表实行加税；（二）由南北两政府各发同文通知书与各国；（三）增加数目全国约六千万两，以一千万两留抵担保不确实外债之基金，余数按三七或六四比例分配于南北（南方可净增年额一千七八百万元）；（四）第一次南北委员会议地点在大连，以后各次在上海。"2月16日晚，宋子文在上海私邸设席宴请易纨士。宋于席散后，乘夜车回南京商定关税问题解决办法。因北京政府从中作梗，废除协定关税拖延了一段时间。

1928年6月，南京政府第二次北伐胜利，张作霖决定放弃北京。6月4日在退往沈阳途中被日本人炸死。此后，废除协定关税步伐加快。7月25日，宋子文与美驻华公使马克谟在北京首先签订了《中美关税条约》。条约规定："历来中美两国所订立有效之条约内所载关于在中国进出口货物之税率、存票、子口税并船钞等项之各条款，应即撤销作废，而适应用国家关税完全自主之原则。"

随后，南京政府又先后同挪威、比利时、意大利、丹麦、葡萄牙、荷兰、英国、瑞典、法国、西班牙等国缔结了"友好通商条约"或新的"关税条约"。这些国家都在条约中承认中国的关税自主。这样就为统一税则和陆、海关税创造了条件。

在此期间，宋子文规定：凡进口货物均分为7类，按类别分别缴纳不同的税率，以7.5%为起点，1928年最高到抽27.5%。到1933年5月，南京政府再次修改税率时，最高税额已达80%。长期以来，中国关税税款一直是交给外国在华银行储存和保管的，并且由外国银行经手办理外债的还本付息事宜。自1932年3月1日起，海关税款全部集中存入中央银行，而且由中央银行办理外债还本付息业务。除去偿还外债的税款，剩余的全归南京政府自由支配。关税是南京政府的最大税源，超过总收入的一半。例如1932年关税收入是3.88亿元，除去偿还外债2亿多元，还有1亿多元可由南京政府自由支配使用。这样就为蒋介石集团提供了比较充足的资金。

但是，海关总税务司仍是英国人，其他各重要海关的负责人亦多为外国人担任，这妨碍了中国关税的真正独立自主。

宋子文任财政部长期间，除在一定程度上争取关税自主外，还对盐税和统税进行了改革。

盐税在中国历史上极为悠久。在封建时代，它同田赋一起，是政府的主要收入。进入民国以后，盐税百弊丛生，被称为中国的三大恶税之一。另两大恶税是厘金、资本税。

盐政之弊中，最主要的是包商制度。所谓包商，就是某商人向政府先缴纳一定数量的金钱，然后凭引票在盐场购取一定数量的食盐，再运到某个指定的地区销售，并主管该地区的盐税征收，收税后，按双方约定的数量，上交一部分税金。包商制度的最大危害在于，它使少数盐商凭一点资财，把千百万人的食盐权利握在手中，并借此而捞取亿万不义之财。

46　　　　和包商制度关联的是分区和引岸制度。所谓分区，是指当时全中国在盐务上分两淮、四川、东三省、两浙、长芦、山东、两广、河南、福建、云南、甘肃等12区，各区所产的盐，不得到他区销售，一个地区销售的盐，必须由某一包商从某一指定盐场运来，否则即视为私盐。所谓引岸，是指那些不产盐的销盐地区，像湘岸、鄂岸、皖岸等，这些地区销盐也要由某一指定盐包商运来，否则也视为私盐。当时，各盐场的生产条件不一，盐的成本也不一样。照理讲，产盐区和交通比较便利的地方，人民应该吃到质优价廉的食盐，可是由于分区和引岸制度，许多地区的人民只能吃质次价高的劣盐；更严重的是，由于上述弊政，包商制度更为加强，食盐买卖成为某些盐商世代相传的生财之道。

盐政之弊，第二是盐务稽核所的存在。盐务稽核所成立于袁世凯统治时期，是为偿还外国借款而成立的，以中方为总办，以洋人为会办，实际权力掌握在外国人手中。开始，盐务稽核所只管稽核造报，后来，其权力扩充到发给引票、编制报告、征存盐税、签支盐税、收放盐斤，成为中国盐政的主管机关。孙中山曾经痛骂这帮人"无恶不作"，"包办一切，好像小皇帝一样。"

上述盐税中存在的弊端，不只为舆论所诟病，南京政府也有所不满，因为它损害了南京政府的收入。这样，盐税改革就具有必要性，成为朝野上下的一致呼声。

作为主管税制改革的财政部长宋子文，有他关于盐税改革的思路。在1928年7月召开的全国财政会议上，他提出就场征税为整理盐税的入手之路。随后，他在《训政时期施政纲领》中，又提出统一收入、统一税率、整理场产、推广运销等四点改革建议。

所谓统一收入，是针对当时盐税征收机关经常迟迟不将税款上交中央，并时常擅自挪作他用的情况而定的。宋子文希望能建立健全的收支制度，由财政部统一收支。所谓统一税率，是针对当时各盐区税率不一而言。税率的参差，实际上鼓励了从低税盐区向高税盐区的走私，于盐税收入增加大有妨碍。所谓整理场产，是针对当时盐场多年失修而言。因盐场仓坨毁坏，食盐散乱堆放，易被走私。所谓推广运销，是针对盐商包运包销而言。宋子文希望实行食盐自由买卖，在竞争中，为全国提供更多更好的食盐，并进而增加盐税收入。

宋子文的上述四点意见基本上是1933年他下台之前，南京政府盐税改革的基本思想。但随着形势的发展，又增添了不少内容。盐务界认为中国传统的取水煮盐法，速度慢、浪费大，提议改用晒盐法；宋子文就增添了废煎改晒一项政策。又因走私猖獗，旧式缉私军队与盐枭、盐商互相勾结，宋子文又提出整顿缉私。当然，最重要的是他接受舆论的一致呼声，明确提出废除包商制。

宋子文废除包商，在实际工作中遇到很大困难。一方面，官商结合，官、商还与兵匪勾结，严重干扰盐税改革。另一方面，当时南京政府刚成立，百废待举，财政奇窘，在实际上也没有充足的资金以取代盐商来负责食盐的运销。因而在1931年6月30日新《盐法》公布之前，包商承办仍是广大地区食盐供销的基本方式。新《盐法》公布后，虽然明确规定"盐就场征税，任人民自由买卖，无论何人不得垄断"，但在全国大多数地区，包商仍然存在。据统计，1932年，撤销了江浙地区18县的包商；1933年，废除了山东地区4县的包商，其余仍旧沿袭。

宋子文原主张撤销盐务稽核所，但由于各方阻力，非但没有撤销，反在30年代初达到了全盛时期。据1930年9月的统计，其大小机关达1870处，服务人员14815人，经费达1689.2万元。盐务稽核所实际上已成为仅次于海关的第二大税务机构。

宋子文并非不知道由外人把持的盐务稽核所在中国人心目中臭名昭著，但他希望通过控制盐务稽核所，以达到为我所用的目的。他规定，盐务稽核所直辖于财政部，由财政部任免人员、制定规章制度，希望以此来控制稽核所。但由于盐务系统长期稳定性和独立性，财政部对其也难以完全控制。

为了阻止盐务走私，宋子文于20世纪30年代初筹建了税警团。税警团招募有知识的青年人，并在军校加以培训，素质较高，加上全部美式装备，战斗力较强。税警团共分三团，其中有一团在成立后被蒋介石"借到"江西参加"剿共"，另二团分驻私盐最猖獗的两淮盐场各地。宋子文还和军政部联系，在税警团无法进行海上缉私时，可以取得海军的协助。

由于宋子文采取了上述措施，南京政府初期，盐税收入增加较快，从1928年度到1933年度，盐税收入分别为3千万元、1.22亿元、1.5亿元、1.44亿元、1.58亿元，除1932年度因东北丧失而损失不少收入外，其余年份都处在稳定的增长之中。所以，宋子文颇为得意地指出："迨十八年九月，财政部竟能宣布不但能逐年摊还盐债，并有余力可清偿旧欠矣。"

宋子文税制改革的另一方面是办理统税。所谓统税，就是一物一税。具体地说，就是对国内工业产品进行一次性征税后，即可通行全国，不再征收税捐。南京政府成立后，鉴于全国各地举办的具有通过税或物货税性质的"厘卡林立，重叠征收"的弊病，即着手整理国内税务，以便增加收入，稳定财政。

1928年1月，宋子文上台伊始，即颁行烟草统税条例，明确规定卷烟统税为中央税，由财政部设立专门机构掌握。2月成立卷烟统税处于上海，随后又在各省设立卷烟统税局。卷烟税率在开征初期，为值百抽五十。1928年冬，宋子文修改烟草统税条例，规定洋烟缴纳7.5%进口税外，再纳32.5%的统税；土烟纳32.5%统税。1931年1月厘金裁撤后，为弥补财政收入损失，又将税率提高，进口洋烟税率为50%，土烟为40%。未制成卷烟的熏烟，税率定为每百斤征收国币3.6元。

1929年9月，宋子文在上海设立棉纱统税筹备处，办理棉纱统税事宜。当时我国大机器纺纱织布工厂很少，规模也不大。据1929年调查统计，全国华商经营纱厂只有73家，每年产纱额在130万包左右。宋子文规定：本色棉纱在23支以内者（即粗纱），每百斤征收国币2.75元；本色棉纱超过23支者（即细纱），每百斤征收国币3.75元。

1930年，宋子文又主持制定了征收火柴统税条例。规定税率为：长度不及4.3公分，或每盒不过75支者，每大箱征税5元；长度在4.3公分以上5.2公分以下，或每盒不过100支者，每大箱征税7.5元；长度过5.2公分，或每盒在100支以上者，每大箱征税10元。同时，还开征水泥税，其税率为：每桶重量380磅者，征税6角；包装或小桶之重量超过或不及380磅，其差额在1／10以上者，按其重量比例征收之。麦面方面，宋子文规定，其税率为值百抽五，即每包一角。

以上为开征时税率。实际上，随着统税条例的不断修订，各货物的税率是变化的。统税的开征，为南京政府开辟了财源，以1931年为例，南京政府的统税收入为：卷烟税0.50018亿元，棉纱税0.15656亿元，火柴税0.04168亿元，水泥税0.01735亿元，麦粉税0.05837亿元，熏烟税0.01584亿元，啤酒税0.00663亿元。以上各项计约8000万元。1931年财政收入为5.58亿元，统税收入约占七分之一。宋子文筹款理财的这些做法，确实为南京政府的财政问题，解决了不少困难。

但是，收入增加并不意味税制改革卓有成效。相反，它在"体恤民间疾苦"的口号下，使民众增加了许多苦难。以盐税为例，就盐税本身而言，根据亚当·斯密征税原则，一种优良的税法必须坚持平等的原则，即收入多，多负担；收入少，少负担，以调节贫富，为大多数人造福。而盐税则不然，它是按消费量征税，而穷人并不因为穷就比富人需要更少的盐，对于这种不良税法，南京政府应该加以废除，而代之以所得税之类按纳税能力大小而征收的新税。但它目光短浅，只为保持收入，继承了封建王朝的弊政，致使中国广大的贫苦人民仍不能摆脱长期以来压落在头上的经济枷锁。

退一步说，即使由于种种理由而不得不保留盐税，宋子文也应该稍降税率，以减轻人民负担。可实际上不仅没有降低，反而不断提高盐税税率，特别是"九一八"事变后，为了弥补东北15%的盐税收入，宋子文通令各地盐税率上调，由原3%~4%不等上调至5%~6%不等。除正税外，各地当局在盐税上的附加多如牛毛。以川南为例，各种附加税捐每担达20余元，而盐本身成本不过一元，真是骇人听闻。对于各种附加税，宋子文开始命令各地维持现状，不能增加，后来收归财政部管理。本来，财政部曾声言，收回之后，即加废除，但是，等到真收回后，却全盘接受，经过"整理"纳入税之中。这样，宋子文对盐税附加税的改革，便成为一场骗局。

宋子文任南京政府财政部长后，不仅着手税制改革，增加政府财政收入，而且力图建立一个蒋宋直接控制的金融机构，即中央银行。

1928年夏，宋子文主持召开了两个重要会议，即1928年6月在上海召开的全国经济会议，1928年7月在南京召开的全国财政会议。经济会议主要是由当时工商界人士和部分经济学者组成，财政会议则由国民党中央和各省负责执行财政规划的行政人员组成。这两次会议，为制定一项财政金融货币等方面的全面规划，提出了建议方案。

经济和财政会议以后，宋子文开始筹建中央银行。为此，他于1928年10月主持制定了《中央银行章程》，并由南京政府正式颁布。章程规定：中央银行为国家银行，资本总额为2000万元，由国库一次拨给2000万元的"公债预约券"作为股本。总行设在上海，于各地设立分、支行。中央银行具有发行兑换券，铸造及发行国币，经理国库及内外公债的特权。其业务范围包括：经营国库证券及商业票据买卖和贴现，办理汇兑发行期票、买卖金银、调剂金融市场，接受存款和以金银为担保的贷款，代理收解各种款项，保管证券等贵重物品等。

1928年11月1日，中央银行在上海正式成立。宋子文自兼总裁，并派他的圣约翰和哈佛大学同学陈行为副总裁。总行行址设在上海外滩15号，系帝俄道胜银行旧址。宋子文处理行务、接见宾客多在行内，有时也在祁齐路私邸。

中央银行表面上采取三权鼎立制，除总裁外，设有理事会和监事会。理事会最早的理事有宋子文、陈行、叶琢堂、周佩箴、王宝伦、钱永铭、陈光甫、荣宗敬、周宗良等，前5名为常务理事。监事会7人，有李铭、虞洽卿、贝祖贻、徐陈冕、林康侯、秦润卿、李毅臣等，李铭任主席。上述理监事人员，除代表工、商银行业和审计部门外，部分是宋的人，也有部分如叶琢堂、虞洽卿、周佩箴等都是蒋的关系人。总裁兼充常务理事，并任理事会主席，集立法、行政权于一身，监事会实际上不起什么作用。宋在开会时，提出议案，三言两语便解决，事实上等于宋说了算，亦无人敢持异议。

国民党政府虽于此前，1924年在广州，1926年在汉口设立过中央银行，但与1928年11月在上海成立的南京国民党政府的中央银行，并无连续性。所以它成立时，资力比较薄弱，组织比较粗疏，业务也比较简单，各方面均不及中国银行和交通银行。南京方面本拟发行2000万元金融公债，后来还是由中交和其他行庄凑足一个整数，作为中央银行的资本。

中央银行的业务主要集中在业务局和发行局。业务局是对外营业的第一局，除办理总行业务外，并负监督和指导分行业务责任，主要业务包括国库存款和买卖公债两种。当时国库存款来源大多来自关税，另有一小部分附加税，即关税自主后的二五附加税。公债买卖，是受财政部委托，并委托证券交易所经纪人办理，每天从开盘到收盘，涨落的差价作为该局的一笔收入。

发行局是中央银行对外营业的第二局。其主要业务：发行更换券和辅币券；接运国外订印的钞券，加以盖印签章；保管准备金及钞券的现金兑现等。根据钞券领用办法，领券时缴七成现洋，三成公债，按市价折合，多退少补；而在钞券停止兑现以前，上海总行是无限制兑现的。由于当时发行尚未统一，中央银行发，中国银行、交通银行也发，其他一些商业银行也发，所以中央银行所发钞券信用不够巩固，在人民心目中也不吃香，有转换成其他银行钞券的，也有辗转兑成现金的。为了防止大批钞券挤兑起见，限制很严。

稍后，中央银行又成立了一个棉麦处，全称是棉麦事务经理处。这是一个独立的、半公开的机构，因对外借款关系，不属于业务局，一切秉承宋子文总裁命令办理。1931年长江发生水灾，宋子文曾与美国订立美麦借款45万吨，每吨作价美元75元，共计3375万美元。1933年，宋又与美国签订棉麦借款5000万美元，这次除麦子和面粉外，加上了棉花。棉麦处的设立是受财政部的委托，办理上述实物的接运安排，以及储藏转卖等事务上的手续，到棉麦接收处理完毕，机构也随之撤销了。

在外部，宋子文力图通过中央银行对中国银行和交通银行实行控制。中国银行的前身是1905年创立的"户部银行"，1908年改称"大清银行"。辛亥革命后，"大清银行"清理结束，1912年2月，另组中国银行，总行设于北京。交通银行初系清政府邮传部为经理铁路、电报、邮政、航运四项事业的收付而设的银行，成立于1908年，总行初设北京，全国各地设有分支机构。这两家银行在当时金融界占有重要地位。宋子文既要垄断全国的金融，必然要对这两家资力比较雄厚的银行进行控制。

中国银行原有资本2000万元。1927年南京政府指令将该行总管理处由北京迁至上海，并修改其银行条例，定资本为2500万元，强行加入"官股"500万元，并指定其为特许的"国际汇兑银行"。1928年宋子文又将交通银行总行从北京迁至上海，颁布该行条例，资本为1000万元，加入"官股"两成，即200万元，并指定其为特许的"发展全国实业银行"。这样，四大家族官僚资本就渗入了"两行"。

宋子文虽然采取了如此手段，但当时"官股"在中国银行股本中仅占五分之一，在交通银行股本中只占十分之一，就资本、信用的实力而言，中国、交通两行都超过了中央银行，宋子文对"两行"一时还难以驾驭。到30年代初期，宋子文又提出修改"两行"条例，分别予以增资。到20世纪30年代中期，"两行"中的"官股"已超过半数，宋子文直接任中国银行董事长，对交通银行也派其嫡系人物任董事长。这样，终于实现了对中国银行和交通银行的控制。

1935年4月，南京政府又将原"豫鄂皖赣四省农民银行"改组为中国农民银行。这时，宋子文虽然已不担任财政部长和中央银行总裁，其主要职务已由孔祥熙取代，但宋在财政金融界仍发挥重要作用。从1928年中央银行的创办，到抗战初期"四行联合办事总处"的组成，无不有宋子文的汗马功劳。

宋子文就职财政部长不久，南京政府准备进行第二次北伐。1928年2月初，国民党二届四中全会通过进行北伐的决议。11日，南京政府令军事委员会及北伐全军总司令限期完成北伐。不久，蒋介石将所辖军队改编为四个集团军：蒋嫡系为第一集团军，蒋自兼总司令；国民革命联军为第二集团军，以冯玉祥为

中国银行

总司令；北方国民革命军为第三集团军，以阎锡山为总司令；两湖各军为第四集团军，以李宗仁为总司令，准备共同北伐。4月，各军先后开始行动，发动了讨伐张作霖的战争。6月初，张作霖决定放弃北京，在返往沈阳途中被日军炸死。6月15日，南京政府发表宣言，宣布"军事时期将告终结"。

1928年上半年第二次北伐时，宋子文是在缺乏预算的条件下进行工作的。蒋介石要求他每5天筹集160万元，以供军事需用。在当时那种紧急情况下，宋子文没有其他办法，只有采取高压政策，强迫上海资本家筹集数百万的贷款和承购公债。

北伐军到达北京后，宋子文开始改变过去的高压政策，而采用和上海金融界、商业界、实业界头面人物合作政策。他还想结束北伐时普遍采用的那种混乱的预算程序，而施行一种事先制定的中央预算制度。

宋子文赢得资本家合作与控制预算的第一个回合，是1928年6月在上海召开的全国经济会议。宋邀请了近70名全国主要的银行家、商人、工业资本家和45名省市政府的代表出席会议。它名为全国经济会议，实际上是由江浙财阀控制的，百分之七十以上的商业方面的代表是江苏、浙江人。

宋子文宣布会议计划时，对过去用高压手段筹款的办法表示歉意，承认"在战争时期我们或许不得不采取非常手段去筹款"。他号召与会的头面人物与政府合作。他强调说："除非人民能参与政府在政策上的系统阐述，没有一个政府能取得人民的信任。""在人民参加政府的问题上，财政部并没有坐等

1930年12月，宋子文、张乐怡由广州抵达上海时所摄。

高超的方案系统阐明。我们曾经召集过党外人士、纳税人代表对我们提出批评，进行帮助并予以指导。"宋补充说，全国经济会议的成功，"将是中国走向民主制度的一个步骤"。

在这次会议上，宋子文以财政部长的名义提出了限制军费，采用预算制度的方案。他要求年度军费不得突破1.92亿元，军队额限为50万人。会议同意了宋的提案。在宋的领导下，会议成立了五个专门常务委员会，以便在会议结束后继续工作，促使会议提案的实施。另外，在宋的鼓动下，会议中的非政府人员在虞洽卿的领导下组织了一个国民裁兵促成会，通电南京军事委员会和当时在北京的蒋介石、阎锡山、冯玉祥和李宗仁，强烈要求裁军和限制军费。

紧接全国经济会议之后，宋子文又于1928年7月初在南京召开了全国财政会议。这次会议主要由中央和各省财政官员参加。宋子文在会上说："中央及各省现有收入，皆感拮据，而两湖金融之困难，两广债务之税欠，亦为当务之急，现财政部每月须筹军费160万元，政费百余万元，尤感财穷力尽。希望到会同人共商划一新税制度，协力实行，赞助中央，减少财政上之困难。"当时南京政府的财政状况确是困难的。在南京的所谓"国家"财政部，实际上主要税收只能取之于江浙两省，各地的新军阀都要截留他们所辖地区的税收。宋子文希望利用全国财政会议，确定几种全国各省应交给南京政府的税收。但因出席会议的代表大部分限于江浙两省的官员，所以宋子文想要管理全国税收仍然只是个遥远的目标。但财政会议同意不久前召开的经济会议所通过的中央预算和限制军费的提案。

财政会议结束后，宋子文曾打算立即前往北京，将裁减军费和管理预算的议案提交给正在那里开会的国民党高级将领。但因国民党将领们不同意全国经济会议和财政会议的提案，宋子文推迟了行期。持反对态度的首先是蒋介石。为了强调他的反对态度，蒋强迫北京银行公会会员贷款300万元。当一位银行家表示不愿提供时，就被罚款10万元。用敲诈勒索相威胁，对蒋来说仍然是用来对付金融家的重要手段。宋子文来到北京时，因出于蒋介石等的压力，又发行了300万元的公债。看来宋子文想轻而易举地推行自己的主张是不可能的。

宋子文第二个回合的斗争，是1928年8月在南京召开的国民党第二届中央执行委员会第五次全体会议上。出席这次会议的有国民党中央执委、候补执委及监委等共30多人，谭延闿为主席，蒋介石致开幕词。宋子文在会上提出，北伐期间他曾奉令每5天筹集160万元作为军事费用，办事亦无预算，他已经把全部重要税收都作了抵押，因此除非迅速采用他的统一税收和预算计划，中国势将很快面临破产。

宋子文提出上述警告后，即向会议提出了经济会议和财政会议通过的方案。宋的举动，得到上海金融界和商业界的支持，一百多名上海资本家组成的代表团，由虞洽卿率领到南京，在五中全会期间支持宋的建议而进行会外活动。上海商业界人士还于1928年8月6日在上海总商会大楼召开会议，决定向国民党五中全会提交一份请愿书，声明如果政府不采纳和实现全国经济会议计划，上海将不再筹集贷款。

在此情况下，国民党第二届中央执行委员会全体会议批准了"统一财政，确定预算"的提案。会后，相继成立了有宋子文参加的国家预算委员会和中央财政整理委员会，帮助统一国家财政。但是，这些做法，只是流于形式，全国预算委员会徒有其名，中央财政整理委员会也无事可做。宋子文的预算提案实际并未落实。

1929年1月，国民政府组织高级将领在南京召开军队编遣会议。宋子文再次提出预算计划，详述1929年预期的税收，坚持把军费限制在1.92亿元以内。并提出了统一财政的三条办法：（一）中央财务上之行政须直隶于财政部，任何方面不得干涉；（二）用人权完全属中央；（三）属于中央之各项税收，各省绝对不能干涉和扣发。

编遣会议原则上同意了宋的计划，1月17日作出决议：（一）将国民革命军总司令、各集团军总司令、海军总司令、各总指挥及其他高级战时编制，立予取消，取消以后，即设编遣区；（二）全国现有各军队，分为六个编遣区；（三）缩编全国现有之陆军，步兵至多不得超过65个师，骑兵8个旅，炮兵16个团，工兵8个团（共计兵额约80万人，空军海军另定）；（四）各编遣区及中央直辖部队，其编留之部队至多不得超过11个师，其编制应斟酌全国收入总额之比例，务缩减军费至总收入40％止。暂定一年经常军费及预备费，为1.92亿元。

编遣会议虽然作了这样的决议，但仍是不能实现的空话。互相猜疑的气氛笼罩在蒋介石、冯玉祥、阎锡山和李宗仁之间，实际上谁也没有准备编遣自己的军队。

宋子文为争取控制国家预算和财政所做的努力之所以失败，原因是多方面的。直接原因是宋在政府费用、预算控制和军费问题上始终与蒋介石及其他国民党高级将领的意见不合。宋想结束北伐时那种混乱的预算程序，施行一种事先制定的中央预算制度，以稳定南京政府的统治。但是蒋介石把军事置于压倒一切的优先地位，要国民政府的财政服从于军事。当时，蒋介石握有实权，而宋子文在国民政府内的权力，其根基比较薄弱。他之所以崭露头角，很重要的原因是由于家庭的联姻关系，孙中山、蒋介石都先后成为他的姐夫和妹夫。宋子文在国民党内和军队中，从来没有一批政治上的重要支持者。这样，尽管他的主张有可取之处，也难以得到推行。

同时，当时的中国并不是一个真正统一的国家，只要军阀割据还存在，只要国内军事形势继续处于不稳定的状态，全国财政的统一是不可能的。

宋子文为缩减军费，建立国家预算所做的努力，最后都化为泡影。南京政府自成立以来，每年的支出都超过收入。如1929年收入3.34亿元，支出4.34亿元，赤字1亿；1930年收入4.84亿元，支出5.85亿元，赤字1.01亿元；1931年收入5.58亿元，支出7.75亿元，赤字2.17亿元。

为了填补巨额财政赤字，只有靠借债。南京政府收入中的借贷部分，1927年6月1日最高竟达48.6%，最低是1932年7月1日的16.8%。由于国民政府承担了以前历届政府所欠的外债，在国际上没有恢复信誉，举借新的外债有阻力，所以贷款主要是发行在国内筹借的。南京政府的内债，仅1927年至1931年5年间，就发行了25种之多，计10.058亿元。这5年发行的内债，比北洋政府从1912年至1926年15年间发行的内债增加了一倍。

为了发行内债，宋子文采取了许多巧妙的办法。从1928年起，宋子文开始采取和上海资本家合作的政策，可以不通过强迫的手段发行公债。具体办法是以公债和库券大折扣出售给银行家，即是将债券在正式发行前抵押给银行，由银行预付债券票面值的50%现金。例如上海钱业公会所属钱庄，从1928年3月至1931年3月在13笔交易中，以1562万元的预付金购得了3060万元的债券。债券正式发行后，或者直接投放上海证券交易所，或者存在银行，由这些银行根据市场价格议定最后出售价。由于有利可图，所以银行家也愿意做这种买卖。

宋氏家族和宋手下的人也参与债券投机活动。如上海七星公司，就是宋子文的弟弟宋子良、姐姐宋蔼龄以及财政部徐堪、陈行等创办的。这个公司利用和宋子文、孔祥熙的特殊关系，既可预测市场动态，又拥有大量资金，所以在公债投机中相当活跃，经常在上海市场价格上兴风作浪，把上海交易所市场变成了一个真正的战场。

1930年，蒋介石和冯玉祥、阎锡山发生中原大战，双方投入100多万兵力，历时7个月，波及20余省。宋子文不得不将军事费用从1929年财政年度的2.1亿元增加到1931年财政年度的3.12亿元。同时期的全部支出从4.34亿元增至7.14亿元。1931年债券的发行总数为4.16亿元，超过1929年度和1930年度相加的总数。

宋子文不但未能实现减少开支、平衡预算的计划，军费总和支出反而年年增加，加上这时公债市场已经达到饱和，推销公债难度越来越大。但宋子文仍在尽最大努力，如在推销公债会议上，以辞职相威胁和鼓励上海银行家进行疏通工作，并检讨自己未能说服蒋介石削减军费开支等等。尽管如此，人们对国民党政府公债的可靠性产生了怀疑。宋子文公债政策的基础发生了动摇。

1931年，国民党内部发生了一场政治危机。国民党元老胡汉民和蒋介石为制宪问题发生争执，胡汉民辞去立法院院长职务。蒋介石出于报复，软禁了胡汉民，从而激起了一场以广州为中心的新的反蒋运动。文职官员孙科、汪精卫、唐绍仪和陈友仁等同广州军事将领陈济棠、李宗仁联合起来，于1931年5月28日成立了广州国民政府，宣布反对蒋介石。广州政府扣留了两广的关税，宋子文的财源更加拮据，也更加削弱了公债的可靠性。向来易于受政治风向影响的上海公债交易的市价开始下跌。

宋子文的公债政策成为南京和广州之间的一个重要争端。广州政府称"南京政府视发行公债如家常便饭……宋子文上台后，南京政府发行公债，其唯一用途，就是供蒋介石穷兵黩武之用。"广州方面还攻击宋使用公债的隐秘，认为他把财政收入"一部分充实军饷，一部分购买枪械，一部分收买军队，一部分则落入蒋介石和宋子文的私囊。"同时，与广州方面有联系的《民众论坛》也对宋进行攻击，称宋子文掌管财政是"南京政府恶政的例证"。该杂志社说宋子文大打折扣和高息发行公债，以超过9.55亿元的政府债券只换取4亿元的收入。南京集团一步一步地破坏了财政系统的基础。

南京政府和广州派关系的继续恶化，使中国重新处于一场内战的边缘。不久因日本帝国主义制造九一八事变，双方才得以和解。

九一八事变后，严重的民族危机又使公债行情急剧下跌。九一八事变后的6天之内，上海5种主要公债的行情平均下跌至不足票面价值的60%，到1931年底至票面价值的一半。日本侵略东北，不仅给南京政府提出了军事和政治问题，也同时损害了南京政府的财政。原来由东北供给的张学良军队，撤退至河北、山东后，成为南京政府和宋子文的负担，为了摆脱困境，1932年2月，宋子文致电各省军事长官不得截留税收，严令各项费用由中央政府发放。他又公布了一个厉行节约的计划：政府人员的薪水，从部长到士兵，大事削减，各级政府禁止浪费。但这些也不过是空喊口号而已。2月18日，宋又在上海和50多家银行界头面人物讨论整理公债计划。按照这个计划，几乎所有公债的利率均减至年息6厘。各地持券人虽然不满，但出于压力，最后只得表示接受。

整理公债是宋子文的一大胜利。南京政府在第一年就省下近1亿元的公款利率付款。但持券人却付出了很大的代价。上海公债市场于1932年1月25日关闭，直到5月2日才重新开市。公债市场重新开市时，重要公债仍在票面价值的40%至55%之间进行交易。

1932年7月，宋子文曾以自己的信誉向银行界担保，4年内不再发行公债，国民党政府的岁入改为直接向银行借款。1933年会计年度借款总值约为9000万元，这个数目超过了过去4年会计年度中的数目。宋子文所以能够借到这些款数，是因为他手中握有一张王牌。一年前，1931年8月1日，南京政府曾颁布了一种新税制，即征收银行发行准备金的税制。这个税法规定，银行发行钞票，60%为现金准备；40%为保证准备。保证准备金要抽收2.5%的税，等于所有的钞票每年要抽1%的税。这种税制遭到银行家的强烈反对，加上政局不稳，在1931年拖延下来。1932年8月，宋子文再次提出钞票发行税，并和银行家商定为300万元。《上海晚报》报道说，宋提出发行税的真正目的，并不是这300万元，而是用来压迫银行家给政府更多的贷款。所以，宋才答应4年内不再发行公债。

宋子文讲的仍是一句空话。1933年，由于蒋介石调动数十万军队对革命根据地进行大规模"围剿"，军费猛增。1932年7月开始的会计年度，军费每月平均2670万元；到1933年7月开始的会计年度，平均月需3100万元。1933年政府赤字每月增至1000万元。所以，从1933年2月起，宋子文又开始重新发行公债。他原保证4年内不发行公债，实际上只不过一年时间。宋子文企图通过滥发公债，解救南京政府的财政危机，这无异于饮鸩止渴。

宋子文任财政部长后，在改革税制，成立中央银行，提出国家预算方案和发行巨额公债的同时，还施行了一项重要政策，即废两改圆。废两改圆是统一货币发行权，垄断整个金融的主要步骤。

所谓废两改圆，就是废除银两，改用银圆。中国原来使用白银货币，其单位为两。称量银两的衡器为"平"。清代国库所有的"平"称为"库平"。一两等于37.3125克。废两改圆前，中国各地使用的银两单位，主要有海关两、库平两、规元两3种。自16世纪以来，外国银圆开始流入中国。鸦片战争后，在通商口岸已流行西班牙、墨西哥、英国、香港和美国贸易银圆。原有的银两标准既不一致，新进的银圆重量也有差别。银两与银圆之间的折算称为洋厘。通常1银圆折合7钱左右银两，依市场上银圆与银两的多少而浮动。1882年吉林机器局首铸银圆，1889年广东亦设局铸造，其后各省仿之。1914年北京政府颁布"国币条例"，铸造袁世凯头像银币，重7钱2分，通行全国，起过主币作用。但市场上仍是银两、银圆并用，不利于商品经济的发展。

1928年3月，浙江省政府向国民党政府提出《统一国币应先实行废两改圆案》，其意见是"我国货币之紊乱，至今日已达极点"，"自民国建立以来，银圆需要既繁，流通亦广"，"现元宝数量又如此之少，实无沿用银两之必要"，请求废两改圆，"积极实行，以立我国币制之基础"。

这一提案经宋子文主持的财政部审议，认为事关"统一币制，整理财政之重要问题"，唯当时本位银币的铸造尚有问题，要"上海造币厂克日筹备开工，尽量鼓铸，预计每日可铸八十万元"，以期达到"现金既充，民用既习，废两自易"。此外，还有本位银币的成色及重量和本位银币与银两的换算率两个重大问题，也一时不能解决。

1932年上半年，内地银圆大量流入上海，达5446万元。比之以往，增加很快。一般舆论也认为废两改圆时不可失。上海工商界的代表也致电国民政府，表示："对于废两改圆之原则莫不一致赞同，切盼实现。"因此，废两改圆的条件渐趋成熟。

1932年7月7日，宋子文在上海召开银行界会议，讨论废两改圆问题。宋在这次会议上，确定了废两改圆之原则：（一）废除银两，完全采用银圆，以统一币制；（二）采用银圆制度时，旧铸银圆仍照旧使用；（三）每元法价重量决定后，即开始铸造新币。上海钱庄闻讯后，即召开会议，并致函财政部，表示原则上同意废两改圆，但需假以时日，不应操之过急。7月22日，宋子文决定组织废两改圆研究会，由中央银行副总裁陈健庵为主任委员，任命贝淞荪、胡笔江、刘鸿生及洋人凯末、麦照特、雷祺为委员，就废两改圆之事进行专门研究。

1933年3月1日，宋子文发布《废两改圆令》，指出"为准备废两，先从上海实施，特规定上海市面，通用银两与银本位币1元，或旧有1元银币之合原定重量成色者，以规元7钱1分5厘台银币1元，为一定之换算率，并自本年3月10起施行。"上海从3月10日起，各行各业的交易往来，一律改用银币计算，各种行市改标银圆单位。

继上海废两改圆之后，国民政府又于1933年4月5日和6日，先后发布废两改圆的布告和训令，规定4月6日起，所有公私款项之收付与订立契约票据及一切交易，须一律改用银币，不得再用银两。在这天以前原订以银两为付收的，在上海应以规元银7钱1分5厘折合银币1元为标准，概以银币收付。如在上海以外各地方，应按4月5日申汇银行，先行折合规元，再以规元7钱1分5厘折合银币1元为标准，概以银币收付。在这天以后新立契约票据与公私款项的收付，及一切交易仍用银两的，在法律上无效。至持有银两者依照《银行本位币铸造条例》的规定，请求中央造币厂代为铸造银币，或就地送交中央、中国、交通三银行兑换银币行用。

在宣布废两改圆之前，预先于3月8日公布了《银本位币铸造条例》。其主要内容是："银本位之铸造专属于中央造币厂。银本位定名曰元。总重26.6971公分，银88%，铜12%，即含纯银23.493448公分。""银本位币1元等于100分，1分等于10厘"等等。

宋子文为使废两改圆顺利实现，还采取了以下措施：第一，财政部委托中央、中国、交通三银行代为兑换银币。中央造币厂得铸厂条，以适应市面巨额款项收付之用。第二，对各行庄宝银进行登记及兑换。至当年12月15日，登记宝银总计14621万两，即按成开兑。至1934年7月，共兑进宝银2794万两，兑出新币3907万元。第三，撤销炉房公估局。第四，经财政部批准，暂时设立冶金小炉，将碎杂银冶炼成银饼，送到中央银行估价兑换。

从1933年3月1日起，国民政府中央造币厂开始铸造银币，银币正面为孙中山半身像，背面为帆船图案，俗称"孙头"或船洋。

中央造币厂一经成立，就由美国"造币专家"葛来德担任顾问，成立中央造币厂审查委员会，审查铸币的重量和成色。计1933年3月至12月铸2806万枚，1934年铸7096万枚，1935年上半年铸3356万枚。自1933年3月至1935年6月铸13258万枚。1935年下半年实行法币政策后，未再铸造，改印纸币。

宋子文推行的废两改圆，曾对近代中国产生过重大影响。旧中国行使的银两，是一种落后的货币制度。银两不仅有实银虚银之分，各地重量、成色以及秤砝、单位上都有很大差别，难以互相流通。因此，银两在全国范围内，甚至在省际之间，都不能充分发挥其价值尺度和流通手段的职能作用，对商品流通和人们生活极为不便。宋子文推行废两改圆，去掉了这些弊端，所以它是具有积极意义的币制改革。废两之后，银圆占领市场。银圆无论形状、重量和成色，在全国范围内，具有比较一致的规范，流通行使较为方便。

宋子文推行废两改圆，客观上起了统一货币、发展经济和便利流通的作用，并扩大了中央银行活动的规模和机能，有利于中央银行纸币的推行，为1935年实行法币制度奠定了基础。

废两改圆虽然有这些积极作用，但它有局限性。当时世界多数国家实行的是金本位制，有的国家如英、美连金本位制也放弃了，而废两改圆仍然是银本位制。中国不是产银国，而是用银国。因此，中国的货币权仍被帝国主义所控制。

宋子文 全传

· Biography of Song ziwen

6

在九一八事变前后

国家兴亡，匹夫有责。

九一八事变后，宋子文表现出抗日的积极性。

他支持蒋介石依赖国联调停，解决东北问题的主张。他将税警团归19路军指挥，参加淞沪抗战。他联合孙科等人在国民党中央执行委员会上提出议案，要求"将军队集中于热河、察哈尔和河北地区，以抵抗侵犯中国领土的敌军"，"如有可能，军队进入'满洲'，收复失地"。他与张学良一起拟定了热河抗战方案。

他试图通过欧美的援助，制订一个关于促进中国经济、削弱日本在中国经济力量的计划。

日本公开进行"倒宋"活动。日本驻华公使有吉明一再警告蒋介石和汪精卫，宋子文必须免职。

宋子文能坚持下去吗？

20世纪30年代初，中日关系日趋紧张。东北易帜后，日本帝国主义积极准备俟机再起，以武力侵占东北，迫使南京政府完全屈服，进而将英美势力驱逐出中国，以达到其称霸远东的目的。

宋子文身为南京政府要员，虽然看到了日本侵略的潜在危机，但又认为远东均势尚未发生变化，尚能以英美的力量牵制日本，因而对现实危险没有足够的认识。宋对蒋介石1931年8月16日致电张学良"不论日本军队此后如何在东北寻衅，我方不予抵抗，力避冲突"的政策也未持异议。正是由于南京政府的这种妥协退让政策，才使日本敢于发动九一八事变。

九一八事变后，宋子文支持蒋介石在外交上不屈服，依赖国联，解决东北问题的主张。九一八事变发生时，正值国联在日内瓦召开第12届年会。9月19

日，南京政府致电中国驻国联代表施肇基，谓中国政府请求国联"立即并且有效的依照《盟约》条款，取适当之措施，使日军退出占领区域"，中国政府决定服从国联"关于此事所为之任何决定"。又电令驻美代办容揆，告诸美国政府。又电令其他驻签订《非战公约》各国使馆，告知所驻国家政府。

10月，南京政府成立对日交涉特种外交委员会，宋子文任"外委会"副会长。为了研究对日办法，宋于10月14日首次召集"外委会"委员顾维钧、颜惠庆等开会。会

20世纪30年代的宋子文

上，顾维钧提出："我方可由施代表要求即时撤兵为原则上赞成（日方）提案之交换条件。唯声明对于将来日本提出之大纲条件有关我国主权者，保留修改或反对之权。"对这样一个提案，宋子文也不敢做出决定。

10月15日，宋子文邀请蒋介石、戴传贤（外委会会长）、顾维钧等在宋寓续商应付办法。此时已得悉国联理事会主席白里安拟就了解决中日问题的三条办法，即日军退出被占领区，派中立国文武人员监视撤兵，俟上两点实施后两国直接谈判。这次会议，因有了国联的意见，加上蒋介石到会，宋子文心里才算有了底。

10月17日，外委会议定对日提案大纲预备方案：由国联监视之下，日兵退出占领区，中日将来一切交涉必须在国联照拂之下进行；交涉地点在日内瓦或欧美各地，中日将来一切交涉必须在国际公约原则——尊重中国领土行政之完整、门户开放、机会均等，为维持东亚和平计，不得用武力行使国策下进行；

日本必须负此次出兵责任，无论日本提出任何条件，中国皆有保留修正及另自提案之权。这项预备方案中，强调"门户开放，机会均等"，实际是为了满足英美特别是美国的需要，借英美的力量压制日本。不久，在国联理事会上得以通过。

南京政府认为"国联结果，道德上固属胜利，实际成为僵局"，因而对时局备感忧虑。因此，宋子文于10月25日再次邀请外委会委员顾维钧、颜惠庆、邵元冲、孔祥熙等商议对策。这次会议决定先发宣言，声明相信"日本尊重世界公意，于11月16日前将军队撤尽，俾其他问题可循序进行"，以留与日接洽余地。

但是，日本置国联决议和中国提案于不顾，11月22日，开始进攻锦州。25日，施肇基又向国联提出"划锦州为中立区"的建议，由英、法、意等中立国

军队据守，日军于"中立区"成立后15日内撤出占领区。同时，宋子文也召集外委会讨论锦州问题，认为锦州一隅，如可保全，则日本尚有所顾忌，否则东北难保。但由于英、法等国不提供军队据守"锦州中立区"，以及日本提出划锦州在日军管辖区以内的要求，国联理事会于12月7日决议放弃"锦州中立区"计划，并要求双方各守现地。南京政府依靠国联干涉日本的计划破产后，12月8日，宋子文、顾维钧致电张学良，要其勿抽调驻锦州部队入关，坚守防地。

贪得无厌的日本帝国主义，不仅要侵占我国东北，而且还要侵占我国华东，直至占领全中国。它们为了取得一个继续进攻中国内地的基地，1932年又发动了一·二八事变。一·二八事变发生后，南京政府采取的仍然是依靠国联干涉的政策。1月29日，蒋介石确定应付一·二八事变的原则为"一面预备交涉，一面积极抵抗"。在方法上，"交涉开始以前，对国联与九国公约国先与接洽，及至交涉开始时，同时向九国公约国声明。""对日本先用非正式名义

19路军与日军进行激烈巷战

与之接洽，必须得悉其最大限度。"在程度上，"交涉必须定一最后限度，此限度至少不妨碍行政与领土完整，即不损害《九国公约》之精神与不丧失国权。"又确定以"19路军全力守上海"，"前警卫军全力守南京。"并以宋子文留驻上海，所有上海行政人员归其指挥。

2月6日，驻上海英海军司令克莱访宋子文，提出中日停战及划定和平区等办法，并表示愿与顾维钧、郭泰祺洽谈。当天下午，宋子文召集顾维钧、郭泰祺、孔祥熙、吴稚晖等开会讨论克莱所提各办法，19路军总指挥蒋光鼐列席。会议认为，沪案不宜单独解决，应接受英美调停办法全部，乘机谋得中日问题的总解决。7日，克莱偕英国领事到宋宅续商双方停战退兵事，除宋外，顾维钧及蒋光鼐、上海市长吴铁城等在座。克莱"注重上海租界之安全，欲谋上海问题之局部解决"。但因宋子文等坚持上海问题为中日整个问题之一部分，须照英、美、法、意四国提案办理，以致形成僵局。

宋子文这一主张，同南京政府不尽一致。南京方面，则主张先解决沪案。2月8日，何应钦致电宋子文等进行指责，谓"昨英海军司令在沪会商调解，闻诸同志中多主张……连同东省问题整个解决，以致毫无结果，失此斡旋良机，深为可惜"。"请兄等在沪诸外委，从速设法先求停止战争。"

宋子文见自己的主张与南京何应钦等人的主张不合，于2月12日致电当时在徐州的蒋介石，称英使"愿调停如下：（一）中国军队退出上海特别市区，由警察维持至国联调查委员会三星期内到沪后再定；（二）日军退至未战前原防并退出吴淞所占各地。"宋经请示蒋介石后，还未来得及与英使续商沪案解决办法，2月18日，上海日军司令植田谦吉，总领事村井仓松即分别向第19路军和上海市政府发出了最后通牒，限中国军队于20日午后5时前撤退。中国方面未予正面答复。3月1日，上海日军即发动了全线进攻。

日军大举进攻上海，淞沪抗日战争爆发后，宋子文决定调税警团配合19路军抗击日军。

税警团是宋子文为了严密控制财政机关，充实国库收入起见，在财政部成立的一支部队。名曰税警团，实际上比当时路军部队团的编制、人员、武器等都更好。税警团直属于财政部，其官员的任命与扩充，经费的增减，武器的补充，防地调动等等，一切都听命于财政部，直接受宋子文的指挥。

税警团原驻于津浦线，总团部设于蚌埠。后移至沪杭线，总团部设于嘉兴。一·二八前夕，税警团大部分驻在上海、浦东一带，第1团驻徐家汇，第2团驻南翔，第3团驻闸北，第4团驻浦东，总团部设于徐家汇。在此期间，税警团正在积极进行补充训练，宋子文常从南京到上海，总是喜欢在法租界祈齐路第1、3、7、9号4幢连成的大公馆里，召见税警团的各级将校，询问该团的各种情况。当他听到训练进步很快，士兵如何强壮，服装如何整齐，纪律如何严明，武器装备又超过正规陆军时，宋子文就高兴得不亦乐乎。

但是，事情很不凑巧，当宋子文热心上海练兵的时候，也正是日本帝国主义野心勃勃，阴谋强占淞沪的时候。

一·二八抗战前几天，税警团第3团驻扎闸北太阳庙一带。第19路军第78师的一个团，也驻闸北车站及天通庵一带，南京的宪兵团正陆续开来，准备接防闸北。日本海军陆战队和战车巡逻队则日夜在边界巡游示威、侦察，企图吓走将撤未撤的第19路军。由于日军欺人太甚，第19路军官兵个个摩拳擦掌，战争有一触即发之势。

税警团驻在这个战争边缘地方，既怕同日军打仗，又怕挨骂，而不敢公然撤退，处境非常不妙。当该团的军官把日军横行无忌、企图挑衅的情况向团长张远南报告，并请示"日军如果冲到营前怎么办"时，这个团长竟干净利落地答复："关上大门，不许开枪！"由此可见，一·二八沪淞抗战之前，税警团是消极避战的。

一·二八淞沪抗战开始了，全国人心振奋。上海各界人民在中共地下党组织策动下，在宋庆龄、何香凝等奔走呼号下，在文化界和青年学生的宣传鼓动下，无不热烈支援孤军奋战的第19路军。海外华侨也热烈捐献财物，支援抗日官兵。稍有民族大义的人，都对南京政府只想依靠国联，按兵不动，动辄拥兵内战，而不援助19路军抗日的做法不满。就连蒋介石的嫡系部队的将校，也有请愿出兵上海，援助第19路军抗日的。

到了2月中旬，淞沪抗战越打越烈，税警团因战火烧到身边，既无法安全脱身，又怕国人唾骂，或被友军缴械。在此情况下，宋子文才同蒋光鼐、蔡廷锴等磋商，决定驻闸北的税警3团和南翔税警2团，归第19路军指挥，参加抗日战争序列。待张治中的第5军开来上海参战后，税警团的参战部队，改名为第5军第87师独立旅，以原税警总团长王赓为旅长，受第5军指挥。为什么要改名为独立旅呢？因为宋子文怕税警团参战，会遭8国银行团反对，停止拨给盐余经费，为了瞒过8国银行团，继续取得盐余拨款，故不以税警团名义参加作战。因此，淞沪抗战中，自始至终，报上不见税警团的名字。

宋子文直接领导的税警团虽然参加了抗战序列，不少官兵也很勇敢，如税警2团第1营官兵几乎全部壮烈牺牲，但也有人在大敌当前，把力量用在内耗上。

税警3团团长张远南，本是公子哥儿出身，又自恃与宋子文的裙带关系，待人接物，颐指气使，骄横得很，对税警总团团长王赓历来不放在眼里，还曾控告王赓十大罪状，想搞垮王赓，自己取而代之。因此，王、张关系很不融洽。税警团参战后，王赓拉拢另两个团长唐海安和陆文澜，合谋赶走张远南，以泄平日之恨。为此，他们特在宋子文面前揭露张远南在日军进攻时挖墙逃跑的行为。宋子文听后，果然大发雷霆，要撤张远南的职，并拟派莫雄继替张的职务。

莫雄和王赓一同去见宋子文。宋明白莫、王二人的来意，开口就说："张远南是无胆匪类，怕日本人怕得要命，不能当抗日的团长，我决定撤掉他！由你莫雄接替他的团长职务，以免将来丢人！"话虽然这么说了，但莫雄以为张远南毕竟是宋的妻兄，现当宋火气上头撤他，火气过后，难免又要用他，与其现在去接替张远南，代他在战火中拼命，替别人火中取栗，倒不如卖个人情。于是，莫雄对宋说："张团长是部长的至戚，人所共知，当此抗日战事这样激烈的时候，突然撤职，名誉扫地，他在社会上怎样见人，如果部长认为用得着我，我不在乎当不当团长，也不一定要当团长才能指挥部队作战。部长要用我，就委一个参议职务，战时指挥第3团作战，平时就做工赓总团长的幕客吧。"王赓虽想撤掉张远南，但也有所顾忌，一听莫雄这话，也插嘴说："这个意见很好，请部长即委莫雄为总团部总参议吧！"宋子文不加考虑地连声说："同意，同意。"立即亲笔委莫雄为税警总团部总参议，并说："马上到差。"从此，莫雄就以总参议名义指挥第3团参加淞沪抗战。

2月下旬，王赓以旅长身份参加军事会议，散会后带走会上下发的第19路军"部署地图"和"作战计划"各一份。王当晚跑到租界舞厅跳舞，被日军侦知，将王逮捕，并搜去该项军事文件。第二天，日本报纸吹嘘俘虏第19路军旅长王赓云云。王赓是美国西点军校毕业，与美国有来往，当晚被日军扣押数小时，即由美国领事具保释放。

王赓出事后，宋子文命莫雄为代理总团长，即战时的独立旅长。莫雄指挥税警总团参加了淞沪抗战末期的战斗。2月底，侵沪日军已增加到近10万人，而19路军连同前来支援的第5军和税警团，总共不足4万人。3月1日，日军发起全面进攻后，我第一线部队有被敌包围歼灭的危险。在此情况下，总指挥蒋光鼐即于当日下令转移阵地。税警团奉命于3月1日深夜开始行动，一部分由龙华机场沿沪杭路向辛庄方向撤退，一部分随第5军司令部由南翔向东塘墅方向撤退。淞沪抗击，旋因南京政府同日本签订《淞沪停战协定》而告结束。税警团又恢复了原来的名称。

在日寇发动一·二八事变，19路军孤立无援的情况下，宋子文决定调税警团参战，这一点是应该肯定的。税警团的官兵先后参加了守备龙华机场和庙行镇等战斗，伤亡惨重，表现了爱国主义精神，这一点也是应该肯定的。但是，宋子文当时作为驻上海的国民党要员，主要仍致力于国联的调停，声称："各军事长官未得军政部长命令自由行动者，虽激于爱国热情，亦须受抗命之处分。"这些做法又阻碍了上海军民的抗战。

九一八事变和一·二八事变后，蒋介石坚持"攘外必先安内"的不抵抗政策，导致大片国土和大量主权的丧失。宋子文和蒋介石有所不同，在民族危亡之际，表现了一定的抗日积极性。

1932年10月，行政院长汪精卫因与蒋介石不和，被排挤出国，公开报道是因病出国就医。汪出国后，宋子文代理行政院长。宋想利用这个新职位，促使蒋介石改变对日态度。12月间，宋联络孙科等人在国民党中央执行委员会上，提出了一个议案，以期达到抗日目的。这个议案要求将军队集中于"热河、察哈尔和河北地区，以抵抗侵犯中国领土的敌军"，如有可能，"军队进入满洲，收复失地。"议案还号召全国一致抵制日货，并谴责全国大同盟对付日本侵略的行动缓慢。"中国人民必须效法奋勇抵抗日本的19路军和第5军。"但是这一提案被国民党中央执行委员会否决了。

1933年初，日军由关外向关内进攻。1月1日，日军进犯山海关，中国守军何柱国部奋起抵抗，安德庆营300余人力战殉国，揭开了长城抗战的序幕。但何

1933年热河告急，宋子文赴前线慰劳官兵，左为张学良。

部孤军无援，1月3日，山海关沦陷，接着日军向长城一线进犯。

在日军向长城一线推进时，1933年2月11日，行政院代院长兼财政部长宋子文开始了北方之行。同行的有军政部长何应钦、外交部长罗文干、内政部长黄绍竑、参谋部次长杨杰、军政部厅长王伦、参谋部厅长熊斌等。专车到了徐州，不敢经天津到达北平，恐怕天津的日本兵知道了出来为难。所以由徐州转陇海路经郑州，再转平汉路北段到北平西站下车。宋子文等到达北平后，在阜成门内原清朝顺承王府会见北平军分会委员长张学良，听取前方情况。

2月18日，宋子文等在张学良陪同下，前往热河视察。热河省会承德是清皇帝行宫之所在，宫殿富丽堂皇，风景优美。他们第一天是观赏风景，第二天热河省主席汤玉麟开了一次欢迎会。会上宋子文致词称："本人代表中央政府，敢向诸位担保，吾人决不放弃东北，吾人决不放弃热河，纵令敌方占领我首都，亦无人肯作城下之盟。"

接着在清宫清音阁召开了一次军事会议。会期张学良、宋子文联名电告日内瓦中国驻国联代表团说："决心抵抗日军之进一步入侵。"张学良又与张作相、万福麟、宋哲元等20余名将领发出通电，表示决心抵抗，呼吁国人支援。当时估计，热河至少可以支持3个月。

宋子文与张学良回到北平后，拟定了热河保卫战的初步计划，成立了两个集团军，每一集团军辖3个军团，第1集团军总司令由张学良自兼。第2集团军总司令张作相，辖孙殿英一个军团，汤玉麟一个军团和张廷枢的第12旅、冯占海等义勇军。张学良在北平顺承王府召集军事会议，分配作战任务，宋子文等出席。张学良把热河地图铺在地板上，手执铅笔，勾画防线，当他画到冷口、喜峰口一线时，抬头向宋哲元说："明轩，你把守这一线。"宋哲元却说："我兵力单薄，装备也差，担当不了这一线任务。"张说："你放心，我派何柱国支援你。"宋哲元仍然不肯接受。宋哲元原系西北军，曾与奉军内战几年，前嫌未消，故借辞推诿。不久热河抗战失败，各军不能团结一致，也是重要因素之一。

2月21日，日军以锦州为大本营，用3个师团兵力，分3路进攻热河，一路由绥中攻凌源，一路由锦州攻朝阳，一路由通辽攻开鲁。张作相临时受命，兵力还未集结，仓促应战，将无守志，兵无战心。如开鲁一战，敌军撂了几个炸弹，出动了几辆坦克，守军崔兴武旅不战而降。万福麟第4军团守凌源一线，闻风而溃，朝阳随之弃守，日军长驱直入，于3月3日以百余骑的先头部队，突入承德，汤玉麟逃奔察哈尔，万福麟逃入喜峰口，张作相逃往古北门，热河就这样沦陷了。

热河失守后，全国哗然。张学良电蒋介石自请处分，并要求调集全体东北军，反攻热河，收复失地，蒋未予答复，而全国舆论，除谴责国民政府一面抵抗、一面谈判的屈辱方针外，张学良更为众矢之的。3月8日，国民党中委石瑛向中政会递交提案，要求将张学良、张作相、万福麟撤职严办，汤玉麟缉拿枪决。同日，上海全国商联会、上海市商会、上海地方协会等8团体联电国民党中央各机关，要求将张等按军法惩治。

在此情况下，南京政府不得不发布命令："热河省政府汤玉麟，身膺边疆重任，兼统军旅，乃竟于前方军事紧急，忠勇将士矢志抗敌之时，畏敌弃职，贻误军机，深堪痛恨。着即先行解职，交行政院、监察院同军事委员会彻查严缉究办，以肃纲纪。"

随即蒋介石从"剿共"前线南昌飞汉口，再从汉口乘车前往石家庄，召宋子文、何应钦商谈张学良下野办法。蒋、宋、何预商后，再约张学良到保定会晤。

3月8日夜，张学良偕同顾问端纳等从北平乘专车前往保定。此时，张学良虽已提出辞职，但还没想到蒋此来是要他立即下野的。他仍想面请蒋介石调集兵力、补充械弹，反攻热河。张到保定时，蒋的专车未到，宋子文却先来了。宋传达蒋介石的旨意说："失东北，丢热河，中央与张均责无旁贷，全国舆论指责于委员长与副司令，必须有一人下野，方可以平民愤。"此时，张才醒悟蒋约他晤会的锦囊妙计，当即答复宋说："既然如此，请立即免除我本兼各职，严予处分，以谢国人。"

3月9日下午，蒋介石的专车达保定。这是蒋介石第二次到达保定。1907年，蒋曾来保定军校学习军事专科，二十多年后，再次来到这座古城。蒋介石的专车未到之前，保定全城即宣告戒严，自车站向东直通军校的大街上早已布满了荷枪实弹的岗哨，警察局勒令沿街门窗一律关闭。下午4时，张学良在宋子文的陪同下，到蒋介石的专车上见蒋。不等张学良开口，蒋先说："接到你的辞职电，知你诚意，现在全国舆论，对我两人都不谅解，进行诘责，我们两人比如风雨同舟，命运与共，必须有 人下水，以平民愤，否则将同遭灭顶。"

张学良立即回答："我不敢丢失东北，早应引咎辞职，今又丢热河，更责无旁贷，我当然应该首先下水，请即免去我本兼各职，以申国法，而振人心……"张还提出：日本野心要吞并中国，希望中央迅速调劲旅北上，收复热河，保卫华北。蒋介石连声说了几个"好，好，好"，没有多谈。

张学良同宋子文一起告别蒋介石后，两人一起同车到长辛店分手。宋约定张不久在上海相见，并答应为其办理出国手续。3月11日，张学良通电下野，其北平军分会委员长职由何应钦取代。4月10日，张携带眷属，乘意大利罗西伯爵号轮出国。

热河抗战计划失败后，宋子文于1933年5月出访欧美。他在出国期间，开始制订一个关于促进中国经济、削弱日本在中国经济力量的计划。计划的要点包括：结束日本关税特惠待遇，以美国贷款设立发展经济的机构——全国经济委员会，争取国联派技术代表团来华，组织中外金融界的咨询委员会以代替原来的银行借款团。

宋子文首先决心取消日本在中国的特惠关税待遇。如前所述，1928年宋子文任南京政府财政部长后，曾为废除关税协定进行过活动。经过一系列谈判之后，南京政府终于在1928年底公布了新税率，并于1929年2月1日起生效。但关税自主没有取得日本同意之前，并没有完全实行。东京要求如棉织品、海产品等几种商品在3年内给予优惠待遇，以此为同意新税率的代价。

　　1933年5月，日本的特惠协议满期。其时正在美国访问的宋子文，与美国总统罗斯福讨论了中国经济问题。当宋子文谈到中国将不再给日本以特惠关税待遇时，罗斯福表示支持。5月10日，宋子文在华盛顿答记者时称："与罗斯福总统对将在世界经济会议上讨论之关税、银价及其他经济币制等问题，意见已趋一致。"又称："在伦敦会议上，中国最大目的在稳定银价，中国赞成美国建议，成立关税休战协定。"

　　6月12日，世界经济会议在伦敦开幕，六十六国派代表出席，宋子文率中国使团出席会议。会议为解决世界经济危机，讨论了货币及信用政策、物价、关税协定等问题。这为中国不再给日本特惠关税待遇提供了外部条件。

　　因此，宋子文发电指示南京政府财政部公布新的税则。修改后的税则，对棉毛织品、食品及未列各货品进口征税率有较大提高。日本的进口受新税的影响最严重，某些产品的销路减少了约1／2或1／3。按照当时海关官员赖特的说法，这个税则没有给予日本任何更多的特惠税率。可见，宋子文这方面的活动有所收效。

　　宋子文此次访问欧美各国时，还准备发起成立一个国际咨询委员会，为中国的大工业和铁路建设获得长期的信用贷款。这个咨询委员会的国外成员包括美国人、英国人、法国人和意大利人，而无日本人。宋子文想用这个机构来代替早在1920年由列强组织的无积极作用的银行团，这样就把日本排除在发展中国经济事业之外。宋子文邀请美国人蒙内担任国际咨询委员会主席，美国银行团摩根公司的拉蒙特，英国银行团汇丰银行的阿迪斯·查理爵士等为委员会成员。

　　宋子文还同美国签订了5000万元的棉麦借款合同。这个合同规定：美国建设银公司以美金5000万元贷与中国政府，中国政府以此项借款4/5购买棉花，1/5购买小麦和面粉，年息5厘，3年还本。嗣后，宋又在日内瓦商定了由国联派遣以拉西曼为首的技术合作驻华代表团，来帮助全国经济委员会发展经济事业的

计划。

宋子文的这些活动，引起了日本人的强烈反对。日本当局认为，宋子文的行动是企图利用西方的支援为它们的要求设置障碍。所以，他们千方百计破坏宋的计划。

在宋子文回国之前，日本人就阻挠宋的国际咨询委员会计划。摩根公司的拉蒙特同原银行团日本组的野原大辅联系后，拒绝参加宋的委员会。拉蒙特说："反对日本须要加以考虑，因为本公司在日本做着大量的生意。"野原大辅还和汇丰银行的阿迪斯联系，并且相告有关宋的真实意图。伦敦不愿疏远日本，最后也就不同意英国金融界参加新的委员会。所以，宋子文的国际咨询委员会计划最后破产了。

1933年8月，当宋子文启程回国时，日本报纸发动了对宋的攻击，指责宋在中国掀起抵制日货运动。宋所乘轮船预定在横滨停靠，中国报纸暗示宋将往东京访晤日本当局。然而日本政府明显表示宋是"不受欢迎的人"。这样，宋子文便没有在横滨登岸，并拒绝接见日本记者。

日本方面不仅对宋出访的行为进行阻碍，而且企图强迫南京将宋撵出政府。日本驻华公使有吉明与前任国联理事局副秘书长杉杨太郎一再警告蒋介石和汪精卫，宋必须免职。1933年8月29日，宋子文回国时，他将被免职的谣言已经流传开来。《中国评论周报》指出："他被当作亲英美政策的主要代表与南京的当权者不合。"

日本人还采取了切断上海资本家对宋子文的支持的策略。大阪《每日新闻》说，中国银行家是一个松懈的环节，日本可以笼络这个资本家团体来对抗中国的反日情绪。谣传说有影响的几个银行家和商人渴望恢复与日本和满洲的贸易关系。有记者报道说，某一"知名的"本地银行家表示，他愿意支持任何一位亲日的财政部长。日本联合新闻通讯社报道说，江浙财阀强烈反对宋子文的棉麦借款，只要宋在任内将拒绝贷款给政府。

这些攻击只是日本方面的"倒宋"宣传。实际上，上海的资本家多数是支持宋子文此次出访及其所作所为的。如上海的棉织厂和面粉厂主荣宗敬公开赞成棉麦借款，银行家头面人物愿意在宋子文任内再借款给政府。

　　为了欢迎宋子文出访归来，上海资本家还为其组织了一个盛大的欢迎会。8月29日，当宋子文所乘轮船抵上海码头时，不少工商界头面人物前往欢迎。这些都说明，日本人的挑拨没有得逞，国内各界是支持宋子文的抗日经济计划的。

宋子文 全传

· Biography of Song ziwen

7

天有不测风云

天有不测风云，人有旦夕祸福。

1931年，是中华民族灾难深重的一年，也是宋子文极为沉重的一年。

外患、内忧及家愁接踵而至。

九一八事变，东北三省大好河山沦陷。

长江流域，洪水泛滥，灾民遍野。

宋氏家族也突发不幸。

当年7月24日，上海《申报》刊登了一则惊人的消息："财政部长宋子文偕机要秘书唐腴胪及卫士6人，昨晨7时由京乘快车抵沪。在候车室门前，突有多人抽出手榴弹、盒子炮、手枪向宋猛射，宋之卫士亦拔枪还击，一时子弹横飞，烟雾弥漫，北站大厅忽然变成战场。"

宋子文为何大难不死？又一历史悬案。

1931年是中华民族灾难深重的一年，天灾人祸交织在一起。日本帝国主义发动了九一八事变，在短短的几个月内，东三省大好河山沦陷。同时，发生了全国性大水灾。自1931年7月20日起，苏皖各地大雨成灾，南京、镇江、无锡、扬州、芜湖等街市尽成泽国。25日，湘鄂两省也发生大水灾。28日，汉口江堤溃水，灾情严重。8月2日，江、汉水涨，汉口全市被淹，水深处与房平齐；9日，长江水标达50尺零5；17日水标达53.7尺，陆地可航行50吨以上船舶。这次长江中下游大水灾涉及湖北、湖南、江西、安徽、江苏5省，另外，河南、山东、浙江3省同时发生大水，8省受灾农田1.6亿亩，灾民达6000万人。

为了统筹救灾，南京政府于8月14日决定设立救济水灾委员会，派宋子文、许世英、刘尚清、孔祥熙、朱庆澜为委员，以宋子文为委员长。16日，水灾救济委员会在上海成立。

1931年，大水泛滥长江流域。图为浸泡在水中的武汉

要救灾，首先需要的是钱。可是30年代初，南京政府由于发动反共战争和消灭异己的军阀混战，浩繁的军费，使财政赤字一年比一年增加。这样，唯一的办法，就是发行救济水灾公债。

宋子文此前虽然发行了大量公债，但这次却不主张多发，初拟只发行1000万元。然而立法院认为1000万元太少，主张发8000万元。为此，出现了一场争论。

8月下旬，宋子文在谈救济水灾公债时称：公债发行多少，须经救济水灾委员会详细调查研究后，方能决定，现立法院主张发行公债8000万元，并拟一部分购买赈粮，似对于政府业与美政府交涉购美麦问题未加重视。又关于保管基金，另设保管基金委员会一事，亦无必要，因财政部有保管基金委员会。鄙人现向中央提议，在购买美麦正在进行交涉及本会提案正在准备之中，仍请按原定计划，先发行公债1000万元，并由现有保管基金委员会代为保管。此次救济水灾，需款之巨，众所共知，政府尽其财力所及，筹款救灾，鄙人极所赞同，但吾人对此问题，必须注重实际，故为财政上之第一步计划，仍应按原定提案，准许发行1000万元水灾公债云云。

立法院对宋子文进行了反驳，多数委员认为：现有灾民达6000万人，即使发行8000万元，再加借贷美麦，共计不过1.2亿元之数，灾民所得，亦属无几。立法院副院长邵元冲说："此次灾情之重，不仅本国政府应尽力救济，即世界各国亦莫不表示同情。以前估计，灾民在五六千万以上，如照财政部原定一千万元施赈，实不足数日之需。政府虽已与美国商议赊购麦粉，其数额亦不过四五千万元。但此次救灾，决非专重治标所能了事，盖若辈灾民，均已失去生活基础，政府如不设法之妥善安排，隐患将不堪设想。"立法院多数委员还表示，对此事愿以去就为争，即政府如不发行8000万元救济公债，他们就辞去立法委员职务。

9月2日，国民党中政会举行第287次会议，于右任任主席，决议如下：发行赈灾公债8000万元，由财政部分期发行；本公债收支及基金保管方法，仍由财政部依照惯例办理。实际上，这是一个折中的决议，既依照了立法院8000万元的主张，又依照了宋子文由财政部保管基金的意见。9月8日，南京政府令8000万元作两期发行，本月先发3000万元，12月内续发5000万元，着财政部先筹垫款，办理急赈，以资救济。实际只发行了第一期3000万元，第二期5000万元因形势变化未再发行。9月3日，国民党中政会又由于右任任主席，讨论了宋子文所提购买美麦问题。决议：数量为5万吨；价格按照美国口岸起运日之市价；付款办法，以美金在纽约付还，年息4厘，从1934年至1936年每年付三分之一。

公债的争论与美麦问题解决后，宋子文的救灾委员会开始工作。救灾委员会下设7股，各股主任是：调查股主任曾溶甫，财务股主任宋子文兼，会计稽核股主任张嘉璈，卫生防疫股主任刘端恒，运输股主任虞洽卿，灾区工作股主任朱庆澜，联络股主任孔祥熙。

宋子文指示灾区工作股主任朱庆澜发表灾区工作大纲，规定了工作方针、工作大纲及收容组织等项。工作方针是：（一）灾区工作，以救命为前提，但不以救命为止境；（二）灾区工作，注重标本兼治，除散放济赈外，实施各项防灾计划，如水利移垦等，以为根本之救济；（三）充分利用灾民协助工作之实施，以谋引起人民对于农业复兴之兴趣与决心。

工作大纲规定，灾区工作分为三个时期：（一）救急时期，9月15日以前；（二）过渡时期，1931年9月16日—1932年2月15日；（三）恢复时期，1932年2月16日以后。特别强调了救急时期的工作，包括捞救灾民，施放食品，设收容所，排泄积水，掩埋人畜尸体，设药防疫和训练过渡时期工作人员等。

每个收容所规定收容1250户，每户以5人为计，约6250人；每所分为10间，每间125户，设间长1人；间分5邻，每邻25户，设邻长1人，每所设管理员1人，由主任指派督率间长、邻长实施村自治，间长、邻长由村民公推，每所建窝铺650座，每座住2户。但这些只是纸上的东西，实际难以落实。

在救灾工作中，全国各地先后成立了放赈机关，直辖的有宁属区、江北区、长沙区、武汉区、九江区、郑州区、芜湖区、皖北区、济南区和长安区；代办的有首都水灾委员会、湖南湖北善后委员会、豫省特别赈务委员会、皖中南联合办事处、福建云南贵州广东四川各该省赈务会等；补助机关有上海全国筹募水灾急赈会江宁水灾委员会、丹江工赈局及其他各地设立的收容所。

放赈机关的一项重要工作，是发动全国各界捐款，救济灾民。据1931年9月13日全国救济水灾委员会财务组公布，收到各界捐款银圆2534224元，小洋2935角，铜圆3318枚，银73316两。上至官僚巨贾，下至贩夫苦力、狱囚乞丐，莫不解囊相救。一方有难，四面相援，是我们中华民族的传统美德。国民政府自然也采取了一些措施。

9月9日，宋子文在上海中央银行首次召开救灾大会。到会的有宋子文、孔祥熙、许世英、朱庆澜等80余人。宋在报告中说："此次受灾，除江淮流域以外，兼及运河区域，近日黄河流域亦同罹巨劫，灾情之重，毋待鄙人赘述。至今日，灾区内灾情之科学确实报告，尚不可得，鉴于此事情势之重大，才设立本会，处理救灾事宜。"宋子文此前虽然也说过对水灾要标本兼治，但这次会上不再提及治本，只主张采取头痛医头，脚痛医脚的办法。他说："有人主张开浚淮河，改良长江水道，这是不切实际的，首先是无经费，这笔经费至少要1亿元以上；即使有了经费，工程技术亦不敷应用。"他说："美国密西西比河水患，前后用于治河之费，在数万万以上，犹不能消弭其祸，故改良长江水道是不可能的，也不是该会的目的。"他认为，救济水灾委员会只能"尽力为灾民急赈，尽先后发放食品，建造收容所，及置备卫生防疫等事宜。"宋子文预计，未来6个月的费用为7000万元，其中购麦3750万元，运费1200万元，救灾工作费1000万元，灾民寒衣费350万元，卫生工作费100万元，已拨急赈费100万元，准备金500万元。实际远未达到这个数字，据一年多后，1932年12月28日宋子文发表的水灾赈务报告，自1931年8月14日至1932年底，急赈支款共计为668万余元，麦12.7万吨，受惠者为496万余人，工赈受惠者约1000万人。

南京政府实际发行救济水灾公债3000万元，即使照宋子文发表的数字，也只为急赈支出668万元，不足四分之一。大部分用到哪里去了？全国大水尚未消退，日本帝国主义即发动了九一八事变。在此情况下，救灾委员会灾区工作股主任朱庆澜"代表"六千万灾黎致电蒋介石、张学良、汪精卫等国民党要员，呼吁"举国团结，一体奋斗，同舟风雨，共济艰危"。救济水灾公债名义上用于国防，实际主要充作了"剿共"经费。在蒋介石的"剿共"大业面前，宋子文主持的救灾工作是不重要的。

天有不测风云，人有旦夕祸福。1931年7月，正当全国发生大水时，宋家也发生了不幸。7月23日，宋母倪太夫人在青岛病逝。倪太夫人病逝后，宋子文向南京政府请假一月，办理丧事。因此，宋子文出任水灾救济委员会委员长也是徒有其名，主要精力用在家事上。

宋母遗体由青岛运到上海，停放于西摩路宋宅。挽宋母去世的是"孤哀子宋子文、宋子良、宋子安，孤哀女宋蔼龄、宋庆龄、宋美龄，适孔祥熙、孙文、蒋中正，孙女琼、曼、瑞泣叩"。有这样显赫地位的子、女、婿的母亲，在当时的中国是绝无仅有的。

宋母病逝时，因宋庆龄尚在国外，葬礼延期举行。8月13日，宋庆龄从欧洲回到上海。宋母治丧委员会决定，8月17日"开吊"，18日"引发"。

8月17日，为宋母倪太夫人开吊之期，灵堂即设在西摩路宋宅外客厅中，厅外悬挂着南京政府颁给的"教忠报国"四字横匾一方，灵堂内满置花圈挽联，备极庄严。17日

20世纪30年代的宋子文与母亲倪桂珍的合影

上午8时至下午6时，中外宾客往吊者，络绎于途。计有赵晋卿、张群、土晓籁、王一亭、杜月笙、日使重光葵及各国领事等，约数百人。

12时30分，开始公祭。南京政府派参军杨啸天、田沛卿二人主祭。上海市长张群代表南京政府致祭于宋母倪太夫人之灵曰："呜呼，猗唯贤母，系出汉儒；毓灵珠浦，钟秀罗浮；幼著柔嘉，长称淑慎；刘葛知勤，采菲识敬；相其夫子，经营四方；比翼万里，联璧一堂；教有义方，既周且至；封蚨敦廉，丸熊励志；令仪令誉，遐迩无间；鱼轩就养，鸠杖看山；九点烟青，二陵峰碧；一旦仙游，遽归真宅；人怀懿范，国褒女宗；陇冈纪德，彤史扬风；一代哀荣，始终有则；酹酒陈词，灵其歆格。"官方祭文用尽溢美之词，这对养育了名人宋子文等兄弟姐妹的倪太夫人也未尝不可。

8月18日，为宋母举行葬礼。由于宋母是虔诚的基督徒，清晨6点举行了宗

教仪式，宋氏家人亲友齐集宋宅花园草坪上，听牧师讲述太夫人行状，牧师开头引了几句《圣经》中的话，接着就以倪太夫人的口气说："我现在坐在一片草地上，天空飘着云彩，周围开着鲜花，环境是这样优美，空气是这样清新，我感到非常愉快……"那声音，那话语，竟像太夫人快乐地和大家告别，音形毕肖，使悲恸的气氛变得轻松了些，随即出殡。

宋氏家族除宋子文的夫人张乐怡因身体不适未参加以外，都参加了葬礼。蒋介石本以"在赣'剿赤匪'，军务倥偬，一时无暇来沪"，原准备"派张群代祭"。但在宋美龄的催促下，还是暂时撇下"剿赤"军务，赶回上海参加了葬礼。蒋介石于当日凌晨5时40分才赶到上海，随即乘汽车驶往西摩路宋宅，在灵中堂向宋母灵柩行耶教祭礼。蒋下车时，穿夏布长衫，戴着草帽、墨镜，抵宋宅后，即换黑衣布袍，黑袜黑鞋。灵柩原定清晨5时由西摩路宋宅出发，故参加部长及执绋亲友均于天还未亮之前就在宋宅集合，但因蒋介石来沪奔丧，5时40分才到宋宅，故改迟至6时30分出发。

出殡时，宋子文等三兄弟走在最前面，接着是三个女儿宋蔼龄、宋庆龄、宋美龄以及女婿孔祥熙、蒋介石依次前行。宋家三姐妹等均全身衣黑纱旗袍、布履、黑色纱袜，面罩黑纱，垂首饮泣。蒋、孔两人亦衣黑纱长衫尽半子之礼。

参加和保卫葬礼的部队，有上海警备司令部宪兵一个营和军乐队；海军部海军陆战队一个连和军乐队；公安局警察第一大队全队，机车队和军乐队，以及英法两租界中西巡捕、各军警机关侦缉员等，总数不下千人。

队伍从西摩路出发，经南阳路、小沙渡路，走静安寺路，往西入大西路，经中山路、虹桥路，而至万国公墓。沿途警备特别森严，公安局机车队及捕房探捕为先导，沿途巡视，上海市公安局长陈希曾为总指挥。执绋来宾有何成浚、贺耀祖、连声海、杨杏佛、虞洽卿、张群、马福祥、朱培德、王正廷、杜月笙、黄金荣、陈绍宽、王柏龄、蔡元培等。此外，于凤至女士、于右任夫人、戴季陶夫人等亦亲自乘车送殡。

宋子文夫妇在父母墓前的留影

　　上午9时许，灵车至万国公墓中央礼堂，宋子文等三兄弟及宋蔼龄、宋庆龄、宋美龄三姐妹，还有蒋介石、孔祥熙等恭站灵前，由江长川牧师主礼，举行祈祷约五分钟。祈祷时，宋家人人泣不成声，蒋介石亦频频以巾拭目。祈祷毕，宋子文悲痛地说：“我们没有妈妈了！”煮得姊妹们又悲伤地哭泣起来。

　　9时30分，开始举行入葬典礼。墓穴在礼堂前左首，即傍宋子文父亲宋耀如西侧，穴深5尺，穴内铺以水泥，墓外四周铺以青草，灵棺由穿蓝色长衫工人10名，徐徐由礼堂抬出，宋子文等尾随其后。灵棺入穴时，棺上盖以青天白日党旗、国旗两面。宋子文等在墓前最后行三鞠躬礼，向母亲告别。从此，养育了宋子文等兄弟姐妹六人的倪太夫人和宋耀如一起，永远安息在这块绿树环绕，芳草如茵，庄严肃穆的墓址之中。

　　人生似鸟同林宿，大限来时各自飞。倪太夫人的葬礼，使宋家姊妹集合到了一起，但不同的政治信仰，又使他们很快分离。宋庆龄不满蒋介石对中外进步人士的镇压，联合全国进步力量，开始着手组建中国民权保障同盟。宋美龄支持蒋介石转返江西，指挥“剿共”军事。宋子文于8月底返南京，销假视事。

当时全国水灾仍然告急，各省纷纷电宋子文，要求救济。湖北省救灾急赈会于9月9日电宋子文："鄂省灾民一千余万，仅得中央赈款17万元，连同中外捐款亦只一百万元，赈款太少，无济于事，请速拨巨款赈济。"然而，宋子文不知是孝期未满，还是要把经费用于支持蒋介石"剿共"，国人得不到这位水灾救济委员会委员长的答复。宋子文虽然对养育了他的父母尽了吊丧的义务，但对养育了他的中国人民在严重的自然灾害面前却没有怜悯之心。这就难怪他人有心要谋刺他了。

1931年7月24日，上海《申报》刊载了一则惊人的报道："财政部长宋子文偕机要秘书唐腴胪及卫士6人，昨（23日）晨7时由京乘快车抵沪。宋等下车后步出月台，方入该大厅，过问讯处，在候车室门前，突有暴徒多名抽出手榴弹、盒子炮、手枪向宋猛射，宋之卫士亦拔枪还击，一时子弹横飞，烟雾弥漫，北站大厅忽变成战场。当时正值旅客出站，闻声后四散惊走，秩序大乱。结果宋氏免于难，秘书唐腴胪则身中三弹，于昨午11时30分因伤重殒命。"这则震惊朝野的消息，就是著名的王亚樵谋刺宋子文事件。

王亚樵的刺杀目标本来是蒋介石。王亚樵何以要刺宋，说来话长。在中原大战中，蒋介石打垮了阎锡山、冯玉祥和桂系联军后，便张罗召开国民会议，制定"训政时期约法"，希图借此巩固自己的统治。于是在国民党内部，以南京和广州为中心的争权夺利斗争，便以"约法之争"形式爆发。1930年11月12日，国民党三届四中全会通过了蒋介石提交的召开国民会议案。在这次会上无人敢反对，唯独身任立法院长的粤系元老胡汉民起来激烈抨击蒋介石擅自约法，蒋、胡矛盾随之激化。1931年2月28日晚，蒋介石以"宴请议事"为名，将胡汉民扣押，软禁于汤山。这样一来，导致了国民党内部的又一次大分裂。各派反蒋力量齐集广州，成立了以汪精卫为主席的广州国民政府，同蒋介石唱对台戏。

蒋介石扣押胡汉民，急坏了胡汉民的老亲家林焕庭，林便邀请李少川暗中疏通王亚樵，想除掉蒋介石，以解救胡汉民。粤系核心人物孙科也希望如此，这可使南京政府"断梁",广州政府便可取而代之,故暗中赠王20万元作为刺蒋的经费和代价。王亚樵在北伐胜利后与蒋介石闹翻,险遭杀身之祸;刺杀蒋介石,正是工一直追求的目标,便一口答应,接受了孙科的巨款。

王亚樵受命后,经过周密的策划,首先在蒋介石当时轮流穿梭的南京和庐山两地派人侦察,南京派去"铁血锄奸团"核心人物、南京行动组长郑抱真,庐山由华克之指挥,这是王手下的两员干将。郑抱真到南京后,很快就探知蒋介石已乘军舰去庐山,下榻太乙峰别墅,便回上海报告王亚樵。正当即决定派华克之去庐山,并将一只火腿挖空,把两支手枪及子弹塞在里由,再封好火腿,派人送上庐山,交华克之使用。

一天蒋介石到太乙峰前竹林中散步,担任刺杀任务的陈成拔枪射击,但在慌忙之中,两枪均未命中,陈成反被蒋介石侍从击毙。事后,华克之撤回了上海。以后蒋介石每到一地警戒森严,刺蒋已不可能再进行。

王亚樵经与孙科的手下商议,决定改为刺宋,以杀鸡儆猴。宋子文是蒋介石的"输血机器",刺宋成功可以断绝蒋介石的财源,逼他下台;同时宋往来于上海与南京之间,警卫不严易于得手。

目标确定后,王亚樵当即在上海大华公寓召开骨干会议,制订计划,秘密布置。郑抱真指挥南京行动组住进仙鹤街余立奎家,上海行动组由王亚樵亲自指挥,租下北站附近天目路一幢三层楼房作为据点。当时宋子文家住上海西摩路141号,每逢星期五自南京返上海,再于下周一去南京办公。郑抱真已探知宋的行动规律,所以决定在上海北站趁旅客上下车混乱时动手,然后施放烟幕弹撤退。

在上海八仙桥有一"和平米店",这是王亚樵开的,专营淮北船帮贩运到上海的大米,赚了钱作"铁血锄奸团"活动经费,郑抱真为老板。郑手下有几名伙计,其中有一绰号"小泥鳅"的极为活跃机敏,他已钻进虹口安清帮中,并与日本浪人有秘密来往,郑便派人去购烟幕弹。"小泥鳅"在安清帮首领常玉清徒弟的协助下,用高价从日本浪人手中弄来一枚秘制的烟幕弹。

"小泥鳅"在购烟幕弹时，发现还有二枚，经套话得知，这二枚烟幕弹是日本"魔法军人"田中隆吉雇佣常玉清在北站刺杀日本驻华公使重光葵时用的。日本军人为何要谋刺其驻华公使？50年后重光葵在他的《外交回忆录》中谈到了这一事件，这是日本策划侵华战争中的一大阴谋。田中隆吉拟在上海暗杀日本公使重光葵，然后栽诬中国，以挑起军事冲突。另因重光葵执行的是"币原外交"路线，主张以经济渗透方式巩固扩大在华的权益，反对使用武力，所以日本军人把他作为暗杀目标。

郑抱真将买到的烟幕弹交给王亚樵后，就来了南京，他在南京又买通了财政部的一名主办会计。该会计每天都要向宋子文汇报外汇市场行情，宋子文每天要出门总向他打招呼，所以情报准确。7月22日宋子文对该会计说：顷接青岛电报知母亲病重，准备今晚回沪打点，不日去青岛。郑抱真得报后，立即密电王亚樵，"康叔准于22日晚乘快车去沪，23日到北站，望迎接勿误。"郑抱真发完电报，"小泥鳅"急从上海赶来南京，迫不及待地向他报告："我在买到烟幕弹后，探知田中已收买常玉清在北站刺杀重光葵，然后嫁祸铁血锄奸团，以便在上海发动战争。""小泥鳅"还了解到，常玉清已知道宋子文23日到北站，届时趁宋子文和重光葵出贵宾门前时行刺。

重光葵为何与宋子文同时到上海呢？原来重光葵的基地在上海总领事馆，每周一到南京使馆办公，来往宁沪时间和宋子文基本一致。他在南京主要与中国外交部长王正廷打交道，和宋子文也常往来，关系甚密，经常同乘一列尾部的花车回上海，所以他们认为这是行刺重光葵的最有利时机。行刺得手后就施放烟幕弹掩护撤退，同时将写有"斧头党"（铁血锄奸团前身名称）的未响炸弹及武器丢在站内外，以制造栽诬王亚樵的证据，这样中国就必须承担事端的责任。

郑抱真听了"小泥鳅"的报告后，感到问题严重：第二天王亚樵刺宋子文，常玉清杀重光葵，届时二人必死无疑；但结果王亚樵正好为常玉清作了掩护，日本军方很容易将一切责任推到铁血锄奸团身上，中日冲突骤起，王亚樵和铁血锄奸团就成了洗刷不清的罪魁祸首、民族的罪人。华克之主张立即发一份加急电报，暗示情况突变，停止刺宋，但时间已来不及，且电文也难以说清，更要冒泄密的风险。郑抱真毅然决定他和华克之搭乘当晚宋子文、重光葵的快车去沪，抢在宋子文和重光葵出车厢之前对空鸣枪发警报，以便使他们不出车厢，破坏常玉清的行刺计划，王亚樵见情况突变，也会停止行动。

再说王亚樵在上海接到郑抱真的暗语电报后，立即在北站作了周密布置，手下人员分三组以旅客打扮，设成了三道阻击线。常玉清也亲率门徒来到现场。双方人马安排就绪后，只等重光葵和宋子文肩并肩走出车站。然而常玉清根本不知道王亚樵的人马也在这里作了布置，更不会知道郑抱真的"紧急措施"，于是一场密谋策划的刺杀混战在不知不觉的错位中等着开场。

重光葵和宋子文乘坐的车厢是一节挂在列车尾部的"花车"，重光葵带着两名使馆书记官，宋子文带着6名贴身卫士和唐腴胪机要秘书。车停稳后，重光葵随着人群出了站，上了汽车。宋见重光葵先走，觉得他是客人，有些过意不去，没等旅客走完便匆匆追了出来。

这时守在车厢中待机的郑抱真和华克之见宋子文已走近出口，眼看就要进入常玉清的枪击圈内，便不顾一切地跳出车厢，紧急对空鸣枪，以示警告。卫士们立即拔枪还击。王亚樵手下人看到郑抱真信号还以为需要支援，便向卫士开枪。一时车站内外枪声大作，子弹横飞。这时重光葵的汽车还未走，子弹从车站的砖墙上反弹过来从重光葵的汽车顶掠过，重光葵急令司机开回官邸。宋子文和随身秘书唐腴胪从未见到这种场面，惊吓得在贵宾出口处进退不得。常玉清也丈二和尚摸不着头脑，但一下发现宋子文就在出口处，与他并肩走的人身穿夏布衫，手持黑色皮包，中等身材，认为这就是重光葵，遂发出"目标已达"信号，于是常玉清手下刺客立即趁乱集中射击，"重光葵公使"应声倒地，身上连中三弹。常玉清见"目标"已中，迅速示意撤退。此时王亚樵手下的人也误以为宋子文倒在血泊之中，遂甩出烟幕弹，人马安全撤出。

混战过后，常玉清想不到这次行动如此顺利圆满，王亚樵也认为宋子文必死无疑，郑抱真则后悔不迭，以为重光葵已死，日本将借此发动战争，他们将成为民族的罪人。事后才明白，被击中的"重光葵"乃为替身，倒在血泊之中的乃是宋子文的机要秘书唐腴胪。唐腴胪时年32岁，自美国哈佛大学毕业归来不到10天，刚新婚不久。当时枪战一开始，他亦惊呆了，在出口处东张西望，想找个安全处，想不到一下子一颗颗子弹朝他骤击。宋子文见唐倒在血泊中，腿脚一软，居然躺倒了，然后躲到一名保镖身后最后跑进站长室，连一块皮也没伤着。

当时《纽约时报》刊登了一则消息，标题为《子弹没有击中宋》，其中登载了宋子文本人对这次暗杀未遂事件的叙述："我正往车站外面走，在我离出站口大约15英尺的时候，有人突然从我的两侧同时开枪。我意识到我是射击的目标，我立即把灰暗的、车站里十分显眼的白色硬壳太阳帽甩掉，跑进人群，躲到一根柱子后面。整个车站很快被刺客们的左轮手枪发出的烟雾所笼罩，乱枪从四面八方打过来，我的卫兵们则开枪还击。整整过了五分钟，车站的烟雾才消散。我的卫兵们看见至少有4名刺客在开枪，可是刺客的人数也许还要多些。当烟雾消散的时候，我们发现同我并肩走的我的秘书，肚子、臀部和胳膊都中了枪弹。子弹是从两侧打进他的身体的。他的帽子和公文包弹痕累累。我比他高好多，可是我哪儿也没有伤着，简直是个奇迹。"究竟是宋子文命大，还是谋刺他的人只是吓吓他，警告他少跟蒋介石做坏事，这里无从考证，也就只能作为悬案了。

宋子文 全传

·Biography of Song ziwen

8

四次辞职

桩桩险境，重重压力。

宋子文急流勇退，先后四次辞职。

《时事月报》分析宋子文辞职的原因是"七年来工作过度，他感到精神上体力上疲劳不堪"。

汪精卫对记者谈宋子文辞职原因时称："自国难以来，收入骤减，军政各费，约每月短少1000万之巨，因无法筹措，故欲求去。"

宋子文对新闻记者说：任何健康状况不佳的报道都是错误的，不准备用"东亚病夫"作为辞职的托词。

他私下还说："当财政部长无异做蒋介石的走狗，从现在起我要做人而不是做一条狗。"

到底为何辞职？耐人寻味。

宋子文自1928年初出任南京政府财政部长，至1933年10月最终辞去这一职务，为期6年。在南京政府中，除孔祥熙外，他是任期最长的财政部长。

但在这6年时间里，宋子文的财政部长不是一贯制的，中间有过多次辞职，或真或假，或长或短，原因不尽相同。

宋子文第一次提出辞职是1929年8月6日。如前所述，1929年8月1日，国民党军政要员在南京召开第二次编遣会议。会前曾计划将军队减至60万人，但会上又增至80万人，实际上蒋、冯、阎各派系谁也不肯削减自己的军队。在此情况下，宋子文以编遣会议后军费仍不能压缩，预算不能实行，财政困难无法应付为由，自上海电南京政府辞职。宋自1928年以来，通过各种手段，为南京政府筹措了不少经费，所以他的辞职政府不予同意。8月7日，蒋介石抵上海挽留宋子文。9日，南京政府下令挽留宋。宋子文本来就不是真心辞职，只是为军费问题给各派系施加压力，经蒋介石及南京政府的挽留，宋允复职。8月13日，宋子文在上海宴请银行界，商讨再发编遣公债5000万元，由海外华侨认购1000万元，余由上海银行家负责筹募。是晚，宋返南京复职。

宋子文第二次辞职是1931年12月20日。这次辞职，是配合蒋介石下野的一个行动。此前，1931年5月，国民党已经分裂，出现了南京与广州两个政府。九一八事变后，1931年10月27日至

宋子文曾经成为美国《时代周刊》的封面人物

11月7日在上海召开的"和平统一会议"上，宁粤双方达成一项妥协性协议：宁粤双方分别召开国民党"四大"，而后在南京召开四届一中全会，改组南京政府，实现宁粤统一。但粤方坚持蒋介石下野，才去南京。在此情况下，蒋介石于12月15日通电下野，辞去国民政府主席等本兼各职。同日，国民党中常会议推林森为国民政府主席，陈铭枢代理行政院长。为了表示同蒋介石共进退，宋子文于12月20日向国民政府呈请辞行政院副院长及财政部长本兼各职。

12月28日，国民党四届一中全会决议：孙科为行政院院长，陈铭枢为副院长。1月30日，改组行政院各部，财政部长由黄海梁署理。

孙科出任行政院长及黄海梁署理财长后，最感棘手的就是财政。当时的财政，孙科说过这样一段话："以言财政，几年来债台高筑，罗掘已空，中央收入每年本有四万万，但除还债外，能用之款不及一万万。欲再发债则抵押已

尽，且市面债券价格，不过二、三成，即强发行，于事何补？最近财政、税收，每月不过六百万，而支出方面，只军费一项，照前月财委会核减之数，每月须1800万元。"自宋子文下台时，黄海梁派员接收国库，未得分文现金，而宋子文还拖欠银行界1000万元。黄本人在财政界既无资历，又无特定银行做背景，故处于孤军无援的境地。黄第一次到上海，曾想筹款1000万元，经多方设法，才搞到300万元，照当时军政费每月2200万元计算，仅够4天开销。

由于财政无法解决，黄海梁只署理了20多天的财政部部长，于1932年1月26日辞职。孙科的行政院长也担任了不到一个月时间，1月28日改由汪精卫担任。孙科下台后，对蒋、汪十分痛恨。1932年2月，孙在上海出资办了一个《民众周刊》，由王昆仑主编，写文章把蒋、汪骂得一塌糊涂。孙科为什么如此大胆？有人说，因为他是孙中山的儿子，所以有革命的脾气；因为他在外国长大，所以有洋人的脾气；因为是独子，所以有大少爷的脾气。他有时发一种脾气，有时两种一同发，有时三种一起发。当他发革命脾气的时候，也就是政治上表现得最好的时候。但可惜的是他发革命脾气的时候，也同发其他两种脾气，而且发革命脾气的时间也不长。因此，他不能坚持政治主张。

孙科和黄海梁下台后，1932年1月30日，南京政府又命宋子文为行政院副院长兼财政部部长。不久，蒋介石也重新上台，重新合作。

宋子文第三次辞职是1932年6月4日。这次辞职是因"剿共"军费问题引起的。九一八事变和一·二八事变后，蒋介石采取"攘外必先安内"的政策，认为共产党是比日军更危险的敌人。1932年夏，当中国同日本战争的危险一平息，蒋介石就准备了浩大的军费，并发动大规模的战役进行剿共。

宋子文对此不同意，他认为抗日比"剿共"更为重要，政府应力图收复满洲保卫华北。宋和蒋为筹措对共产党战争的军费发生龃龉。1932年6月初蒋介石往汉口"剿共"总司令部，要求每月军费由1300万元增加到1800万元。这一做法，使宋子文的节缩计划流产。

6月3日，宋和蒋的争论达到顶点。这时蒋将驻在上海的19路军调赴福建。蒋担心这支已成为抗日象征的军队会威胁他的权力，所以希望它在福建同共产党的作战中毁灭掉。宋反对调动19路军。1932年6月4日，宋子文和19路军总指挥陈铭枢相继辞职隐居上海。

在此期间，宋子文对蒋介石的政策进行了攻击。他在对记者谈话中说，他的辞职是不可避免的，因为财政部不能提供"剿共"所需的军费。增加各项款也不可能，因为日本袭击时期，上海商业几乎停顿。宋反对更多的借款。他说："这个方针存在着毁灭、政治不稳及最后的灾难。赤字和短期借款的恶性循环，此中痛苦我久经饱尝……我愿继续做纠正自杀方针的人。"持票人的牺牲，使预算得以平衡，而这样的牺牲"不能再重复了"。他又说：在日本侵袭期间，上海银行面临很多的困难，"实际上已在风雨飘摇之中，崩溃在即，只有悉知国内情势的人才能领会。"

宋子文还对蒋介石反共政策的合理性提出了异议。他说："难道'匪患'和'共祸'仅仅是军事问题，我们能希望用陈旧和劳民伤财的军事征伐获得成功吗？'匪共'之患不就是因政治、军事和经济失调而滋长起来的吗？倘若他们在政、军、经几方面得到合理的对待，那么即使并非洋洋大观，他们岂不将报之以较好的反响吗……对于这些问题显然不该由一个财政部长来解答。"宋子文的这些诘难有些哗众取宠，但可看出他对蒋介石的政策不是完全赞同的。

宋子文辞职后第3天，蒋介石、汪精卫及其他国民党要员在南京会商，决计复电慰留，劝其"以国家大局为重，继续负责维持"。宋子文虽一再辞职，但仍愿意妥协。6月7日，汪精卫等赴沪挽留宋子文，宋允打消辞意，但须请假略事休养。6月14日，国民政府主席林森又到沪挽留宋子文与陈铭枢。7月7日，在上海协商达成了妥协方案，军费从每月1300万元增加到1500万元，比蒋原来要求的1800万元减少300万元。宋同意复职。7月12日，宋表示不再为"剿共"军费发行新公债，而用增加的盐税和其他财源以增加收入。实际上，这只是换了一个办法，宋子文仍在为蒋介石提供"剿共"军费。

宋子文第四次辞职是1933年10月。1933年夏，宋出访欧美回国后不久，请辞财政部长及行政院副院长之职。10月29日，国民党中政会决议，准宋子文辞财政部长职，由孔祥熙接任。同日，国民党中常会决议，准宋辞行政院副院长职，亦由孔祥熙接任，但保留宋的全国经济委员会常委职，并选宋为国府委员。

宋子文此次辞职的原因，说法不一。半官方的《时事月报》说，宋辞职的原因很简单，"七年来工作过度，他感到精神上、体力上疲劳不堪"。但宋否定这种说法。10月30日，他在新闻记者招待会上愤怒地说，任何健康状况不佳的报道都是错误的，他不准备用"东亚病夫"作为辞职的托词。宋说，实际上他出国归来后数月特别健壮。但宋拒绝公开说明他辞职的原因。据胡汉民私下说，宋曾说过"当财政部长无异做蒋介石的走狗，从现在起我要做人而不是做一条狗"。

另一种说法是宋子文出国期间，蒋介石突破了他的预算，而且把这笔钱

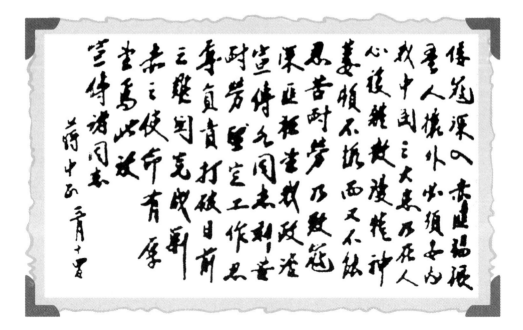

　　　1932年蒋介石写的手令

都花在最近一次"剿共"军事行动上。宋子文回国后对此非常恼火，急急忙忙去见蒋介石。这次会见终于引起了轰动一时的争吵，最后蒋打了宋子文一记耳光。宋为此辞去职务，由孔祥熙接替他担任行政院副院长兼财政部部长。

官方关于宋辞职的解释是由于难以解决的财政状况。10月29日，汪精卫在南京对记者谈宋辞职原因时称："自国难以来，收入骤减，军政各费，约每月短少1000余万元之巨，因无法筹措，故欲求去。"

但把财政状况解释为宋辞职的主要原因是缺乏说服力的。财政问题固然严重，但宋曾应付比这更坏的情况。报纸专栏作家王仲芳写道："自从中华民国建立以来，政府经常在财政困难之中……去年尽管有长江水灾和上海战争，宋成功地平衡了预算……现在国家的条件并没有像一年以前那样危急。""鉴于他过去的振作有为和气魄，说他辞去政府的职位仅仅因为他不能解决政府财政困难，这种论调听起来实在可笑。"

事实上，宋子文辞职主要是由于同蒋介石的政见分歧引起的。蒋介石在同汪精卫等商量后，决定进一步寻求向日本妥协，而宋子文"在公开场合屡次表示他反对向日本屈膝投降的任何措施"。《密勒氏评论报》说："所以，宋子文的辞职可以充分解释为那些早已致力于消除中日分歧的官员们的极大胜利。"

另外，在"剿共"与抗日什么为最重要的问题上，蒋、宋也意见不一。蒋介石坚持"攘外必先安内"的政策，宋主张抵抗日本，同时用经济和政治的办法扑灭共产党。《中国评论周报》指出，"因此，他的辞职可能意味着放弃这种政策，又回到武力统一的老调子。"后来的事实证明，这些分析是有道理的。宋子文辞职后，南京政府的亲日派采取了更多的妥协政策。

宋子文的四次辞职说明，他和蒋介石有着既相依靠，又相抵触的关系。蒋介石下野时，他也跟着下台，说明他是与蒋介石共进退的。但当蒋介石对日本人采取妥协政策，对共产党实行大规模军事"围剿"时，宋子文又持不同意见，因而最终辞职。应该看到，宋子文的对日态度也是动摇的，只是因为他代表英、美在华利益，在矛盾的国际事务中表现了一定的抗日积极性。宋子文也并非放松对共产党问题的解决，只是因为难以筹措巨额军费，而主张采取其他手段。

9

出访欧美

罗斯福总统邀请英、法、德、日、中、墨等国政治领袖赴华盛顿开会。

宋子文并非中国政府的"政治领袖",他却奉命率团出访美国。

白宫发表新闻公报称:"总统与中国财政部长以积极及圆满之态度讨论了若干重要经济问题。"

宋子文在伦敦世界经济大会上,阐述了南京政府对外合作方针。说:"中国从不高筑关税壁垒,以利各国输入商品,也不实行外汇限制。"

西方各国对中国技术合作的要求表示出极大的兴趣。

对于谈判内容,国内舆论是赞成,还是反对?

蒋介石、汪精卫、胡汉民等人,态度又如何?

宋子文最后一次辞职前,于1933年春夏之际对欧美进行了一次为期4个月的访问。

1933年4月,美国总统罗斯福邀请英、法、德、意、日、中、墨等国政治领袖赴华盛顿,磋商复兴世界经济计划。美国政府先通知中国驻美公使施肇基,再由施肇基将美国政府的邀请转电南京政府外交部。施电云:"美国政府邀请各国代表到美之意,系:一、观察各国对经济会议所讨论各事项之态度,二、交换对世界经济复兴问题之意见,以示美国政府打开不景气局面之决心。至美政府与各国代表间交换意见,系个别举行,并无会议形式。"

美国政府原则上邀请的是各国内阁总理,如总理不能亲来,改派代表参加亦可。当时南京政府行政院长是汪精卫,副院长兼财政部长是宋子文。汪精卫因对经济问题一窍不通,又非美英势力代表,不愿前往。宋子文推举立法院长孙科。汪精卫经与在江西"剿共"的蒋介石电商,认为孙科因立法院工作羁身,不能前往;宋氏担任财政多年,此去较为适宜。

4月14日，汪精卫偕外交次长徐谟、国民党中委李石曾从南京乘车抵上海，与宋长谈。汪称：此次来沪，完全为敦促宋部长代表我国出席华盛顿会议。因此次会议关系极大，世界各国莫不派遣第一流人物参加，如英国为首相麦克唐纳，法国为前总理撰赫礼欧，故我国人选，自应特别慎重。中央本预定财政部长宋子文及立法院长孙科二人中择一代表出席，但孙氏为立法院长，关于临时全国代表大会之组织法、国民大会之选举法及宪法草案等，均须于7月1日前制定，故不能脱身。中央决定请宋前往，且宋为我国财政当局，熟悉世界经济情形，此席更觉相宜也。宋子文推荐孙科为代表本是谦让之词，经汪精卫这么一说，便答应担任代表。

宋出国前，做了多方面的准备。4月16日，宋前往蒲石路汪精卫住处，与汪讨论了宋赴美后的财政布置及出席华盛顿谈话会的意见。在国内财政方面，宋出国期间，部务由财政次长

1933年6月，宋子文在伦敦出席世界经济会议。

李调生、邹琳负责，张寿镛、孔祥熙从中协助；最重要事务，则随时用无线电向宋请示，在轮在陆，均可收到。华盛顿谈话会因无预定议程，一时难以确定具体意见，汪、宋认为，大致将讨论关税银价问题，我国战债问题及远东问题。4月17日，宋复往蒲石路，与汪再度商洽，并向汪辞行时，汪建议宋最好去江西与蒋一谈，但宋恐耽误时日，有碍船期，只是电告蒋介石。

宋除同汪商洽外，还先后同在上海的要人如立法院长孙科、中央研究院长蔡元培、副院长杨杏佛，上海市市长吴铁城等讨论了出席事宜。

4月16日晚，新任中央银行总裁孔祥熙为宋将出国，在西爱咸斯路私邸举办欢送会。上海市长吴铁城、市商会会长王晓籁、银行界领袖史量才等出席。王晓籁在欢送词中首先对宋进行了一番吹捧：宋副院长兼财政部长于时局紧急声中，奉政府之命，离国赴美，参与华盛顿召开之经济会议，至关重要。以宋部长之地位及宋部长于各友邦之信誉，自然应该宋部长亲去。希望宋部长此去，能带回新鲜空气，解决国内的沉闷，并希望能达到经济制裁日本云云。接着，史量才、虞洽卿、贝淞荪等致词，说了一番类似的话。

宋子文在会上致答词说：兄弟蒙各位筹款欢送，非常感激。唯当美国柬邀我国时，余因鉴于内忧外患之日亟，本不预备前去出席，嗣经各方之催促，及详加考虑后，觉此世界经济会议，虽非直接与远东问题有关，然因相互的关系，及有关世界整个经济问题之故，当即决定参加。为迅速赴美起见，即决定于近日即行启碇。以我国现在之经济而言，农村破产，商业凋敝，通货咸流入都市，尤其是上海，生产力日益衰弱。其所以至此之原因，则为长江水灾，"共匪"为患，及日本经济侵略我市场、武力强占我东三省，凡兹三点，皆我国因是而发生之特殊困难情形。然经济不景气，为全世界普遍现象，不仅我国如是，即以号称富有之美国，亦难免于此。故欲解决国内经济问题，绝非各国力量所能办到。中央此次派兄弟前往出席，亦即欲解决国内经济困难，必须与全世界共同解决之意。但此去绝不是去求于人，因为中国有广大之土地，四万万人口，为世界最广大市场，于挽救解决经济危机，将有极大之贡献于世界。故可与各国开诚相见，互相交换意见，讨论解决办法。宋子文的这番话，有些是实言，有些则不然。如国内经济破坏的原因，他讲了三条，即长江水灾，"共匪"为患和日本的侵略。其实造成经济衰败的政治上的原因应该是国民党反动统治的结果，而这一点正是宋子文所看不到的。

4月18日午12时，宋子文乘杰克逊总统号轮启碇离沪。同行者有中国银行行长贝淞荪、财政部顾问杨格、全国经济委员会委员秦汾、前驻美使馆秘书魏文彬、秘书黄纯道等，还有财政部驻沪办事处科员蔡寿生随同赴美，担任译电工作。

宋子文启程时，上海各界及宋氏亲友等前往码头送行。海关盐督唐海安来得最早。此外如法驻沪总领事梅礼蔼、美国海军陆战队司令凯尔高、交通部长朱家骅夫妇、外交次长刘崇杰、财政部次长邹琳、上海市长吴铁城、保安处长杨虎、南京政府顾问何东爵士、银行界代表李馥芬、商界代表闻兰亭、商界要人杜月笙、虞洽卿及宋夫人张乐怡、弟宋子良、宋子安等前往送行，共不下三四百人。

行政院长汪精卫

从码头至杰克逊总统号轮这小段距离，需坐小轮。为此，海关方面特备镜辉、克胜、勉力3小轮，及浚浦局小轮飞利、大来公司渡轮一艘，供宋氏及欢送人员乘坐。宋氏及其家属等所坐为镜辉小轮，舱内备置各界所赠花篮一百多个，并由财务部代表持白布横条，大书"欢送宋部长出席华府经济会议"字样。一个政府官员出访，造成如此声势，在当时实属少见。

为了向各方张扬此次出访的诚意，宋子文在码头发表了书面谈话。略谓"此次世界经济谈话会，中间所拟讨论之大部分问题，固然为各国相互之间关系，然与我国亦有种种重大关系。故驻美施公使首先电本人，邀请出席，同时政府亦决定委余前往。因各国相互间种种问题不能解决，故全世界经济状况，陷于非常困难，一时不易解决。余深信国际间的问题，只有开诚合作，始可彼此达到圆满之目的。为世界幸福计，为我国利益计，对于此次会议，我国必须尽力赞助各国，以期达到此会之目的。"宋发表书面讲话后，即在蒙蒙细雨中登轮而去。

经过半月航行，宋子文等于5月4日抵西雅图。宋抵达后，发表一简短谈话，声称：希望世界经济会议完全成功，中国将就最大之可能范围从事合作，借助增进世界和平而谋世界之福利云云。

5月8日，宋子文抵华盛顿，下榻前海军总长亚丹士家内。当日中午，美国总统罗斯福在白宫宴请宋子文等，并邀请政府要人及国会议员数人作陪。因宋为美英势力代表，且与罗斯福同为哈佛大学毕业学生，对方招待颇殷。

5月9日，宋等与罗斯福、赫尔及美方经济顾问多人，进行了第一次会谈。会谈的重心是如何发展中国经济与稳定中国政治。罗斯福认为，中国政治的安定是远东经济恢复的前提，美国愿意对中国提供援助，想以提高银价为诱饵，推进美国向中国倾销商品。双方经过两次会谈，确定了美国对中国经济援助的具体措施。白宫会谈后发表的新闻公告称："总统与中国财政部长以积极及圆满之态度讨论了若干重要经济问题。"

宋子文在出席世界经济会议期间，自作主张，与美国财政善后公司董事长琼斯签订了5000万美元的棉麦借款合同。主要内容为，美国财政善后公司，借给南京政府5000万美元，合中国币2亿元。不支付现金，而是用此款购买美棉与美麦。其中五分之四用于购美棉，五分之一购美麦。指定由中国的卷烟、麦粉、棉纱、火柴等5项统税收入为担保。借款的使用办法，从协定达成之日起，中国政府即可支用此项借款，但只能转账订购美国棉、麦。货物启运时要尽量租用美国船运输。偿还办法，约定货物从货栈起运时算起，即从借款内偿付货价的10%，以后于90天内再支付15%，余额在3年内分期偿还。如果延期偿还，给息5厘。这就是人们所说的宋子文美棉麦大借款。

消息传到国内，全国愕然，立刻舆论大哗。因为众人皆不知晓宋子文赴美负有此项借款使命，且此次借款方式奇特。既为借款，借方又不能自由支配，只能按贷方的规定以美棉、美麦支付。这样一来，名曰借款，实际是购买美国农产品的垫款，是美国以借款的名义向中国倾销过剩农产品，这必然要引起全国各界的不同议论。南京政府实业部工业司长刘荫弗，首先大加赞扬。说实业部准备召集各纱厂商来南京开会，讨论分配办法。胡汉民则致电孙科，反对此项借款，谓："此事关系党国前途极大，不能不为兄等言之：（一）凡一国国债，关系人民负担，未有不经立法机关通过而成立者。立法院有监督外交、财政之权，不审兄等此云何。（二）宁国府发行国内公债已12万万。政府成立22年，从无预算案。今既云收支适合，则何需秘密借款至2万万之巨？（三）谷贱伤农。今此巨量棉麦输入，究将何用？弟以党员立场，不能不严重反对。"

一些实业界人士认为，美棉麦借款虽然可以补我国棉业、面粉业一时的原料不足，但从根本上看于国家经济无益。如不从复兴农村经济着手，我国工业没有前途。他们认为借款既然已成事实，当慎重使用，只能用以振兴实业，复兴农村，不能用于内战。

在全国反对声中，南京政府急忙采取3项措施，以安人心：第一，由政府有关人士对报社记者发表谈话，解释此项借款并非临时举动。孙科说明："此项动机，完全根据党的主张方针，即总理所主张之利用外资以发展国内实业之政策"。"罗斯福要求我国派代表出席华盛顿世界经济谈话会议，因时间紧迫，宋在出国前确无此项安排，事后中央执监联席会议曾进行讨论，给宋提出一些与罗斯福会谈的方针。决定借款就是根据这些方针决定的。"第二，急忙补行法律手续。国民党中央政治会议讨论，追认借款，提交立法院审议。6月14日，立法院讨论，交财政、经济两委员会审查。15日，两委员会组成9人小组，审理完竣。16日，立法院召开第22次大会，讨论通过，借款案合法化。第三，南京政府许诺，此项借款只用于建设，决不挪作他用。宋子文的美棉麦大借款，经过国民党中央为此一番安排，便完全合法化了。

美国热心向中国借款，是它的全球竞争计划的组成部分。自从1929年世界资本主义爆发经济危机之后，国际帝国主义之间的矛盾从三个方面突出地表现出来：一、军备竞赛，二、关税战争，三、货币战争。在帝国主义的全球竞争中，美国的海外投资不占重要地位，而且新上台的总统罗斯福是美国工业资本家的政治代表，而不像前总统胡佛，是美国金融财团的代表。所以，罗斯福考虑的是如何发展对外贸易，推销商品，热衷于货币战。在他身边的经济顾问，几乎都是主张放弃金本位，实行银本位的坚定派人物，如美国参议院外交委员会主席毕德门，便是坚定的白银派人物，也是美棉麦借款的怂恿者。宋、罗谈判后，关于银价的具体问题便是毕德门及其他白银派议员与宋子文会谈的。

罗斯福上台后，为摆脱经济危机，便发起了货币战，而中国则成了美国倾销商品的重要市场，因此他大力拉中国加入美国的白银集团。1933年5月8日，美国参议院通过了有关决议案，训令参加伦敦世界经济会议的美国代表，设法订结复用白银为货币的国际协定。5月16日，罗斯福对世界44国元首发出共同申请书，要求缩减军备，绝对废止用于侵略的武器，制止武装军队偷越国境，冀以挽救军缩会议的失败，促成世界经济会议的成功。致中国政府书于5月17日由美驻华使馆参赞送外交部呈递国民政府主席林森。18日，南京政府立即开会讨论，决定无条件接受美国的申请书。19日，用林森主席名义电复罗斯福，称"美总统之宣言，不失为谋世界政治与经济和平之一勇敢而有力的呼吁"，"然关于日本侵略我国东北及进攻华北各地等实际问题，均未明白提及"。因此要求予以考虑。

5月19日，宋子文在白宫与罗斯福发表共同宣言，这是宋子文此次访问的最后成果。宣言中称："两人间对于解决世界当今大问题所必采之一切方案，具有同意。"双方认为"非有政治之安宁，不能达到经济之安定"。双方"完全赞同目下国际贸易上不合理之障碍必须去除，财政与金融之混乱必须加以整理"。双方还认为，"东方贸易巨大媒介物之白银，应当提高而稳定其价格"。关于远东问题，双方认为，"过去两年中扰乱了世界和平，使两大国军队从事破坏性质之敌对行动"。"此种敌对行动，当立即停止，俾目下各国重建政治经济和平之努力，得底于成。"

6月3日，美国国会通过议案，取消金本位，采用银本位。在国际事务中，美国声明放弃中立主义，亦即指在中日纠纷中不再持中间立场。这样，宋子文的访美，便把南京政府与美国的关系推向了一个新阶段。

1933年4月，罗斯福总统邀请各国政治领袖赴华盛顿磋商复兴世界经济计划，实际是为6月在伦敦召开的世界经济会议做准备。

宋子文出国时，南京政府拟宋参加华盛顿谈话会后，续去伦敦参加世界经济会议，但未最后确定。5月13日，汪精卫主持召开行政院临时会议，决定派宋子文、郭泰祺为正式代表，出席伦敦经济会议。5月27日，宋子文一行从纽约赴伦敦。

世界经济会议的发起，出于1932年洛桑会议的决议。关于会务进行，是交由国际联盟会负责办理。国联自接受这项任务后，即着手准备，确定会议主要纲领为：①安定物价问题；②关税休战问题；③安定币制问题；④国际贸易问题；⑤疏通汇兑问题；⑥改善生产问题。谋求解决这6项问题，就是世界经济会议的主要目的。

6月12日，世界经济会议在大不列颠帝国首都伦敦的地质博物院举行。与会者有66国代表，正式代表168人，加上列席代表及新闻记者等不下500人。代表席次名义上是根据代表人数多少排定的：英、法代表各8人，排在最前列；美、德、意、日各有代表8人，排列其次；中国有代表3人，与弱小国家一起排列其后。从代表席次上，即显示了地位的不平等。

大会由英首相麦克唐纳任主席，英皇首先致祝会辞。他说，在此经济痛苦遍及世界之时，我以深切责任之情感，欢迎各位代表前来伦敦参加经济会议，并深信经过此次共同努力，可产生有益的结果。英皇演说时，全体起立，约有七八分钟，而后由译员将其演说译成各国语言，翻译既毕，英皇即离会场。

接着是麦克唐纳致开会辞。他说，近来各国遭受一次通病，失业人数日增，物价远跌至生产成本以下，且又涨落

美国第32任总统罗斯福

不定，以致破坏一切经济活动所系之正常关系，再加以贸易之受限制，益增普遍之危机。关税比额及汇兑管理等案，使国际贸易在一二年间减少一半；金本位放弃者之众，更为自成立国际贸易媒介以来，在承平时之所未见。从英皇和英首相麦克唐纳的演讲中，可以窥见当时世界经济问题的严重性。

6月15日，宋子文在世界经济会议第3次大会上发言。他首先表示了对会议的诚意和信心，说："中国将与世界各国合作，共觅解决世界经济危局之方法，故志愿前来参加此会。当前问题诚属困难，但若以正直之精神与必要之决心，则此难题并非为人类所不能解决者。"他认为："大会失败，不独将延长憔悴景象，且将使负有管理世界之责者，丧失信用；大会成功，则将导成更大更稳定之繁荣时代。"

宋子文在谈到中国地位时说："他国生产过剩，而中国则生产不给，发展不足，及购买力薄弱。试以中国之发展与美国比较，中国仅有铁路7千（英）里，而美国则有铁路27.5万（英）里；中国有汽车大道2万（英）里，而美国则有300万（英）里；其他工商发达之形式，亦复彼此悬殊。中国对外贸易固已增多，但以其人口计之，仍属甚微，查在1932年仅达国币40万元。参加此会之国家，有对外贸易每户计约及黄金150镑者，而中国则每户仅7先令左右。中国天然资源虽未开辟，但甚丰富，而人民勤劳奋勉，人口占世界人口五分之一。中国地位如此，今后的作用将是：第一，中国生活程度如果提高，则其购买力不独可以吸收举国自己工业之出产，且可为世界最大之商场，而成繁荣新时代中之极大要素。第二，中国有最大可能的机会，供中外资本之生利的运用，相信世界政治家定能觅一方式与方法，而符合孙中山总理一面巩固中国政治与经济独立，一面供给西方资本与工商业以有利的发展范围之主张。"

宋子文在谈到白银问题时说："西方现感受货币价值逐日波动，致碍及对外贸易之困难，而思在大会中有以解除之。中国亦有此同样困难。中国货币虽属金类物，然银价在其对金币与非金币的关系中有剧烈的波动。银价现甚低落，渠个人希望在他种物品以金相较价值涨起时，银价亦将涨起。渠以为银价之稳定的价值，较诸银价之涨高更为重要。故渠希望在谋取金币之稳定时，亦当为银价谋取稳定。"

宋子文还阐述了对外愿行合作的方针。他说："中国和亚洲各国有些人，咸信亚洲无须效法他人，而西方亦无足畏，并认为西方技术与东方生活低程度之甘作，是夺取世界市场，且借亚洲人之亚洲及所谓亚洲门罗主义之名义，而摒绝西方之合作，实则此种主义与吾华人国际往来之观念相反，吾人不欲采用此种主义。""中国欲视世界为一个经济单位，庶各国可依最适合其人民本能及其能力性质之边线而谋发达，中国不欲采用经济自给之空谈。"他说："中国从不高筑关税壁垒，以利各国输入商品，也不实行外汇限制。"他向西方各国保证："吾人欢迎西方资本与技能，故财政政策，未以排斥外贸为鹄的。"

宋子文在经济会议上的发言，对西方各国有很大的吸引力。美国工商金融界因棉麦借款成功而兴高采烈。但中国的大市场被美国抢走，其他国家不甘心。于是国联又把搁置了将近3年的中国向国联提出的技术合作请求捡了起来。7月3日，国联行政院决定组织一个小委员会，研究中国的请求。德国委员凯勃建议，成立一个"技术合作委员会"，以德、西班牙、英、法、意、捷、美及中国代表组成。7月18日，国联在巴黎开会，通过决议，以波兰人拉西曼任联络员，规定其职责4项：（一）以国联会各种技术机关的运用，以及如何能援助中国，从事建设之消息报告中国。（二）凡中国政府请求技术上援助时，应转达国联会秘书长。（三）中国政府建设事业需用技术人员之合作时，该联络员对于此事应援助中国政府。（四）出席中国全国经济委员会，以便就地使国联会各技术员之行动得以协调。技术联络员应将其执行任务情形，随时报告国联行政院，每3个月至少须呈送详细报告书一次。此外，还有一些其他规定。这等于中国市场向国联各国共同开放。

国联的行动引起了日本政府的强烈反响。日本外务省7月24日发表非正式声明书，称国联的举动是欧美列强援助中国，使之达到抗日的目的。日本政府对此不仅坚决反对，而且将采用适当手段予以阻挡。这样看来，宋子文在世界经济会上，在主张把中国市场对西方各国开放的同时，也做了一些有利于抗日的事情。

宋子文出席世界经济会后，又先后访问了意大利、法国、比利时和德国。8月13日，重返西雅图搭乘大来公司杰克逊总统号轮，于8月29日回到上海。

宋子文在上海休息数日，9月2日到南京复命。宋首先谒见国民政府主席林森，并答拜行政院长汪精卫。是晚，汪精卫在铁道部官舍设宴为宋洗尘，各院部官长被邀作陪。宋在宴会上答记者称：（一）此次观察感想较深者，为欧美各国目前在经济恐慌环境中，沉着奋斗，国内党派，在平日所持政见，固多不同，但遇重大问题发生，彼此均皆牺牲成见，携手协谋。倘我国朝野，能同具此种精神，则国难虽深，总有摆脱之日。（二）棉麦借款，政府早经决定用于建设一途。唯此后如何支配，须待中央详细讨论后，方可决定。唯予敢保证，决不将此款移作他用。（三）外交方针，中央早有一贯之政策，予为政府委员之一，当然不能特具主张，不过盱衡大势，当以自强不息为圭臬。（四）借重要国际专才，襄助我国办理如水利、筑路各种工程，行之已久，此次所订合作办法，不过范围略事推广。盖我国各种工业及农村建设，均在幼稚时期，为谋国家生存计，此种建设在所必要。宋子文的这番话，旨在开脱国内各方对其出访期间某些不妥做法的指责。

宋子文到南京后，经与汪精卫商定，于9月4日赴江西，与蒋介石会晤。前往者除宋汪外，还有孙科、孔祥熙等。是晚在庐山蒋介石私邸举行会议，出席者有蒋介石、汪精卫、宋子文、孙科、孔祥熙、唐有壬、曾仲鸣、邹琳、陈绍宽、吴稚晖、

《时代周刊》封面人物是汪精卫，刊登于1935年3月18日。

李石曾、张静江等。首先由宋子文报告出国经过，主要谈了三个方面的情况：（一）应罗斯福之约，参与经济谈话会及出席伦敦经济会议之情形；（二）游聘美、德、法、英、意、比诸国，访问各友邦当局；（三）漫游欧美，在各国考察政治、军备、建设、政党等之印象。报告完毕，宋子文的出访似乎有始有终而告结束。

然而，宋氏此次出访所带来的影响却刚开始。宋在出访期间办了两件影响最大的事，即对美棉麦借款和与国联的技术合作。但是，"美援"实际上是"援美"。因为按借款合同，美国90万包棉花、1200万斛小麦等剩余农产品，将转化成白银流入美国的金库。欧洲各国通过技术合作委员会也捞到了一些好处。日本外务省的声明，表示它要与西方各国再展开一场争夺战。当时世界各国共分为五大金融财团，即：英镑集团资本；美元集团资本；欧洲金本位集团资本；德、意、奥、匈四国的法西斯金融集团资本与日元集团资本。宋子文的行动，以加入美元集团为开端，将世界五大金融集团的势力都引到了中国，使中国出现了帝国主义列强新的投资战与倾销商品的竞争，中国的政局更加复杂。

首先，宋子文的欧美之行，加深了胡汉民等广东元老派与南京中央的矛盾。美棉麦借款，倾销美国过剩农产品，对中国虽然有一时的小利，但从根本上看对中国工农业的发展有害。胡汉民等把全国舆论界对南京的批评当作炮弹，猛烈攻击南京政府，要求财政公开。胡汉民把他的8条政治主张简化为6个字："军从政，政从党。"其用意在于改组国民党中央，缩小蒋、汪的权力，由国民党中央决定一切，企图重走1928年以"五院制国民政府组织法"进入国民党中枢的老路。但此时的蒋介石已非1928年的蒋介石，不可能再按胡汉民的设计安排自己的政治命运。蒋介石拉胡的目的，是防止他另立中央，破坏"攘外必先安内"的政策，而此项政策正是胡汉民攻击的靶子。宋子文欧美之行又给他攻击蒋、汪和国民党中央提供了更有利的条件，使他们之间的矛盾更难解决。

其次，宋子文的欧美之行，使汪与蒋、宋间的隔阂更深了。蒋、汪矛盾一直存在。蒋、汪合流以来，汪精卫一直强调"法制"，强调一切大事都要取决于中央政治会议。结果法订了不少，执行的没几条。汪对蒋的专断很恼火，但又无可奈何。

汪精卫对宋子文表面看来十分尊重，曾为宋子文独断专行大借款进行辩护。但当人们议论宋子文的行动，是要使国民党的外交方针"面向欧美，背朝日本"时，引起了亲日派汪精卫的注意。8月28日，即在宋子文回国前夕，汪精卫在行政院纪念周报告中说：对于国际的经济及技术援助，"亦吾人所需求"，但"非借以纵横捭阖，重贻东亚及世界之纠纷"。强调中国不宜多求外援，暗示不同意宋子文广求欧美援助。

蒋介石对宋子文的欧洲之行虽然进行过赞许，但在怎样使用棉麦借款问题上，也和宋意见不一。迫于国人的指责，宋主张将借款用在建设上。蒋介石却一再向财政部提出增加军费，使宋没有闹财政独立的余地。因此，蒋、宋之间也出现了不协调的现象。汪精卫害怕宋子文拥有西方经济技术援助搞乱了对日外交，于是采取助蒋压宋之势。这样，宋的财政部部长就很难当下去了。

南京政府搞东西方平衡外交。但是，日本对宋子文的举动反应十分强烈。当宋子文回国路经日本时，满腹狐疑的日本政府邀请他顺便登岸，与日本政府进行会谈。但宋子文连船都未下，只在甲板上接受日本记者摄影，未发表任何谈话。这使日本政府大为恼火，并确信南京是在拉西方以抗日本。所以，日本把宋子文列入国民党中亲英美派代表，并扬言中国如果引进第三种势力对抗日本，它将采取必要的行动。南京政府此时确已走上了联西方以抗日本的道路。但是西方各国并不公开反对日本，而是既利用它以牵制苏联，又防止它在中国不断南下。与此相适应，南京政府面对发怒的日本只得设法使它息怒。特别是汪精卫，深知对日外交的利害，绝不敢干亲近西方而惹怒东方日本的事情。既然宋子文已经成为日本人攻击的目标，不如让宋子文下台，以缓和与日本的矛盾，同时也可使因美棉麦借款而引起的内部矛盾得到解决。这样，蒋、汪在撤换宋子文的问题上取得了一致意见。宋子文在1933年10月辞职，固然有多方面的原因，但这应是主要的原因。

宋子文 全传

Biography of Song ziwen

10

另辟蹊径

宋子文终于辞去行政院副院长和财政部长职务。但是，他不甘寂寞。

全国经济委员会由汪精卫、宋子文、孙科三人任常委，而宋子文却实际主持了全国经济委员会的工作。

他制订西北建设计划，策划币制改革，成立中国建设银公司，以期加快资金的筹措。

这条路他到底能走多远？

宋子文出访回国不久，1933年10月即被撤销行政院副院长和财政部部长职务。宋氏大权旁落后，开始另辟蹊径，利用同蒋介石、孔祥熙的特殊关系和手中的余权，继续干他的事业。

宋子文的行政院副院长和财政部长职务虽被撤销，但仍是国民党中央执行委员和中央政治委员会委员，其全国经济委员会常委职务也仍然保留。

全国经济委员会成立于1931年9月，以蒋介石、宋子文、孔祥熙、张静江等10余人为委员。国民党统治集团的各派势力都想利用经济建设的旗号，发展本集团的垄断经济，它们的音调各异，竞争激烈。张静江一度想掌握财政经济大权，以发展他的江浙垄断势力。但当时宋子文掌握着金库的钥匙，不能如愿。张主持的建设委员会被经济委员会取代后，他只好退而经营江南汽车公司、杭州铁路及若干发电厂及矿厂等。在蒋、宋的压力下，张不可能"大展宏图"，蒋、张关系逐渐破裂。

汪派没有军事、经济实力，陈公博当实业部长，顾孟余任铁道部长，都想背靠汪精卫这个行政院长的政治力量有所作为，所以汪精卫在经受政海风波之后，"以建设求统一""治本莫急于生产建设"的调子唱得很高。不过，财政、经济大权在宋、孔手中，欲有作为，也无从下手。

1933年10月2日，汪精卫在国民党中央第98次纪念周上强调，美棉麦借款归全国经济委员会。该组织由汪精卫、宋子文、孙科3人任常委，蒋介石不兼职务。全国经济界人十介图扩大这个组织，以求取得使用借款的优先权，但是汪精卫宣布不扩大机构。同时，宣布成立棉纱统制机构、粮食管理机构，以解决纺织品滞销及粮食产销问题。

10月4日，全国经济委员会正式成立，汪精卫、孙科、宋子文及国联技术合作委员会顾问拉西曼，开了第一次会议。因汪精卫主行政院，孙科主立法院，全国经济委员会工作实际由宋主持。会上，宋子义再次强调，棉麦借款全部用作生产与建设需要，而首先要办理的是修公路，加强水利、卫生事业，及成立棉业统制委员会。当天，全国经济委员会发表《统制棉业告国人书》，指出制棉工业既是国家的重要工业，又是危机最甚的工业，抱怨中国农人与企业家无能，警告工人不能"唯提高待遇之是骛"，要求工人与资本家"同舟患难，更应相互保持"。甚至称，"现有棉业不能立足，则对内复兴农业，对外抵御经济侵略，均为空言"。

10月6日，南京政府令，即以上海买办陈光甫为全国经济委员棉业统制委员会常务主任委员。10月11日，国民党第378次中政会常会决议，除汪精卫、孙科、宋子文外，特派黄绍竑、顾孟余、朱家骅、陈公博、孔祥熙、吴鼎昌、张静江等32人为委员，以建立南京中央对棉业、农业的完全控制。

5000万美元的棉麦借款，由于美棉麦难以售出，几经波折，总计得4350万元。国民党中央政治会议决定："以借款的40%用于币制改革及整理金融，拨交中央银行1400万元，以600万发展民用航空事业，180万为赣省治标费，100万为治本费。""续筑7省联络公路拟650万，卫生事业50万，赣省建设事业190万，西北建设事业250万，棉业统制100万，蚕桑改良75万，茶叶改良6.4万，燃料研究10万，调查研究20万，所余作预备费。"

1934年1月，国民党四届四中全会在南京召开。宋子文在会上作全国经济委员会工作报告。他着重说明了从事建设的重要性，并追述了争取美棉麦借款及与国际技术合作的经过。他宣称，经济建设委员会以后的工作，在于制订计划，"内而获全民之赞助，外而得友邦之信仰，经济建设前途，庶有美满之效果"。他又称，自是而后，中国建设"将进入实施时期，当为国人所乐闻也"。宋子文的报告使人们产生了一些兴趣，不管是否会出现使国人乐闻的事情，国民党中央总算提出要搞建设了。

这一时期的建设，据全国经济委员会在1934年12月国民党四届五中全会上的报告中提供的数字，从1933年10月至1935年9月，已经完成或将要完成的有：公路建设，在苏、浙、皖、赣、鄂、湘、豫、闽、陕、甘等10省，共有联络公路2.9万公里。铁路建设主要有5项：（一）粤汉铁路，即汉口到韶关段，于1936年底通车；（二）陇海铁路，即潼关至西安段，1934年底通车；西安至兰州段，1935年初开始航测；（三）计划修筑粤滇川陕铁路，并开始勘测；（四）浙赣铁路，已分段进行。

水利建设，成立了5个委员会，即导淮委员会、广东治河委员会、黄河水利委员会、扬子江水利委员会、华北水利委员会，由各委员会分别提出治理项目。但除导淮与黄河水利两委员会有所安排外，其他委员会形同虚设，除任命一批官吏拿高薪外，无实际措施。

海港建设，计划修建连云港、东方大港、北方大港。但只连云港修建起来了。

南京政府在经济建设上叫得最响的口号是"复兴农业"。此举不仅着眼于促进工业的发展，更着眼于消除中国共产党领导的土地革命在广大民众中的深刻影响。在苏区由于实行了土地革命，推翻了地主豪绅的统治，真正实现了"耕者有其田"，在农村生产力很落后的基础上，便使农业得到迅速发展，显示了无限生命力。红色革命根据地的道路给全国贫苦农民指出了光明前途，这是南京政府最害怕的事情。而"复兴农业"的旗号，正适应了蒋介石在军事"剿共"的同时，进行政治反共的需要。宋子文认为，"复兴农业"的办法有两条途径：一是官办农村建设，二是以学术团体名义兴办农村改革事业。官办的农村建设，首先在红色根据地巩固的皖、赣、湘、鄂4省举办农贷。在这些区域内，当地国民党政府在"剿共"军事的支撑下，由官办乡村互助社、合作社等，与红军争夺群众，破坏农民土地革命斗争。由学术团体举办的农村改良运动，在宋子文主持的全国经济委员会的支持下，也出现了高潮。

在宋子文经济委员会工作的推动下，1935年6月，蒋介石发起了经济建设运动，称经济建设运动与新生活运动互为表里。新生活运动着重于道德与精神方面，而经济建设运动则着重于行动与物质方面，一时造成了很大的宣传声势。但是，南京政府的经济建设是与国际资本主义的经济状况密切相连的。在世界资本主义的经济危机没有渡过之前，什么美援、英援都起不了多大作用。所以，1935年以前，尽管经济委员会开展了不少工作，但不可能使中国经济出现转机。

1936年，随着世界资本主义经济的复苏，半殖民地半封建性质的中国经济也开始活跃。中国农业，由于1936年全国未发生大的自然灾害，两年多来又采取了某些促进生产的措施，出现了增产的势头。1936年的中国工业、商业、农业比1935年都有较大的增长。如与国民党统治刚刚建立的1927年相比，1936年可算作中国经济发展的高峰。

这一时期，中国的民族工业有所发展，但极不稳定，有时还出现倒退。官僚资本则稳步增长。在1937年以前，官僚资本虽然没有像金融界那样占垄断地位，但在工业、交通、商业中却都迅速扩张势力。在交通事业上，通过接收原北洋政府企业，修筑公路、铁路、港口等，除外国投资部分外，都把持在官僚资本手中。官僚资本原来在工业中的比重很小，据经济委员会统计，到1935年则有明显增加，比重占全部工业的12%，民族资本占88%。官僚资本的增长，为后来在抗日战争时期形成垄断地位打下了基础。在商业中，官僚资本借助军事机构的掩护，大肆扩张。如孔祥熙经营的"祥记商行"，专营布匹、煤油、颜料；宋子文利用对外联络之便，经营粮、棉进出口业务，成立了"华南米业公司"、"中国棉业公司"。蒋介石在江西"剿共"，当红军主力转移后，他们发现经营稀有金属矿砂有利可图，便在"军事委员会"下设立了"资源委员会"，垄断了钨、锑、锡等战略物资的矿产。但庞大的中国市场官僚资本无法全部垄断，所能垄断者不过外贸与批发而已。

官僚资本乘复兴农村运动之机，扩大了在农村直接占有土地的数量与经营项目。但以封建私有制为基础的中国广大农村，不可能形成少数集团对农业的垄断，小农经济一直是中国农业的主要特征。

总之，宋子文主持的全国经济委员会在20世纪30年代中期开展了一些工作，充实了国民政府统治的经济实力，在客观上对中国的经济发展有所促进。但是，由于经济建设是在美元、英镑的支持下进行的，就使中国的经济逐步地走上了依赖英、美的道路，是典型的半殖民地性质的经济形态。

1934年4月、5月间，宋子文以全国经济委员常委身份，对西北进行了为期一个月的考察，遍历陕西、甘肃、青海、宁夏等省。

4月22日，宋子文由上海抵南京，在南京对记者发表谈话称：中国与国际的技术合作，决不为日本方面的无理反对而停止。此次考察目的，就是要利用国外技术，加快西北的开发与建设。宋子文发表谈话后，旋过江即乘车北行。同行者有财政参事秦有阜、秘书陈康济、银行界胡筠、财政顾问程行中及侍卫10余人。

4月25日晨，宋子文专车抵潼关。潼关各界约500人到站欢迎。宋在专车上楼见了当地军政长官及中央社记者，询问了当地交通及建设情形。继赴第一关，并赴黄河岸视察风陵渡。10时抵华阴，下车参观了陕西农具制造厂和华阴兵工厂。再乘车西进，12时抵渭南，由陇海铁路局工程段招待午餐。下午3时抵临潼，杨虎城夫妇、邵力子夫妇等前往欢迎，杨、邵并在华清池设宴为宋洗尘。宴毕，宋在华清池贵妃池沐浴后上车。下午5时抵西安。

26日上午10时，西安各界在民众乐园举行欢迎宋子文大会，到会者有万余人，宋子文在会上发表了长篇演说。

宋氏首先对各界的欢迎表示感谢。他说："今天承蒙各界盛大的欢迎，子文现在首先想表示的，就是诚恳的感谢和说不出的快慰。"接着，他说了一番取悦陕西民众的话："子文此次代表全国经济委员会，到西北实地考察，昨天一到潼关，自潼关一路到西安，沿途所眼见以及昨天本人到西安时所感到的，觉得西北门户的陕西，绝不是外间人想象的陕西。陕西的民众已充满了朝气和复兴的景象。"他说："自民初以来，西北备受水旱、兵役、地震及政治黑暗之灾祸，真是痛苦极了。但是最近是大不相同了，中央的人纷纷到西北，各方到西北投资，经济委员会正着手替西北民众做几件有益的事业。"

接着宋子文讲了建设西北的四项计划：

（一）水利。宋子文说："陕西为我国文化发源之地，现在各事落后，政治上的不安，当然是最大的原因，关系经济命脉的水利，不加兴修，亦是根本的病源。关中自秦汉以来，历代对于水都有好制度，所以关中沃野千里，成为富足之区。清末以迄民国，各方多难，无暇顾及，由是年岁丰欠，一任天命"。他认为，"关中恢复从前的繁荣，并非难事。目前最需要而应先着手的，第一便是协助泾惠同洛惠渠的完成。""此外尚有较大计划，就是导渭计划，须款8千万元之巨，如能办到，则全省永无水旱之忧。"他说："经济委员会现正从事技术上之研究，经济上之筹划，希望国家不久能有此力量可以办到。"

（二）交通。宋子文说："要谋西北的繁荣，和全国经济国防上的联络，最低限度应将铁路西通兰州，南通四川。在目前中央财力有限，只能先从建设公路起始，以资补救。"他说："现在我们暂时不望像欧美交通上之精良，但至少要做到天天能通车，天天能运输。"又说："经济委员会对西北道路有计划，而嫌款项不足。杨虎城主任极愿以兵工筑路，军队本消费者，今一变而为生利，军政与经委会三方面合作、即便经费不充，亦必能达到一定的目标。"

（三）农业。宋子文说："农业为立国之本，故农村建设、农村合作等，皆在经委会研究之中。"他说："棉花是西北特产，尤为研究之中心。"他认为，要发展棉产，要从美国选购棉种，分发各省广播，同时要改良工厂技术。

至于畜牧业，"于陕西虽无重要关系，然于西北其他各省之经济，关系甚重。现在所拟办者，一方面为改良兽种，一方面为设立兽医。"

（四）卫生。宋子文说："西北于卫生上无设备。尝见欧美各国，年费几千万元或几万万国币。中国贫穷，当然不能追从欧美，但是穷亦有穷的办法。"他说："经委会对此认为极端重要，希望能协助各省积极进行。"

5月初，宋子文抵兰州。兰州各界于5月5日召开欢迎宋子文大会。宋再次发表演说，首先讲了一通来兰州的感想，继云："西北的建设，不是一个地方问题，是整个国家的问题。现在沿江沿海各省，已经在侵略者炮火之下，我们应当在中华民族发源地的西北赶快注重建设。"讲到具体计划时，宋子文说：第一是要把交通道路修好，将运输方法计划完善，能把东南的经济力量和欧美的科学技术引进；第二是要开展有益农人减轻灾荒的水利工作；第三是农产品改良；第四是卫生实施及兽医的组织。宋最后希望各界团结一致，倾全力建设西北。

5月上、中旬，宋子文又先后至西宁、宁夏等地进行了考察。5月17日由宁夏飞抵西安，18日由西安飞抵上海。

宋子文回上海后，即在西爱咸斯路经委会办事处接见记者，发表书面谈话。谈活中称："余所得印象中之尤佳者，西北各省军民长官，对于地方事务，坚苦从事，以身作则……军士服务于道路水利工事，耐苦耐劳。"在谈到人民生活时，宋子文承认："西北农民生活简单，去今两年丰收，本可休养生息，但一部分区域，当因派饷制度，民不聊生，"并谈到了"西北各省币制紊乱，确为金融上一大问题，亦生产上之大障碍。"至于经济委员会在西北如何投资，宋称须待讨论才能决定。

6月22日，全国经济委员会召开第9次常务会议，出席者有汪精卫、蒋介石、宋子文、孔祥熙等，孙科因立法院开会未出席。会上，宋子文报告了考察西北经过，报告分水利、交通、卫生、农村建设四个方面。

在水利方面，宋子文说："陕西水利，尤以产棉区域之泾惠、洛惠两渠为重要，足以对于两渠积极规划，赶先修筑。"宋子文提议，经委会以100万元作为修补两渠基金，并提出了修补的两渠的若干具体意见。关于导渭计划，宋认为，大致在宝鸡山谷积水，以供电力，即以电力将渭水引灌北岸高原田地约500万亩，并将所余电力，供给各种工业，及将来陇海铁路西兰段火车发动力之用。估计其费用在8500万元，非目前财力所许。所以仅仅是一个设想而已。

在交通方面，宋子文主张先修两条公路干线，即西兰线和西汉线。西兰线修通后，3日内可由西安抵兰州，如此则西北交通便利得多。西安至汉中公路，为经济上、国防上之要线，亦应尽早并通。为此，宋子文拟拨西兰路80万元，西汉路35万元。

在卫生方面，宋子文在报告中说："西北对于卫生事宜，较各省落后，除都市粗具卫生治疗机关外，各地一无设备，人民几不知卫生为何物。"宋认为，西北各省近代医卫不发达的原因有两个：一是地方贫苦，外省医药人才不愿西去服务，二是西北子弟能赴外省各大学医科求学的机会太少。宋主张将上海同济医学科及工学科移设西安，以作为发展西北医学的基础。同时还谈到了兽医及改良兽种问题。

在农村建设方面，宋子文说："西北各省农村凋敝窘迫，亟待救济。"又说："因经委会财力有限，只可择陕西首先着手。因陕西为产棉要区。"宋主张"禁种罂粟，改植棉田，以抵收益"。宋拟由经委会拨款20万元，陕西省府再分期筹款50万元，以此作为基金，加快陕西农村建设。

最后，宋子文提出了一个建设西北所需资金的整体数字："泾惠渠改良经费25万元，洛惠渠建筑经费75万元，民生渠改良经费20万元，甘肃各渠建筑费50万元，宁夏各渠建筑费20万元，西兰路80万元，西汉路35万元，陕甘运输机关40万元，公共卫生、兽医及改良兽种60万元，农村合作社20万元，共计435万元。"

宋子文报告后，会议讨论通过了《西北建设计划案》、《西北水利事业办法案》及《兴建西北公路进行办法案》等，变更了宋考察西北前，经委会原订西北建设计划。变更内容大致如下：

（一）甘肃宁夏两省水利事业，颇关重要。本会本年份事业进行计划，未经列入，现拟分别举办。预计所需经费，甘省约50万元，宁省约20万元，合之陕绥两省原定水利经费130万元，共计200万元。所增70万元，拟先就西北畜牧经费项下移用10万元，西北合作经费项下移用20万元，余再另筹。

（二）西兰公路工款，拟加拨35万元，由原拟拨借福建路款内移用10万元，公路运输费项下移用10万元，尚少15万元，在公路款内另行设法。

（三）西北畜牧经费40万元，按照上述移去10万元后，所余30万元，拟并入原定西北兽疫防治及卫生事业费项下30万元。共计60万元。关于应办畜牧各项，由农业专家与卫生实验处会商办理。

（四）西北农村合作经费40万元，按照上述移去20万元后，计存20万元。这些经费的使用和调整，实际出于宋子文意见。经委会予以通过后，即以实行。

宋子文考察西北及其制订的建设西北计划，是他主持的全国经济委员会工作的一部分，对西北地区经济的发展有一定的促进作用。但因经费有限，南京政府把经费主要用在"剿共"内战上，加上不久日本发动华北事变，西北地区的所谓建设再也无人过问了。

在此期间，宋子文推行了币制改革。宋子文任财政部长时期曾实施了废两改圆。但宋施行的废两改圆，并未解决南京政府的金融危机。

自1929年世界资本主义发生经济危机以后，各国相继发生了关税战、货币战。一些主要资本主义国家相继放弃金本位，改换银本位，国际市场银价上涨。中国的白银从1932年起，就大量外流。作为银本位制的中国，白银外流是造成经济紊乱的原因之一。为了控制白银外流，南京政府财政部于1934年10月15日决定，征收白银出口税。但是，这种办法解决不了问题，因为：第一，白银从公开买卖变成了走私，走私风大盛；第二，政府为了抵补入超差额，仍需输出一部分白银。所以，此项规定未能阻止白银外流。宋子文于1935年

11月4日在记者招待会上说："鉴于去年10月15日禁止白银出口，以及后来的白银走私猖獗，必须寻求一种医治长期以来消耗国力和损坏人民信心的根本办法。"

宋子文对记者发表谈话的当天，1935年11月4日，南京政府财政部颁布关于改革币制的紧急法令，规定了六条具体办法：

（一）自本年11月4日起，以中央、中国、交通三银行所发行之钞票定为法币，所有完粮纳税及一切公私款项之收付，概以法币为限，不得行使现金，违者全数没收，以防白银之偷漏。如有意图偷漏者，应准照危害民国紧急治罪法处治。

（二）中央、中国、交通三银行以外，曾经财政部核准发行之银行钞票，现流通者，准其照常行使。其发行数额，即以截至11月3日流通总额为限，不得增发。由财政部限期，逐渐以中央钞票换回，并流通总额之法准备金，连同已印发未发之新钞，及已经收回之旧钞，悉数交由发行准备管理委员会保管。其核准印制中之新钞，并俟印就时一并照交保管。

（三）法币准备金之保管及其发行收换事宜，设发行准备管理委员会办理，以昭确实而固信用。其委员会章程另案公布。

（四）凡银钱行号商店及其他公私机关或个人，持有金本位币或其他金币生金等金类者，应自11月4日起，交由发行准备管理委员会，或其指定银行兑换法币。除金本位币，按照面额兑换法币，其余金类，各依其实含纯金兑换。

（五）苟有以金币单位订立之契约，应各照原定数额，于到期日概以法币结算收付之。

（六）为使法币对外汇价按照目前价格稳定起见，应由中央、中国、交通银行无限制买卖外汇。

其时财政部长为孔祥熙，币制改革由孔祥熙牵头，但宋子文在币制改革中起了重要作用。

首先，参与币制改革的美国货币专家甘末尔是宋子文聘请来中国的。甘末

中央银行发行的钞票（1936年）

中央银行发行的钞票（1937年）

　中央银行四川兑换券1935年5元样本

中央银行四川兑换券1935年10元样本

尔1929年来中国后，组织了财政设计委员会，草拟过《中国逐渐采用金本位制草案及理由书》，建议南京政府整理货币制度，首先实行统一发行集中准备办法，以结束中国货币混乱的状况。因当时黄金暴涨，甘末尔建议的金本位制未能实现，但其他内容却引起了南京政府的极大重视。

其次，宋子文施行的废两改圆为币制改革奠定了基础。1932年，宋子文在上海组织了讨论会，制订了废两改圆方案、银本位铸造条例及废两改圆的具体办法。财政部宣布，自1933年4月6日起为全国废两日，确定了全国通行的银币。在白银外流的狂潮下，统一银币未能解决南京政府的金融危机。于是孔祥熙任财政部部长后，又于1934年10月设立了币制研究委员会，以陈锦涛为委员长，研究币制改革问题。

最后，这次币制改革是由宋子文在上海与国内外各方人士具体磋商后出台的。宋子文请来的美国人在南京政府的财政决策上所起的作用，引起了英国、日本的关注。而南京政府要想彻底改革币制，又没有足够的准备金。英国趁机而入，派李滋罗斯来华，给中国1000万英镑贷款，支持南京政府的币制改革，以控制中国金融，使其增加对英镑的依赖。孔祥熙对英国的支持感到高兴，但又怕因此而得罪了日本，于是派出经济考察团赴日，与日本政府大藏省及金融界领袖作非正式商谈。日本方面对南京改革币制办法感到适宜，但未洽商援助问题。至此南京政府认为改革币制的内外条件已经成熟，遂由宋子文在上海与国内外各方人士作了具体磋商，准备一切，然后由孔祥熙出面，宣布币制改革。

这次改革，是蒋宋孔陈利用整理金融、统一货币之机，吞并私人银行，发展官僚买办金融垄断事业的主要手段。改革规定，所有硬通货及生银、黄金，禁止再作流通手段，而要兑换成本身无价值的纸币——法币。这实际是集全国的黄金、白银于三家大银行手中，以期达到控制全国金融，统一货币的目的。

推行法币命令发布后，南京、上海国民党控制的各报大肆喧嚷法币制度如何高明。然而事实则是另一种局面：首先，全国物价暴涨，人人均有一种恐惧感，纷纷议论政府此举乃是以通货膨胀之法逃避经济危机。各地金融物价一度混乱不堪。由于物价飞涨，使工商业顿见萧条。另外，币制改革一宣布，还引起角银囤积，造成市面严重混乱。

孔祥熙、宋子文等对这些现象无动于衷。宋子文明确说："物价飞涨，苟不过分，复不致引起投机。则其结束，将有利于全国之经济复兴，而为国人所欢迎。"可事实上，并非如此。

币制改革有利于英、美对中国金融的控制。法币没有规定含金量，它没有与黄金表现直接的联系。但却规定法币1元等于英镑1先令2便士半，法币1元等于0.3美元。这样法币便与英镑、美元挂起钩来，便于它们操纵中国的经济命脉，对中国进行资本输出，倾销商品，掠夺原料等，加强经济侵略。英、美还从实施法币政策中，收购了中国大量白银，集中了大量存款，积聚了更多的货币资本。这一时期，国民党政府在伦敦所存的法币准备金约2500万英镑，在纽约所存的法币准备金约有1.2亿美元。这样，英、美当然得意了。

从南京政府本身看，通过币制改革，使官僚资本完全垄断了中国的金融，迅速增加了其统治的经济实力。到1936年底，南京民国政府控制的四大银行已占全国银行资产总额的59%，各项存款额的59%，发行兑换率的78%，实收资本的42%，纯收益的44%，而许多间接控制的银行尚未计算在内。另外，法币的实行，使中国货币趋于统一，有利于南京政府对全国经济的控制，有利于全国各地的经济交流。

宋子文在主持全国经济委员会，策划币制改革期间，还发起成立了中国建设银公司。

该公司实际上是宋子文在1933年经济发展计划失败后的产物。1933年，宋出访时曾提出组织联合企业，以大量国外借款发展中国经济。这一联合企业将由中国与西方各国银行家组成，代替以前的国际银行团。但因这一联合企业没有包括日本人，所以日本施加压力阻挠外国银行家参加这一计划。

宋遭到东京的阻挠，又于当年10月被迫辞去财政部部长和行政院副院长之后，采取另一种形式来实现他的计划。1934年春，他同在中国的英国人让·蒙内商量后，决定组织中国建设银公司，作为中外联合投资公司。他希望这一新企业能引进西方资本和技术，与中国资本结合成立众多的合营公司。对此日本继续反对，1934年5月5日，日本驻南京领事表示反对英美等国加入该银公司。后来建设银公司虽然获得了外国贷款，但是资本只有中国人认股。

1934年5月31日，宋子文召开会议成立公司，邀请上海重要的银行家参加。该公司属于私人性质，主要宗旨是疏通引导各方资金发挥渠道作用。5月31日会议上发表的声明说，本公司"纯属私营商业公司"，"调查了解各工商企业的财富情况，倘属可行，办理中外资金进行单独或联合投资事项，并代表投资者利益，注意该企业的发展。"声明还说，公司业务不受资金限制，因"公司并非投资信托公司，而是为中外资金对适合投资的工商企业进行金融互助。"

5月31日的会议有27人参加，包括宋子文、孔祥熙和宋子良，财政官员徐堪、吴启鼎、谢作楷和邹梅初，银行家张嘉璈、胡筠、徐新六、周作民、钱永铭、贝祖诒、陈光甫等。公司资本定为1000万元，共100万股，每股10元。与会人士先行共同购买50万元作为公司的基本金。

会后，公司委托上海17家银行募集资金。四天后，宋子文在第一次股东会上说，1000万元资金已经全部认足。第一次股东会议是1934年6月4日召开的。

投票权只限于千股或千股以上的股东，孔祥熙当选为董事长；孔、宋和贝祖诒当选为执行董事，执掌公司全权。任命宋子良为总经理。选出21位董事和7位监事，其中大多是曾出席公司成立会议的那些人。

中国建设银公司虽然自称"纯系私营商业公司"，事实上，所仰仗的是它的发起人和南京政府的关系。公司的大股东包括宋子文、宋子良、叶琢堂和徐堪等，在商业银行里据有重要的职位，得以利用银行的额外资金给公司谋利益。和公司有联系的重要商业银行中国银行、交通银行、四明银行、中国通商银行、中同国货银行和中国实业银行，后来都归南京政府控制。这样，照顾公司做生意的政府官员、公司股东和公司的经理基本上是同一帮人。

南京政府利用建设银公司，从政府系统本身借款。财政部想要从政府控制的大银行那里借款时，就找到建设银公司由公司组成银行团筹措款项。如1937年2月，公司贷给财政部6000万元，财政部以印花、卷烟、酒三税作担保。公司没有资金，便从有股东关系的银行，如中国银行、中央银行和交通银行等借来。作为财政部长的孔祥熙通过私营企业建设银公司做中间人，从他所控制的政府银行得到借款，而孔祥熙正是这家私营公司的董事长和主要股东。

由于建设银公司与南京政府的这种特殊关系，所以它的资产迅速增加。公司成立时是1000万元，一年后即1936年6月扩张到1亿元以上。这1亿多元的数字中，约有9000万元是代表银行团放出的贷款。该公司1936年纯利190万元，盈利相当资本额的20%。

公司在作为成立主旨的引进外资方面成就较小。由于日本的反对和当时国内形势不稳，国外投资者不多。宋子文曾和两个英国公司，即汇丰银行和中英银公司进行谈判，1936年达成协议，由他们和中国建设银公司共同贷款1600万元，修通沪杭甬铁路。1937年又和英国公司接洽两笔借款，一笔用于修建广州至梅县的铁路，一笔修建浦口至襄阳的铁路，这两项方案在开始商谈阶段，即因七七事变发生而中止。

利用外资遇到困难，宋子文就指使建设银公司紧密配合全国经济委员会活动，特别是配合经济委员会江西办事处和西安办事处进行活动。南京政府原来在这两个地区的经济势力很弱，成立办事处是为了在这些地区扩张势力。1934年7月，宋子文代表经委会来到西安帮助制订了新的计划。与此同时，中国建设银公司宣布在西安设立分公司，协助经委会工作。由前财政部税务署署长、中国建设银公司董事谢作楷为经理。中国建设银公司西北分公司的主要活动是同陕西省政府合办企业，开发一个电力公司和一个煤矿。1936年8月，公司领导人和陕西省政府主席邵力子合办企业，开发了一个电力公司和一个煤矿。

建设银公司在江西的活动同样活跃。1934年10月，总经理宋子良抵该省，讨论和江西省政府合办赣省水电厂。次年3月，宋子良重赴南昌，和江西省政府主席熊式辉为建立该厂签订了150万元的借款协定。

1936年7月，中国建设银公司接替全国建设委员会活动，开始经营重要企业。建设委员会成立于1927年，是蒋介石为照顾其追随者张静江而成立的，张任委员会主席。这个组织成立以来发展迟缓，至20世纪30年代初预算近10万元，经营了几个企业，包括南京电厂、戚墅堰电厂和淮南煤矿铁路公司。南京电厂是其中最大的企业，建立于民国初年，是官营企业。1928年由全国建设委员会接管经营，发电量增加很大。戚墅堰电厂是1923年由中德合资建立的，位于江苏武进县戚墅堰，为无锡纺织厂和面粉厂供电。1928年10月改为国营后，至1935年该公司发电量约增加6倍。淮南煤矿铁路公司由全国建设委员会建立，矿区位于安徽，1931年7月开始开采。为了运输方便，又修建了长220公里的淮南铁路。1937年公司资本达到1000余万元。

这几个企业为南京、武汉和无锡提供电力和煤，至关重要。1936年春，南京政府决定将这几个企业的管理权由官方的全国建设委员会移交给私营的中国建设银公司。为了掩人耳目，移交不采取直接方式而是表面上以增资为理由，由国民党中央政治委员会命令建设委员会招收私股。事实上就是把新股票卖给建设银公司。

建设银公司购买淮南公司股份的60%，建设委员会保留7%，其余的卖给上海的银行，冲抵未付债款。南京电厂和戚墅堰电厂改组为扬子电气公司，总资本为1000万元，建设银公司占60%，建设委员会占40%。1936年7月起，三家企业交由建设银公司负责经营。1937年5月14日，在新的所谓"私营"扬子电气公司成立会上，宋子文当选为临时董事长。从建设委员会购进的这些公司，是建设银公司经营的最重要的工业企业。

1937年中国建设银公司成为宋子文属下的中国银行体系中最大的公司。它虽然是一家私营公司，可显然是南京政府间接插进私营工商业的一种力量。宋子文利用这个公司，为自己也为公司的股东们赚得了很多利润，而这些股东包括宋子文本人就是南京政府的官员或与南京政府有联系的人物。

宋子文的私营经济活动还有一个重要基地，便是中国银行。1935年3月，宋成为中国银行的董事长，他掌握了几乎占中国银行业1/4资产的支配权。

宋利用这个基地，积极经营工商业。他首先利用中国银行通过抵押借款攫占丧失了赎取权的工厂和投资，用这种办法有力地控制了纺织业。1937年抗日战争爆发前，他控制了15家纺织工厂，拥有35万纱锭，占华资纱厂的13%，中国银行和交通银行利用债权关系直接经营7家丧失赎买权的工厂，又投资经办4家，由银行的附属机构收购了4家。中国银行的财产遍及全国，如河南的豫丰纺织厂，原由受过美国教育的实业家穆湘玥在1932年设立，该厂是内地最大的工厂之一，经济萧条时期倒闭，1934年归于中国银行。山西的雍裕纺织公司也因破产于1936年冬为中国银行购得。

宋子文还和一些省政府共同开展投资活动。1937年4月，中国银行和湖南省政府合建衡中纺织公司，资本总额为350万元，70%由中国银行组织上海财团认购，20%由湖南省政府认购，10%由湖南的私人资本认购。中国银行的贝祖诒管理新建的公司，他的总办事处设在上海。

中国银行也投资纺织业以外的行业。1937年春，渤海文学公司破产，同年6月9日，在债权人和公司代表会议上，中国银行同意承付120万元，接受该公司再行开业。中国银行投资其他行业包括面粉厂、电力公司和商业公司。从地域看来，上海是投资的集中地，但在西北也进行投资。

宋子文的商业活动，还有多种组织和投资计划。1936年宋组织中国棉业公司，1937年5月确定公司资本为1000万元，分为1万股，大部分由上海的银行认定。中国银行4430股，交通银行3000股，中国建设银公司1000股。棉业公司的开设和建设银公司相似，它自己的资本有限，主要是利用参加公司的银行业财团的资金。上海银行界头面人物是该公司

1936年10月10日，宋子文以中国银行董事长的身份在上海主持中国银行大厦奠基礼。这是他与张乐怡合影。

的董事，包括钱永铭、周作民、贝祖诒和宋子文等人。公司的业务名义上是经营纺织厂，实际主要活动是商品买卖和进行投机而不是经营工厂。该公司在上海物品市场上很活跃，开张的第一年，贸易额超过20万元，成为中国最大的商品交易公司之一。原棉交易总额达1300万元，经销纱布约500万元，信托业务仅300万元。

宋子文从事许多"私人"商业活动，依靠的主要是同南京政府的关系及其控制的银行资源。他的公务和私事是很难分开的。1936年6月广州分裂运动失败，南京政府竭力加强对广东省的控制。新的军事和政治控制双管齐下，和南京政府有联系的重要人物包括宋子文、宋子良和孔祥熙等着手控制广东的私营企业。宋子良主持改组广东省银行，使之受南京政府控制。宋子文则恢复广州银行。他们运用自己的私人活动和政府职权，加强了南京政府对这个省份的控制。当然他们也从中进行了一些对个人有利的投资。

1937年春，宋子文在去广州改组省财政之后，成立了华南米业公司。新公司决定资本1000万元，表面上宣称从事对华中华南大米的改进、生产、运输和销售业务。宋子文为董事长，董事有孙科、宋子良、吴铁城（时任广东省政府主席）和银行界的宋汉章、唐寿民、王志莘等。华南米业公司最重要的业务是供应华南饥荒地区的大米。1937年春，华南地区大米奇缺，百姓茹草度日，这给他们谋取私利提供了机会。

1936年秋，南京政府为解救两广饥荒，曾考虑从东南亚免税进口200万担大米，计划经过半年的考虑，1937年4月新任广东省政府主席及米业公司董事吴铁城批准免税大米由广州进口。这样华南米业公司垄断了大米进口。该公司自称它的宗旨是为开发国内大米销售市场，实则进口洋米乃是它的业务大宗。1937年春，宋子文确曾指示过在浙江、江苏和湖南采购大米，这是因为当时这些地区稻谷丰收，米价低廉。

1936年底，宋子文想发展他的故乡海南岛。海南岛计划和米业公司成立的情况相似，也是亦公亦私性质，既为国家又为个人。宋希望南京政府增强对海南岛的控制，以阻止日本入侵该地区，当然也希望开发海南岛的经济。同时，宋的计划也为了个人投资以赚取私利。1936年11月，宋在广州海南故乡会议上宣布他开发海南岛的计划。全部计划包括公路、铁路和码头的投资。1937年6月他到海南岛开始执行这一计划，但因抗战爆发而中止。

宋子文在其他方面的投资，纯粹为了个人赚钱，最明显的是他购买了足以控制南洋兄弟烟草公司的股份。南洋兄弟烟草公司是中国最大的一家烟草公司。在19世纪20年代，它和其他很多华商烟草公司一样兴盛一时，后来由于英美烟草公司的竞争和经营不善而摇摇欲坠。南京政府实行的税制政策有利外商，使这些问题更为严重。1932年烟税实行二级税率制，中国公司主要产品的低级烟税率比英美公司高级烟要大得多。1934年上海华商烟厂向南京政府请愿，迫切要求恢复以前的七级税率制，指出："多数中国烟厂生产低级烟。经验证明原来的七级税率制对中国工厂最有利，修改为三级税率制后利益减少，

宋子文巡视海南岛。

而现在的二级税率制只有利于外国工厂。"南京政府不顾华商公司,只求增加税收,拒绝改变税率。1935年财政部向英美烟草公司借款1000万元,答应继续实行二级税率制直到还清借款。

经济萧条时期南洋烟草公司困难加剧,厂主简氏兄弟决定招请宋子文加入他们的公司作为董事长,这才是解救他们的唯一希望所在。他们虽然会失去对公司的控制,但宋子文为业主,将从南京政府得到更多的照顾。1937年3月达成协议,宋买得能控制公司的半数股票,估价为1810万元,宋仅用100万元即行购得。

宋控制南洋烟草公司后,1937年4月财政部宣布实行新的四级烟税制,各级烟的税率都提高,高级烟比较低级烟增加的百分比较大。按箱计,每箱值100元的增税25%,每箱800元的增税167%。新税制因此有利于中国烟厂。1937年6月,南京政府又宣布进口各级纸烟一律增税80%。由此看来,宋子文购买中国最大烟草公司后,南京政府对洋烟与华商烟厂的政策趋于一致了,而在此之前中国资本家要求改变征税的请求一直是无人理睬的。

宋子文还积极参与筹组中国制造汽车公司，试图在国内生产汽车。在1936年12月公司成立会上，决定公司资本150万元，工厂设在湖南东部，总公司设在上海。公司董事包括宋子文、宋子良、张嘉嫩、叶琢堂、陈果夫和全国经济委员会总务长秦汾。工厂的经营因战争而中断。

总之，在20世纪30年代中期，宋子文成为中国工商业界的重要人物。他的活动范围大，形式多样：推动南京政府控制的中国银行进行了各种新的投资，掌管了全国经济委员会的各项计划；组织银行家、省政府以及政府机构和他建立官商合营事业、购买私营企业股份，控制企业领导权；设立销售公司以及和外资合作等等。宋能从政府处得到特殊照顾，能从银行界轻易获得资金，使他拥有远远超越于老式工商业资本家的权势和力量。宋的这些活动，使南京政府官僚资本得以扩大，也使宋家发了横财。

11

同共产党的秘密接触

文武之道，一张一弛。

华北事变后，宋子文受命"打通共产党关系"。

一位神秘的牧师手持"西北经济专员"的委任状，顶风冒雪，直赴陕西。宋子文还指派曾养甫、谌小岑寻找与共产党的联系渠道。

毛泽东亲笔致信宋子文，叙彼此之友情，议国是之大端，纵横捭阖，态度诚恳。

国民党邀请周恩来到广州等地见面，期望周恩来直接同蒋介石面谈。

国共两党多渠道的沟通，多方面的接触，秘而不宣，过程曲折，结果如何？

从1935年开始，蒋介石在继续"剿共"战争的同时，悄悄地伸出一些触角，进行政治试探，谋求同中国共产党领导人进行接触。在蒋介石的授意下，宋子文参加了沟通国民党同共产党的联系，促成第二次国共合作的活动。

蒋介石、宋子文急于打通渠道，同中共中央进行秘密谈判，同华北事变后中日矛盾的急遽恶化和抗日救亡运动的蓬勃高涨有直接关系。

1935年，日本侵略者在强占东北后，又制造华北事变，策划并发动所谓"华北五省自治运动"，在冀东建立伪政权，野心勃勃地把侵略势力进一步伸入中国内地。国难深重，整个中国为之震动。由此掀起了轰轰烈烈的一二·九运动，群情激昂，中国人民的抗日救亡运动达到了新的高潮。中国共产党也于1935年底召开了瓦窑堡会议，确立了建立抗日民族统一战线的方针。

在民族危机日益严重的情况下，国民党上层派系产生了分化。到出现所谓"华北自治运动"时，那种认为中国必须抗日而且能够抗日的见解在国民党上层中也逐渐形成比较广泛的舆论。

因此，蒋介石在继续对红军进行军事"围剿"和经济封锁的同时，开始通过国内外多种渠道秘密同中国共产党进行接触。

1935年12月9日，一二·九运动在北平爆发。

在国外，蒋介石密令邓文仪同王明进行接触。这是十年内战中，国共两党重要干部的第一次会谈。1935年初，蒋介石派曾任其侍从秘书的邓文仪为驻苏大使馆武官，具体了解苏联在军事上的意向。当年秋天，邓文仪回国述职，蒋介石面授机宜，命他迅即返回莫斯科，有要事要他去办。这所谓的"要事"，就是通过苏联方面的关系与中共驻共产国际代表团接触。于是，邓文仪与共产党驻莫斯科共产国际代表团团长王明进行了多次会谈。但是，这些会谈没有取得什么具体的结果。

在国内，蒋介石将打通同共产党关系的重要使命交给了宋子文。

在国民党的中枢人员中，宋子文曾同共产党人有过接触。在第一次国共合作期间，宋子文同毛泽东等几位共产党人有过交往。1924年1月，毛泽东出席在广州召开的中国国民党第一次全国代表大会，并当选为候补中央执行委员。

主张全国团结抗战的宋庆龄

1926年1月，毛泽东又在广州出席国民党"二大"，并以173票当选为候补中央执行委员。这年上半年，他多次出席国民党中央会议，并数次提出议案。如在1926年3月16日的常委会上，毛泽东提议由中央嘉勉广西李宗仁、黄绍竑、白崇禧诸同志案，决议通过。在3月19日的常委会上，农民部请任毛泽东为农民运动讲习所所长案，决议通过。在4月6日的常委会上，宣传部代理部长毛泽东报告，检阅助理刘宜民辞职，以赖岳中充任。毛泽东还报告"现在交通局事务繁剧，增设一助理员以司其职，已委许志行同志充任"。在4月13日的常委会上，毛泽东提议"开办上海党报案"。上海市党部拟请张静江、张廷灏分任正副经理，柳亚子、沈雁冰分任正副主笔。决议："照准"。在这之后，毛泽东还多次出席过国民党中央执委会会议。

而宋子文则于1924年出任孙中山在广州设立的中央银行行长。1925年任广东国民政府财政部部长。在1926年1月的国民党"二大"上，宋子文以211票当选为中央执行委员，还当选为国民党中央执委会政治委员会委员和主席团成员、国民政府委员和国民政府常委会委员以及财政部部长。国民党中央执委会常委会经常讨论财政问题。

由于宋子文有了这样一段同共产党合作的经历，也由于在九一八事变后宋又多次提出抗击日本侵略的主张，加之宋、蒋之间的特殊关系，蒋介石于1935年下半年指示宋子文打通与中共中央的联系。

宋子文遂于1935年底和宋庆龄进行了认真的商议，决定请董健吾去陕北，直接向中共中央传递国民党愿意谈判的信息。

被宋氏兄妹看中的董健吾是一个神秘的人物。他1891年生于上海郊区的青浦县，1914年入美国基督教圣公会所办的上海圣约翰大学神学系学习，曾与宋子文、顾维钧等人同学。1928年经刘伯坚、浦化人介绍，在河南开封秘密加入中国共产党，以传教为掩护，在冯玉祥部从事兵运、工运、农运等工作。后由于蒋介石的"清党"波及冯部，董无法立足，只得潜回上海，以圣彼得教堂的牧师职业为掩护，负责共产党的地下联络工作。

董健吾同宋氏兄妹有较密切的联系。他在宋庆龄的资助下，以圣彼得教堂牧师身份，在上海用教会和"互济会"的名义，开办了"大同幼稚园"，秘密收养了失散流落在江、浙、沪等地的职业革命者的子女和烈士遗孤。董健吾做过古董生意，宋家在购买字画古董时曾请董健吾出过主意。

1936年1月，宋庆龄、宋子文委托董健吾，带上一封有火漆印的密信，立即动身，途经西安送到陕北中共中央所在地瓦窑堡，面呈毛泽东、周恩来。宋庆龄对董健吾说："此行成功，益国匪浅。"为了途中安全，宋子文、宋庆龄还给董准备了一张由孔祥熙（时任行政院副院长、财政部长）签名的委董为"西北经济专员"的委任状。

董健吾将密信缝进贴身背心，冒着风雪，急如星火地直赴陕西。当时，陕北苏区处于被国民党军队严密包围之中，要安全进去，必须得到张学良的同意。因此，董健吾首先在西安会见了张学良。

董健吾以财政部西北经济专员的身份对张学良说："我是来向你借飞机到红区去的。"

张学良根本不相信此话会出自财政部大员之口，说："你敢在这里提出这样的要求，凭这一点，就可以把你枪毙！"

董健吾深知张学良的报国心迹，便畅谈了民族大义和中共抗日主张。张学良深受感动。张学良在致电南京，核实此事后，知道南京政府已派人和中共中央联系，便更加放心地同中共中央加强往来。张学良派飞机送董健吾等至肤施，再派一骑兵连护送他去苏区。

在张学良的帮助下，董健吾秘密来到瓦窑堡，受到博古和林伯渠的接待。董转交了南京方面的密函，说："走时曾见蒋，据暗露蒋可同意：甲，不进攻红军；乙，一致抗日；丙，释放政治犯；丁，武装民众；戊，顷（倾）蒋尚有款。"

博古即将这一情况电告在东征前线石楼的毛泽东、张闻天、彭德怀等，并将董健吾的身份也电告毛泽东等。3月2日，张闻天、毛泽东等要博古、董健吾、周恩来等到前线，共同讨论与国民党谈判问题，因董健吾急于返南京复命，未去东征前线。

中共中央十分重视宋子文派董健吾送来的和谈信息。张闻天、毛泽东、彭德怀集中各方面的意见，于3月4日联名致电博古转董健吾，并请董转告南京政府。电文为：

"博古同志转周继吾兄：

（甲）弟等十分欢迎南京当局觉悟与明智的表示，为联合全国力量抗日救国，弟等愿与南京当局开始具体实际之谈判。

（乙）我兄复命南京时望恳切提出弟等之下列意见：（一）停止一切内战，全国武装不分红白，一致抗日；（二）组织国防政府与抗日联军；（三）容许全国主力红军迅速集中河北，首先抵御日寇迈进；（四）释放政治犯，容许人民政治自由；（五）内政与经济上实行初步与必要的改革。

（丙）同意我兄即返南京，以便迅速磋商大计。"

周继吾即董健吾。

这是中共中央向国民党中央第一次提出联合抗日的具体谈判条件，为日后的谈判奠定了基础。

第二天，董健吾带着这个密件返回上海，向宋庆龄、宋子文、孔祥熙转达了中共中央的建议。

144　由宋子文、宋庆龄安排的董健吾的西北之行，还有不少意外的收获。董健吾不仅沟通了国共两党的联系，而且同少帅张学良挂上了钩。在这之后，董健吾多次请求少帅帮忙办事，包括护送毛泽东的孩子出国避难这样的事。

1930年11月14日，毛泽东夫人杨开慧在长沙被敌人杀害，湖南共产党组织想方设法将8岁的毛岸英、6岁的毛岸青和4岁的毛岸龙转移到上海，由毛泽民接送至陶尔斐斯路341号（今南昌路48号）大同幼稚园。这是由中共地下党领导、中国革命互济会创办，董健吾负责的一所幼儿园，目的在于抚育革命烈士和党内同志的子女。蔡和森的女儿蔡转，彭湃的儿子小丕，恽代英的儿子希仲，李立山的儿子李力，都在此园寄养过。不久，毛岸龙患急性痢疾，送广慈医院抢救无效死亡。这时，大同幼稚园的内情被敌人察觉，董健吾当即决定，解散幼稚园，转移儿童，并将毛岸英、毛岸青留下直接抚育。后来，虽然党组织受到破坏，重健吾已失去共产党组织的资助，但他始终细心照料毛岸英、毛岸青。

1936年，董健吾同共产党组织重新取得联系，通过少帅张学良的关系，把毛岸英、毛岸青送到法国，然后转到苏联读书。这件事是董健吾陕北之行的意想不到的而又重要的收获。

宋子文、孔祥熙等人对董健吾带回的中共中央的谈判条件进行了认真的研究，很快做出了反应。6月底，以国民党中央执行委员、国民政府铁道部次长曾养甫的名义函复中共中央，虽然没有提到共产党提出的谈判条件，但表示赞同"联合抗日"的主张。这样，国共两党中断了近十年的联系终于接通了。

蒋介石、宋子文以及陈立夫等人，为了从多种渠道打通同中国共产党的关系，还指派曾养甫、谌小岑寻找与共产党的联系渠道。

曾养甫当时担任南京国民政府铁道部次长，同南京政府的许多核心人物关系密切。曾养甫承担了打通同中国共产党关系的使命后，于1935年11月，找到其部下铁道部劳工科科长谌小岑，托他办理此事。

曾养甫告诉谌小岑"宋子文的抗日决心和办法"并且说："争取英美援助的工作都是宋子文担任的。""蒋介石终于要进行长期的抗日战争"，"国共合作成功后共产党的政治地位问题还要好好研究"，"但是共产党的合法性是

周小舟

肯定的。"

谌小岑在五四运动中参加过周恩来、邓颖超领导的觉悟社，与一些进步人士有联系。他知道曾养甫"同宋子文也是很接近的。他曾在美国留学，属于英美派"。他也很清楚曾养甫所说的"打通共产党关系"并不是曾个人的想法，而是南京政府蒋介石、宋子文等人赋予的重要使命。因此，谌小岑迅速地通过中共领导的北平自由职业者大同盟书记吕振羽，同中共北平地下组织取得了联系。

中共北平党组织派中共北平市委宣传部长周小舟通知吕振羽，立即去南京，探明此事系何人发动和主持。1935年11月底的一天，吕振羽到达南京，当晚，就由谌小岑陪同到曾养甫家，曾表示"自己秉承宋子文意旨办事，希望吕振羽找一个共产党方面谈判的线索。"

1936年1月，周小舟到达南京，向吕振羽传达中共中央北方局的指示，提出国共合作谈判的条件是：

（一）组织国防政府和抗日联军；

（二）停止内战，一致抗日，停止进攻苏区，承认苏区的合法地位等。

吕振羽立即通知谌小岑谈判线索已找到，要求国民党方面保证共产党方面往来人员的安全和通讯自由，不得加以检查、扣留，曾养甫答应可以保证。

周小舟即同谌小岑见面。谌小岑向周小舟介绍了曾养甫的情况，说："一般人都认为曾是CC分子，但我知道他同宋子文关系密切"，又说："迄今为止，这种接触可能是宋子文在主持。"周小舟同谌小岑见面后，返回北平。

吕振羽在同曾养甫的谈判中，正式提出了共产党的上述两项条件，曾养甫代表国民党方面提出了四点要求：

（一）停止土地革命；

（二）停止阶级斗争；

（三）停止苏维埃运动；

（四）放弃推翻国民政府的武装暴动等活动。

吕振羽立即将国民党的四点要求向周小舟作了书面报告。

1936年3月，周小舟第二次到南京。带来了向国民党提出的六项要求：（一）开放抗日群众运动，给抗日人民以集会、结社、言论、出版自由等抗日民主权利；（二）由各党各派各阶层各军代表联合组成国防政府和抗日联军；（三）释放一切抗日爱国政治犯；（四）改善工农群众的生活；（五）停止内战，一致抗日，停止进攻苏区，承认苏区的合法地位；（六）划定地区给南方各省游击队集中训练，待机出发抗日。

周小舟还带来由毛泽东、周恩来、朱德、彭德怀等领导人签名盖章，用墨笔书写在白绸上的给宋子文、孙科、冯玉祥、程潜、覃振、曾养甫等人的信件，每封信均附有中共中央于1935年8月1日发表的《为抗日救国告全体同胞书》（即《八一宣言》）。

经过中共北方局代表与谌小岑等多次会谈后，于1936年6月底7月初，达成了一项由双方代表共同签字认可的谈话记录草案。该草案商定了全国统一、共同抗日、以国民党为主导力量等基本原则，以及在此原则上停止内战，建立抗日统一战线的具体方法。在此记录基础上，谌小岑起草了一个正式协定条款。

接着，曾养甫与周小舟在国民政府铁道都二楼曾养甫的办公室进行了会谈，谌小岑、吕振羽都参加了。周小舟系统地讲述了共产党同国民党合作抗日的愿望和六项要求和条件，并对国民党的四点要求作了回答。然后，双方就国民政府作为国防政府的组织形式问题，红军改编为国民革命军问题，南方游击队集中问题，释放政治犯问题等进行了讨论。在领导权问题上，双方发生了激烈的争论。

周小舟离南京前，交代吕振羽必须取得国民党方面对我方六项要求的肯定回答。为此，吕振羽又和曾养甫面谈了五六次，并要谌小岑写书面材料。

7月，曾养甫又找到吕振羽，对他说：希望两党主要干部会谈或者周恩来来南京，或者我、张冲去延安。但是，7月底，曾养甫被任命为广州市长，他的陕北之行就不可能实现了。由于这时南京当局已直接和中共中央联系，而不重视同中共中央北方局的这条线的联系，所以10月间中共中央正式通知中共北方局不必与南京方面接触，统一于党中央，这条渠道的使命遂告完成。

谌小岑在接受了宋子文通过曾养甫交代的"打通共产党的关系"的任务后，一方面经过吕振羽找到了同中国共产党北方局的联系渠道；另一方面，又同当时任国民党中央宣传部下属的征集部主任左恭商议，如何寻找共产党的关系。

左恭是共产党地下党员，他得此消息后，立即向上海党组织报告。上海党组织遂于1936年1月介绍了一位称作是中共长江局系统的姓黄的同志给谌小岑。此人真名王绪祥，党内名张子华。1930年入党，在任豫鄂陕特派员时，曾去陕北游击区巡视过工作，对陕北地形熟悉。张子华和谌小岑交谈几次以后，建议国民党派人直接去陕北。曾养甫准备派一名中共的叛徒去，张子华立即表示反对。

此时，上海党组织决定张子华随董健吾一起进陕北苏区，面向中共中央领导汇报曾养甫等人的意见。张子华赴陕北前，通过谌小岑征得了曾养甫的同意，所以张子华是以共产党和国民党的双重使者身份进入陕北苏区的。

张子华和董健吾虽同行，但党组织没有向董健吾交代张子华的真正身份和进苏区的目的。张子华和董健吾到达瓦窑堡后，博古立即单独接见张，张子华口头汇报了国民党内部各派对抗日的态度，尤其是国民党内亲英美派有联俄联共一致抗日的表示，并传递了国民党正在寻找与共产党谈判的动向。以后，张子华到东征前线向毛泽东、张闻天、彭德怀等做了详细汇报。

为了讨论与南京当局谈判等问题，中共中央政治局在1936年3月召开扩大会议。会议批准了毛泽东、张闻天、彭德怀在给董健吾电报中提出的五项条件，并且就同南京政府联络、谈判的问题，进行了具体的研究。

4月，张子华返回上海。随即与曾养甫会面，提出了要了解南京当局联共抗日的具体办法，谌小岑便手抄了一份南京当局的四条意见给张子华，但没有说明是南京方面的条件，只说是谌小岑自己的看法，给中共参考。

后来，张子华还多次同曾养甫、谌小岑见面，商谈国共两党高级干部进行具体谈判的问题。曾养甫还于1936年9月提出请周恩来到广州或香港见面。后来又向张子华表示：如周恩来不去广州，国民党派人去陕甘商谈判地点。10月17日，中共中央看到了张子华从广州带回的国民党答应的四个条件，以为南京方面有谈判诚意。同时获悉蒋介石10月16日到西安，即要正在西安的张子华同蒋方交涉，接周恩来到西安与蒋直接面谈。后因交涉没有成功，此举未能实现。

就是这样，蒋介石、宋子文等人通过中国共产党上海地下党组织也同中共中央取得了联系。

这一时期，国民党对共产党实行剿抚兼施、以剿为主的政策，宋子文主持的（后期陈立夫也参与主持）国民党同共产党代表的接触和谈判也只是一种试探性质，没有涉及实质性的问题。但是，由于宋子文积极开展了"打通共产党关系"的活动，使得国共两党代表的接触突破了单纯在国外的单一渠道，而在国内多方面展开了。通过国共两党代表们的接触和谈判，双方陈述了合作抗日的要求和条件，互相传递了双方党中央的意向，这样实际上为后来国共两党负责人的正式谈判和第二次国共合作的正式形成作了准备。

中国共产党对宋子文积极派人赴陕北接触，十分重视。在此期间，在国民党中枢人员中毛泽东最早与宋子文通信。

为了研究抗日民族统一战线问题，中共中央于1936年8月上旬召开政治局会议。会议提出：目前统一战线的主要对象是国民党中央，逼迫蒋介石走向抗日的道路，同时继续影响南京以外各派，以利于同国民党中央的谈判。

1936年8月14日，也就是在中共中央公开发表《致中国国民党书》的前

陈立夫

10天，毛泽东致信给当时任国民党中央执行委员、国民政府全国经济委员会主席、中国银行董事长的宋子文，明确提出"救亡图存，唯有复归于联合战线"，希望宋子文"竿头更进，起为首倡"。该信全文如下：

子文先生：

十年分袂，国事全非，救亡图存，唯有复归于联合战线。前次董健吾兄来，托致鄙意，不知已达左右否？弟等频年三呼吁，希望南京当局改变其对外对内方针，目前虽有若干端倪，然大端仍旧不变，甚难于真正之联合抗日。

先生邦国闻人，时有抗日绪论，甚佩甚佩！深望竿头更进，起为首倡，排斥卖国贼汉奸，恢复贵党一九二七年以前孙中山先生之革命精神，实行联俄联共农工三大政策，则非唯救国，亦以自救。寇深祸亟，情切嘤鸣，风雨同舟，愿闻明教。匆此布臆，不尽欲言！顺颂公绥。

毛泽东

一九三六年八月十四日

寥寥二百余字，将私情公意，尽见于尺牍之内。后来，在毛泽东的书信中又多次提到宋子文。

1936年9月，中共中央电告正在西安的潘汉年，任命他为中国共产党谈判代表，直接与国民党代表陈立夫会谈。

9月16日，毛泽东在给宋庆龄的信中说：兹派潘汉年同志前来面申具体组织统一战线之意见，并与先生商酌公开活动之办法。请宋庆龄介绍国民党中枢人员宋子文等人，与潘汉年"一谈"。

宋庆龄不负中国共产党对她的殷切期望，积极与她比较接近的国民党中枢人物联系，为促进国共合作，奔走呼号，不遗余力。宋庆龄多次会见潘汉年，与他商讨如何开展统一战线等工作，并把潘引荐给宋子文以至宋美龄。后来，宋氏兄妹与潘汉年多有接触，宋子文还一度提供寓所让他居住。

同年9月22日，毛泽东在给蔡元培的信中又提到："宋庆龄、何香凝、李石曾、吴稚晖、于右任、孙哲生、柳亚子、叶楚伧、邵力子、宋子文等一切之党国故人，学术师友，社会朋旧，统此致讯。"

毛泽东致宋子文的信，叙彼此之友情，议国是之大端，态度诚恳，纵横捭阖，痛陈利弊，对于促进宋子文抗日救亡思想的继续发展，有着重要的影响。

宋子文全传

·Biography of Song ziwen

全传

12

"西安事变"与神秘的宋子文日记

救人一命，胜造七级浮屠。

"西安事变"爆发后，南京政府内部"和""战"争论不休。

宋子文冷静沉着，扮演了"和平使者"的角色，与张、杨及中共达成了和平解决"西安事变"的十点主张。"西安事变"成为时局转换的枢纽。

近年来，宋子文日记在美国解密，引起海内外众人关注。宋子文在日记中究竟说了些什么呢？

1936年冬，在日本帝国主义侵略不断扩大，国难日益深重而全国人民抗日救亡运动空前高涨的形势下，蒋介石继续坚持"攘外必先安内"的误国政策，亲自赴西安督战，强令张学良、杨虎城两将军率东北军和十七路军大举进攻陕北红军。张、杨两位将军激于爱国义愤，于12月12日在西安举行兵谏，扣留了蒋介石，并通电全国，提出了八项政治主张：

一、改组南京政府，容纳各党各派，共同负责救国。

二、停止一切内战。

三、立即释放上海被捕之爱国领袖。

四、释放全国一切政治犯。

五、开放民众爱国运动。

六、保障人民集会结社之政治自由。

七、确实遵行总理遗嘱。

八、立即召开救国会议。

这八项政治主张，集中反映了全国人民抗日救亡的要求。

"西安事变"的突然爆发，南京政府内部处于"和""战"争论不休的混乱状况，迫切需要一位能够代表蒋介石同西安方面谈判的"和平使者"从中斡

蒋介石（右一）到西安督战，张学良、杨虎城与其合影。

旋，宋子文则在这一关键时刻充当了这个角色。

"西安事变"在南京国民党统帅集团内引起了极大震动。12月12日晚，国民党中央常务委员会和中央政治委员会召开紧急会议。在这次会议上，主张"讨伐"张杨的占多数，因而做出决定：

一、张学良应先褫夺本兼各职，交军事委员会严办，所部军队归军事委员会直接指挥。

二、张学良背党叛国，送中央监察委员会议处。

三、行政院由副院长孔祥熙负责。

四、军事委员会常务委员改为5至7人，并加推何应钦、程潜、李烈钧、朱培德、唐生智、陈绍宽为该会常务委员。

五、军事委员会由副委员长及常务委员负责。

六、关于指挥调动军队归军事委员会常务委员兼军政部部长何应钦负责。

与蒋介石有密切联系的宋氏家族的一帮人如宋子文、宋美龄、孔祥熙等人都没有出席这次会议。因为此时他们都不在南京。宋子文正在由香港返回上海的途中，孔祥熙和宋美龄也在由上海回南京的途中。

12月13日下午，在南京召开了国民党中央执行委员会政治委员会第29次会议。在这次会议上，主张"讨伐"西安的人占上风，何应钦主张下讨伐令，吴稚晖也提出必须急速用兵。

孔祥熙参加了这次会议，在会上他力主缓和，但是在一声声"讨伐"的吵闹声中，他的"缓和"主张显得十分无力。在这次会议后，他和林森联名签发了《国民政府着军事委员会斟酌情形于必要地区宣布戒严令》。

此时，由于南京国民政府切断了西安方面的通讯和交通，南京的新闻检察官又烧毁了来自西安的报纸和宣言，南京、上海等地的民众对"西安事变"的真实情形难以知晓。在上海和南京，谣言四起，众说纷纭。有人绘声绘色地说：西安遍地烽火，红旗到处飘扬，士兵们沿着城墙挖壕据守，全城陷入一片恐怖之中。言者危言耸听，听者胆战心惊。一家外国电台报道了一个令人震惊的消息："张学良在电台上报告过他如何把蒋介石杀死，以及杀死他的理由。"

既然蒋介石已经"被杀死"，那么与蒋关系极其密切的宋美龄、宋子文、孔祥熙等人一定得出来控制局面，这成了西方某些要人们的关注焦点。《时代》周刊报道：蒋夫人、她哥哥宋子文、她姐夫孔祥熙博士把东亚的命运掌握在他们手里。

诚然，宋氏兄妹和孔祥熙是不可能掌握东亚的命运的。但是，透过上面这段话，人们不难看出，在那个特定的条件下，西方国家对宋氏兄妹是如何的重视。

为了探询西方的意向和了解南京政府的态度，孔祥熙和宋子文都成了众多记者们的重点采访对象。

12月13日晚，孔祥熙对南京《中央日报》记者发表谈话。他一方面指责张、杨二位将军"对于中央政策未尽了解，为不良分子所蛊惑，激于一时之情感，对统帅妄加劫持，影响国家前途，至深且钜。"另一方面又说张学良已经致电给他，"知其对蒋院长负责保卫，绝无问题。"他要民众"力持镇静，信任政府，勿为谣言所蛊惑。对于陕变，深信最短期内必获圆满之解决。"《中央日报》于12月14日在显著的位置刊登了孔祥熙的谈话。

宋子文于12月13日由香港返回上海。他虽然没有参加12日、13日国民党中枢机构召开的讨论"西安事变"的会议。但是，由于他一直同宋美龄、孔祥熙保持着密切的联系，对于国民党中央对"西安事变"的态度应该说是比较了解的。

宋子文于14日在上海中国银行对新闻记者也发表了一通讲话，他说：

"蒋院长在西安绝对安全。本人以为"西安事变"乃系国家最不幸之事。目前急需用有效办法，于最短期内解决。盖全世界之目光，刻正集中于中国也。本人与蒋院长公私之关系，及与张学良多年之友谊，均为世人所共知。在特殊关系之中，如有任何可能解决之办法，本人极愿在政府领导之下，尽最大之努力。至于采取何种方法，须待政府决定，本人是否有赴西安一行之必要，亦待命于政府。端纳已抵洛阳，即将转往西安。本人受孔财长（祥熙）之嘱托留沪，对于金融方面加以照料。目前市场尚称平稳，中中交三行对于外汇，照常无限制买卖。"

宋子文这番谈话，话语不多，却耐人寻味。

这番谈话，态度温和，完全没有使用攻击性的语言。宋子文不但不指责张、杨两位将军，反而公开宣传他同张学良有"多年之友谊"，宣传蒋介石在西安绝对安全。这在当时南京的许多军政要员对张、杨极尽咒骂和指责之能事的情况下，是很不容易做到的。

这番谈话，表明了准备赴西安进行和平谈判的愿望。尽管宋子文同蒋介石在许多问题上政见分歧，他早就在1933年10月以"心绌力薄"为由辞去了行政院副院长、财政部部长之职，还在私下发过"做财政部长无异做蒋介石的狗，今后我要做人不愿做狗了"的牢骚，但是，在这次危急的时刻，他不避前嫌，力主和平谈判。他的这种态度，为许多人所瞩目。

宋子文的这番谈话，第一次向国内外公布了其处理"西安事变"的主张。

为了促使"西安事变"早日和平解决，张、杨联名电邀中共中央派人来西安共商大计。12月17日，周恩来等作为中共中央代表乘张学良专机飞抵西安。周恩来向张、杨详细说明中共中央关于和平解决"西安事变"的方针，深得张、杨的赞同。

12月14日，被孔祥熙和宋美龄派往西安探明情况的端纳致电宋美龄，报告蒋介石在陕平安，并转达了张学良邀请孔祥熙和宋美龄同来西安商谈和平解决办法的信息。

端纳全名为威廉·亨利·端纳，出生于澳大利亚。1904年任香港《中国邮报》主笔，经常来往于香港广州之间。1911年结识孙中山。1928年任张学良的顾问，直至1934年张学良从欧洲回国。1934年到1940年成为蒋介石、宋美龄不具名义的顾问。由于端纳的这些不同寻常的经历以及他的特殊身份，他来电提供的消息，本应当成为南京政府的重要决策依据。

但是，南京政府内部的军政要员，根本不相信端纳的电文，提出了许多怪论，极力阻挠派员赴西安谈判。

有人说："叛部计划异常险恶"，"以为委员长即不死，亦必身陷危境。"

有人说："端纳来电，实迎合西安心理，欲诱孔部长入陕，多一重要作质者，以加厚其谈判之力量而已。"

更有甚者说："张学良邀请宋美龄，目的在于拘禁。"

宋美龄同这些人展开了激烈的辩论，但仍无济于事。12月15日晚，宋美龄打电话给端纳，说："孔部长因医生坚嘱不准飞陕，况孔为代理院长势难离职"，可否以宋子文或顾祝同代替，请他征求西安方面的意见。

第二天，张学良、杨虎城复电，同意以宋子文代替孔祥熙，并担保宋子文西安之行绝对安全。

这样，宋子文于12月17日由上海返南京，积极准备赴西安进行和平谈判。

而这时候，南京政府中又有人公然提出："宋氏之行为不当，宋氏身任全

西安军民为支持张学良、杨虎城的抗日壮举上街游行。

国经济委员会常务委员，且亦为中央执行委员，果赴西安，难免有政府与叛逆
讨价还价之讥。"

听到这番话，宋子文针锋相对地回答："愿以私人资格前往西安探询情
况。"但是，仍然有不少人反对。

在一系列激烈的争吵中，戴季陶的"讨伐"之声是最为严厉的。"他的
那一番大道理，又说得头头是道，谁也不敢反对"。因此，宋子文只好找戴季
陶，也苦口婆心地说了一番应该去西安进行谈判的道理，然后说："你不应提
出那样强硬的主张。"

最后，戴季陶向宋子文表示："我同介石的关系，决不下于你们亲戚。老
实说，我的这一套也是为了救他，我不反对你们同张学良作私人周旋，拯救蒋
介石，同时，你们也不能反对我的意见，因为这是政治问题，不能不如此。"
不难看出，戴季陶话中有话，带有明显的讥讽口吻。但是，这段话实际上已表
现出他已经勉强同意宋子文以私人资格赴西安谈判。

何应钦   蒋介石致何应钦的信

何应钦是一直主张对"劫持领袖"的张、杨二位将军进行"讨伐",以"维护纪纲"的。他在担任了"讨逆军总司令"后,在一次会议上同宋子文舌剑唇枪,互不相让。何应钦在会上宣布说:"讨伐西安的军事行动将按计划进行。"还以命令的口吻对宋子文说:"你少管闲事!"

然而,宋子文并不示弱,冷冰冰地回敬一句:"我是一个普通老百姓,不是军人,你何应钦可管不着。"

你一言,我一语,针尖对麦芒,最后还是宋美龄出面调解,才暂时平息了这场争吵。

宋子文力排众议,一再声称愿意以私人资格前往西安探询情况。宋子文说:"政府虽不能同张、杨直接谈判,以自贬威信,亦应准许我等作劝导叛变者之工作。"宋美龄、孔祥熙都表示赞同宋子文赴西安。宋美龄等人同那些主张"讨代"、反对宋子文赴西安谈判的人也展开了激烈的辩论,一时间"竟无暇计及发言之态度矣"。

为了争取"西安事变"早日和平解决,宋子文、宋美龄还与宋庆龄联系,求得她的帮助。宋庆龄以团结抗战的利益为重，主张释放蒋介石，条件是蒋介石答应停止内战，实行抗日。宋庆龄不念个人恩怨，不顾自己安危，准备亲自飞往西安，以促成事变的和平解决，表现了卓越的胆识，豁达的胸怀。宋庆龄叫孙科为其准备飞机，由于何应钦从中阻挠，无法解决交通工具而未能成行。

同时，宋庆龄还及时与中共中央派驻上海的代表潘汉年联系，了解西安的动态和中国共产党的方针。潘汉年把中央和张学良、杨虎城方面已经决定欢迎南京方面派代表到西安面商和平解决的消息告诉她，主张她劝宋子文前往西安。因此，宋子文、宋美龄赴西安参加和平谈判，是与宋庆龄的帮助分不开的。

12月18日，蒋鼎文带回蒋介石的亲笔信。蒋介石在信中说："敬之吾兄：闻昨日空军在渭南轰炸，望即令停止。以近情观察，中正于本星期六以前可以回京，故星期六以前万不可冲突，并即停止轰炸为要。"接到这封信后，南京的空气开始有所缓和。

12月19日，宋庆龄电告端纳："子文决入陕。"但是，电报刚发出，南京政府的军政要员们又谈论纷纷，阻力横生。迫不得已，宋庆龄又急电端纳，取消前讯。

当天下午，孔祥熙邀请孙科、居正、何应钦、叶楚伧、王宠惠等在孔祥熙寓所紧急会商，几经争论，最后做出两项决定：

（一）准宋委员子文以私人资格即日飞赴西安，营救蒋公。

（二）准许至十二月二十二日暂行停止轰炸，但张杨部队在此期间不得向南移动；如该逆部仍向西安渭南前进，我空军即向行动部队轰炸，此为最后之容忍。但我军之集中侦察与攻击准备，仍须积极进行，不容延误。

这次会后，宋子文积极进行着赴西安的各项准备工作。

12月20日，宋美龄又明确提出要同宋子文同机入陕。宋美龄"神经兴奋，几不能持"。宋子文当然积极赞同宋美龄同机赴西安。然而，就在临行前的最后一刻，南京政府的许多军政要员群集宋美龄住宅，坚决请宋美龄暂留南京。

有人还提出了理由，说："宋美龄留在南京，可以在蒋公未离开西安以前，劝止中央军进攻。"这条理由似乎"奏效"。宋美龄稍加思索后回答："假如子文去后，三日内不能返京，则不得再阻（宋美龄）飞赴西安。"

正是这样，12月19日下午2时，宋子文及其随员由南京飞抵洛阳。12月20日上午，宋子文飞抵西安。

宋子文几经周折，终于获准赴西安，表明和平解决"西安事变"的主张在南京国民党中央内部占了上风。尽管在国民党中央有人主张"讨伐"，反对同张、杨进行和平谈判，但是，全国各地，朝野上下，反对扩大内战，主张和平解决事变的是多数，这使得南京国民政府的决策者们不得不正视现实。

同时，也应该看到，宋子文获准赴西安，又是有条件的。南京国民党的一些要员们反复强调宋子文是以所谓的"私人资格"，这是颇费了一番心机的。它说明南京国民党中央的许多核心人物仍然坚持敌视张、杨两位爱国将军的立场，坚持所谓的南京政府不与张、杨"讨价还价"的顽固方针。它包含着日后南京国民党中央推翻宋子文与西安方面达成的任何协议的险恶用心。

1936年12月20日上午，宋子文和端纳以及十七路军参议郭增恺、随员陈康齐、陈凤扆等飞抵西安。

宋子文受到了张学良和杨虎城的热情接待。宋子文首先向张学良了解"西安事变"的意图和事变后的一些情况。张学良明确地向宋声明：东北军、十七路军和红军已经决定了采取和平解决的方针，只要蒋介石答应"双十二"通电所要求的八项主张，三方面一致同意放蒋归京。张学良要求宋子文劝蒋介石同意停止内战，团结抗日。

在张学良的陪同下，宋子文会见了蒋介石。蒋介石对宋子文的到来，毫无思想准备，情绪异常激动。

宋子文递给蒋介石两封亲笔信。

一封是宋美龄的信。宋美龄在信中说："如子文三日内不回京，则必来与君共生死！"读罢这短短几行字，蒋介石百感交集，泪流满面。

另一封是孔祥熙写的。孔祥熙向蒋介石报告了南京方面的情况，他说："在沪闻事变消息，焦急异常，当即扶病同三妹来京，本拟即同三妹赴陕省视，嗣闻尊意不欲三妹前去，而弟则以中央决议，在吾兄未回京以前，暂代院务，固致未果，无任怅恨，遂商三妹派端纳飞陕，奉候吾兄。继据自洛报告吾兄起居安适，于焦急之余，始较安慰。此间军政暂由敬之兄负责，而政院事务，由弟处理一切，自应秉承吾兄既定方策，照常进行，尚幸不吝指教，俾有遵循……兹因了文弟赴陕之便，特购制数袭，附机奉上，即祈察纳。"

读罢来信，蒋介石对宋子文说，只有迅速组织军事进攻，才能脱离危险。他还将军事进攻的方略单独告诉了宋子文。

探望蒋介石后，宋子文又派郭增恺去做杨虎城的工作。郭增恺会见杨虎城后，向宋子文转达杨的口信："兵谏只是要蒋停止内战，领导抗日，不会杀害他的。"宋子文了解了杨虎城的这一态度，十分高兴。

宋子文完全没有料到周恩来已经到了西安，也不了解中共中央和平处理

中国共产党参与"西安事变"谈判的代表周恩来（右）、叶剑英（中）、博古。

"西安事变"的方针。他对郭增恺说："周恩来一来，事情就难办了。"郭增恺建议宋子文会见周恩来。但是宋子文顾虑重重，怕何应钦抓把柄，对他不利，因而不敢单独与周恩来见面。宋子文要郭增恺面见周恩来，了解中国共产党的主张。

郭增恺立即来到周恩来的住处。周恩来要郭增恺说服宋子文同意与他会谈，并将中共中央的方针转告他，即：这次事变中共未曾参与，对事变主张和平解决，这是中共团结抗日方针的继续，望宋认清大势，权衡利害，劝说蒋介石改变政策，为国家做出贡献。并说："只要蒋先生抗日，共产党当全力以赴，并号召全国拥护国民政府，结成抗日统一战线。"

郭增恺向宋子文转达了周恩来的意见，宋子文大感意外，对中共的方针和态度十分赞赏。

在短短的一天时间里，宋子文了解了西安三方面和平解决"西安事变"的主张，目睹了蒋介石十分安全，内心感到十分满意，决定迅速回南京报告。

12月21日，宋子文离开西安，经洛阳返回南京。在洛阳，宋子文向张学良发出一封亲笔信，要求张学良释放蒋介石。他还附上《大公报》12月18日的社评《致西安部队的公开信》。这封所谓的"公开信"，充满了对张、杨二位将军的攻击。

西安的《解放日报》也于当天发表了《正告宋子文》的评论，表明了西安方面的态度。这篇评论肯定了宋子文"反日态度"和"反日行动"，对宋"不避风霜跋涉之苦，翩然莅临西安"的行动，表示欢迎和敬意。又对宋子文提出了三点希望：

第一，"宋先生这次亲临西北，对'双十二'张杨将军救亡动机的光明磊落，和西北民众真正的抗日情绪，必然会得到相当的概念。我们极诚挚地希望宋先生，将来离陕后，能将西北民众的真实意志和热烈救亡的消息，带到京沪，并传给全国民众。"

第二，"希望宋先生多多顾及民众意思，整个国家的前途，站在民族解放的立场上，襄助西北的救亡运动；并能运用伟大的力量，提醒一般沉溺在升官发财迷梦中的政府官员，在最短的时间内，召开救国会议，成立真正建立在民意上的革命政府，发动全国抗日战争。"

第三，在"西安事变"爆发后，南京政府运用着强大的广播电波向世界各国传播反动的言论，"强奸了广大群众的意识，昧着心对张杨二位将军作肆意的攻击"。希望宋子文"为正义的驱使，为中华民族的前途着想，立刻起来负责纠正。"

这份社评，态度诚恳，言语真挚，再次公开表示了西安方面和平解决事变的态度。

宋子文回到南京后，向孔祥熙、宋美龄详细地报告了西安一行的所见所闻。他向人们宣传了蒋介石在西安很安全，并且赞美周恩来，他说："南京有谁能承担这样风险营救蒋介石？相反，还有人要轰炸。"

宋子文从西安安全返回的事实本身以及宋子文的宣传，使得积极主张"讨伐"的那些人的嚣张气焰不得不有所收敛。

孔祥熙等人在听完宋子文西安一行的汇报后，于12月21日同意宋美龄、宋子文赴西安进行谈判。

12月22日下午，宋子文、宋美龄一行乘坐的三个发动机的"福克"式飞机轰鸣着在西安机场降落，宋子文、宋美龄蹒跚地走下飞机。宋子文头上戴着一顶有帽耳的黑色熊皮帽子，胖乎乎的脸上充满了倦意。而宋美龄也从头到脚穿戴得严严实实。在宋子文旁边，站着满头灰发，神情忧郁的端纳。在他们身后跟着穿着讲究、令人生畏的戴笠。

宋氏兄妹在张公馆稍事休息后，即去会见蒋介石。因事先未曾得到通知，蒋乍见宋美龄到来，惊喜交集，说："你真来了！这可是虎穴。"宋子文、宋美龄向蒋介石简要地介绍了南京的情况，说全国民众关怀他的安危，也是从国家前途出发的，劝他既从国家民族考虑，也要顾及个人安危。

宋子文、宋美龄赴西安，使蒋介石终于同意了西安方面停止内战，一致抗日的主张。蒋介石决定由宋子文、宋美龄出面谈判，还指示了谈判条件。蒋介石向宋氏兄妹暗示宋子文可以改组政府，三个月后开救国会议，改组国民党，同意联俄联共。

22日，宋子文与西安三方面商量谈判程序。西安方面提出以八项主张为谈判条件的基础，宋子文表示同意。宋子文提出由他们兄妹作代表，商定的条款不签署书面协议，以蒋介石的"领袖人格"作担保。西安方面以大局为重，也同意了。

23日上午，在张公馆张学良所住的西楼二层开始谈判。宋子文代表蒋介石，西安方面张学良、杨虎城，中国共产党方面周恩来出席。

周恩来首先提出和张、杨商妥的六项主张：

一、停战，撤兵至潼关外。

二、改组南京政府，排逐亲日派，加入抗日分子。

三、释放政治犯，保障民主权利。

四、停止"剿共"，联合红军抗日，共产党公开活动（红军保存独立组织领导。在召开民主国会前，苏区名称不变，但可加上抗日或救国字样）。

五、召开各党各派各界各军救国会议。

六、与同情我国抗日的国家合作。

周恩来阐述了提出这六项条件的理由，并且声明这六条如能保证实行，中国共产党将赞助蒋介石统一中国，一致对日。

宋子文听完后，表示承认这六条，但要转告蒋介石。

当天下午，继续谈判。宋子文就六项条件提出具体实施意见。

关于改组政府的问题，宋子文提出：可先组织一个过渡政府，三个月后再改组为抗日政府。目前先将何应钦、张群、张嘉璈、蒋鼎文、吴鼎昌、陈绍宽赶走。由孔祥熙任行政院院长，宋子文为副院长兼财政部部长，徐新六或颜惠庆任外交部部长，赵戴文或邵力子（张、杨推荐）任内政部部长，严重或胡宗南任军政部部长，陈季良或沈鸿烈任海军部部长，孙科或曾养甫任铁路部部长，朱家骅或俞飞鹏任交通部部长，卢作孚任实业部部长，张伯苓或王世杰任教育部部长。

张学良、杨虎城和周恩来推荐宋庆龄、杜重远、沈钧儒、章乃器等人行政院。宋子文则坚持说这个方案是过渡政府，三个月后抗日局面揭开后，再彻底改组。张学良、杨虎城和周恩来从大局出发，原则同意宋子文的意见，要求宋子文负责组织过渡政府，杜重远、沈钧儒、章乃器等人可为行政院次长。

张学良、杨虎城、周恩来还提议，在过渡政府时期，西北联军先成立，以东北军、十七路军、红军成立联合委员会，受张学良领导，进行抗日准备，国民政府负责接济军需。宋子文回答，此事可转告蒋介石。

这次谈判还谈到释放蒋介石的问题。宋子文提议由蒋介石下令撤兵即放他回南京，回京后再释放"七君子"。张学良、杨虎城、周恩来坚持中央军先撤出潼关，释放"七君子"，蒋介石再回南京。

最后，周恩来提出，如果蒋介石不同意六项条件，他愿意和蒋见面详谈。宋子文则说，可先会见宋美龄。

这　天谈判后，周恩来即将谈判详情电告中共中央，并请示在什么条件下才可以释放蒋介石。

12月24日上午，继续谈判，南京方面除宋子文外，宋美龄也参加了谈判。这天的谈判进展得比较顺利，双方争执不多。

谈判的结果是：

（一）由孔祥熙、宋子文组织行政院。宋负责组织使各方面满意的政府，肃清亲日派。

（二）中央军全部撤离西北，宋子文、宋美龄负绝对责任。蒋鼎文已携蒋介石手令飞洛阳办理停战撤兵的事。

（三）蒋介石返回南京后释放"七君子"。西安方面可先发消息，宋子文负责办释放事宜。

（四）苏维埃、红军名称照旧。宋氏兄妹担保停止剿共，由张学良负责接济红军。抗战爆发后，红军改番号，统一指挥，联合行动。

（五）先开国民党中央全会，开放政权，再召开各党派救国会议，不开国民代表大会。

（六）政治犯分批释放，具体办法与宋庆龄商定。

（七）抗战爆发后，共产党可公开活动。

（八）联俄，并与英、美、法联络。

（九）蒋回京后通电自责，辞去行政院长职务。

（十）西北军政由张、杨负责。

宋子文表示要共产党为他抗日反亲日派作后盾，并派专人驻上海同他秘密接洽。

此外，宋子文还提出，只要蒋介石下令撤兵，就放他回南京。对宋子文的这一要求，张学良立即表示同意。杨虎城、周恩来表示再考虑。至此，谈判结束。

12月24日晚，周恩来会见了蒋介石。周恩来问蒋介石："我们要求停止内战，为什么不停止？"蒋答"我等你们到西北来。"周恩来驳斥道："我们已经到西北一年多了。"蒋就没有话说了。周恩来向蒋介石阐述了中共的政策和西安方面的意图后指出：坚持内战，自速其亡。蒋介石考虑了一下，表示了三点：

（一）停止"剿共"，联红抗日，统一中国，受他指挥。

（二）由宋氏兄妹及张学良代表他与周恩来解决以前商谈好的问题。

（三）他回南京后，周恩来可以直接和他谈判。

关于西安的谈判情况，周恩来及时向中共中央做了汇报。周恩来在电文中指出："蒋在此表示确有转机，委托子文确具诚意，子文确有抗日决心与政院布置。"

在各方面的共同努力下，蒋介石、宋氏兄妹与周恩来进行了多次会谈，达成了停止内战的协议，为和平解决"西安事变"奠定了可靠的基础。

自谈判条件大体商定后，宋子文、宋美龄就要求张学良早日放蒋走，并提出最好在圣诞节回南京，取个吉利。

张学良表示愿意早日放蒋，但是东北军和十七路军的一些重要文武官员提出，蒋介石不做出可靠的保证，不能匆忙草率地放他。他们提出，蒋介石离开西安前必须先撤兵，必须先释放上海被捕的七位爱国人士，蒋介石必须在谈判所通过的条款上亲笔签字，公诸报端。没有这三项保证，就不能放蒋。

在这种情况下，张学良向宋美龄表示："我们可能需要进行斗争，而对你会非常危险，我可以把委员长偷偷送出来。你和端纳可坐飞机去洛阳。我将让委员长化装乘汽车出城，开到东北军的防地，然后一直把汽车开到洛阳跟你见面。"

宋子文表示同意这一计划作为最后的办法，宋美龄则强烈反对，认为蒋不但受不得汽车上的长途颠簸，而且这也不是他离开的适当方式。

宋子文在12月25日晨收到了东北军和十七路军高级将领和幕僚鲍文樾、马占山、米春霖、杜斌丞等的一封联名信，提出商定的条件只是由"领袖的人格"作保证是不行的，必须有蒋介石的签字，中央军必须立即退出潼关，如若不然，绝不放蒋走。

看完这封信，宋子文大吃一惊，蒋介石夫妇更是惊慌不已。宋子文立即去找张、杨两位将军，他向张、杨表示，蒋回南京后，保证立即命令中央军撤出潼关，毫无问题。

宋子文又去找周恩来，请周恩来和中共中央信任他，"他愿负全责去进行上述各项，要蒋、宋今日即走。"

25日中午，宋子文去新城大楼找杨虎城，请杨同意放蒋，杨仍然坚持没有保证不能放蒋走。

当天下午，张学良同杨虎城商议说："现在不走不行了，夜长梦多，恐怕会出什么大乱子。我今天决心亲自送蒋走。我想在几天内就可以回来的，请你多偏劳几天，假如万一我不回来，东北军今后即完全归你指挥。"

这时，蒋介石已经在宋子文等人的陪同下走出房间，准备上汽车。张学良低声对杨虎城说："现在就放他。"杨虎城本不同意无保证地放蒋，更不同意张学良亲自陪同蒋介石返南京。但是，他一向尊重张学良，又不知道周恩来是否同意张学良亲送蒋走，当着蒋介石的面又不好争执，只得一起去机场送蒋介石。

张学良、杨虎城两位将军送蒋介石和宋子文、宋美龄等一行到飞机场。只见机场上人头攒簇，有2000多名群众准备迎接即将来西安的抗日将军傅作义。蒋介石、宋子文见那么多人聚集在那里，有点紧张。蒋介石赶忙对张、杨说："我答应你们的条件，我以领袖的人格保证实现，你们放心，假如以后不能实现，你们可以不承认我是你们的领袖。我答应你们的条件，我再重复一遍：（一）明令中央入关部队于二十五日前起调出潼关。（二）停止内战，集中国力，一致对外。（三）改组政府，集中各方人才，容纳抗日主张。（四）改变外交政策，实行联合一切同情中国民族解放的国家。（五）释放上海各被捕领袖，即下令办理。（六）西北各省军政，统由张、杨两将军负其全责。"

蒋介石换了口气，又说："今天以前发生内战，你们负责。今天以后发生内战，我负责，今后我绝不'剿共'。我有错，我承认。你们有错，你们亦应承认。""我答应你们的那些事，我回南京后，一一都可实现，你们放心，不然我也不成其为国家民族之领袖。"

待蒋介石说完，张学良将手谕交给杨虎城，内容是请杨自25日代理他的职务，万一有事，东北军听从杨和于学忠的指挥。

下午四点多钟，蒋介石和宋氏兄妹登上飞机，张学良也登上自己的飞机，同时起飞赴洛阳。26日中午，蒋介石夫妇飞返南京，宋子文和张学良亦于当天下午同机到达。至此，"西安事变"得到了和平解决。

"西安事变"的和平解决，成了时局转换的枢纽，它粉碎了日本帝国主义和亲日派的阴谋，推动了国共两党的再度合作，团结抗日，成为由国内革命战争走向抗日民族战争的转折点。

在全国人民抗日救亡运动的影响下，宋子文在国民党的军政要员的一片"讨伐"声中，明确提出了和平解决"西安事变"的主张，并且成为"当时谈判的所谓和平使者"，他答应在蒋介石出去以后，负责改组南京政府，并且一再表示了抗日决心，这些言论和行动，对促进"西安事变"早日和平解决起了一定的作用。但是，在"西安事变"和平解决之后，他答应的改组南京政府等诺言，却都未能兑现。

"西安事变"是中国近代史上最富戏剧性也是最神秘的一个重大事件。其主要参与者为张学良、杨虎城、周恩来、蒋介石、宋子文和宋美龄。其中，宋子文一方面说服蒋介石妥协，一方面稳住南京政府不要轰炸西安，一方面代表蒋介石与张学良、杨虎城和周恩来谈判。尽管有关"西安事变"内幕的许多说法或当事人回忆已陆续见诸报刊和书籍。但宋子文的亲笔日记，因其不是为发表而写，反而是最有可能真实记述历史事实的。

张学良和杨虎城1936年12月12日发动兵变扣押蒋介石后，宋子文日记记述的时间从20日抵达西安当天"探路"开始，到25日蒋介石获释离开西安为上。日记用英文写成，为打字稿，但其中要点和人名均为中文亲笔手写，共15页。这本日记在美国斯坦福大学胡佛研究所档案馆保存60多年后，在宋美龄去世后公布于世。日记中涉及的问题可归纳为以下几个部分：

第一部分，蒋介石痛哭绝食

宋子文20日上午10时乘飞机抵达西安，"我单独拜见委员长。他甚为感动，失声大泣。我对其安慰，告诉他，彼并未蒙羞，相反，整个世界均在关心他，同情他。"

蒋介石刚被捉之时，态度羞愤绝望，不吃不喝，与张学良连话都不讲，更别说谈判了。张学良告诉宋子文，蒋曾于17日接受他所提出的四项条件，即：1. 改组国府、采纳抗日分子；2. 废除《塘沽》《何梅》《察北》协定；3. 发动抗日运动；4. 释放被捕七人。但蒋当天早晨又改变了主意。

蒋在见面时果真告诉宋，他不会在胁迫下接受任何条件，军事解决为唯一之途。宋向蒋指出，"军事上之成功并不能确保其性命之保全，即便西安被占，他们尚可退至接壤共区，唯国家将陷于分裂，内战四起……"

当天下午，蒋介石"渐次通情达理"。他再次见张学良，事后告宋，他已同意张学良将其军队开往绥远；召开大会讨论四项条件；改组陕西省政府，由杨虎城提名人选。

第二部分，蒋介石性命堪忧

宋子文在西安之所以敢对蒋介石直言，晓以利害，其主要原因是宋子文抵达西安后确实为蒋介石的性命感到担忧。

宋子文在日记中写道："他们（张、杨）已走向极端，若其遭受失败之打击，他们甚有可能挟持他退往其山上要塞，甚或，他们可能变成一伙暴徒，并在暴徒心态下杀死他。汉卿（张学良）直言不讳告诉我，其委员会已经决定，若一旦爆发大规模战事，为安全起见，他们将把委员长交给中共。这绝非凭空之威胁。"

当天晚上，宋继续探寻解决办法，与张、杨甚至谈到请阎锡山出面调停。他在次日的日记中得出了唯一结论：和平解决。

"一、此次运动不仅系由张、杨二人所发动，而且亦得到全体官兵上下一致之支持。张、杨至为团结，南京方面许多人计划并希望彼二人分裂，此不仅不可能，且充满严重危险。

二、张、杨与中共两方军队联合一起，将成一令人生畏之集团，以现有之兵力，加之有利之地形，在目标一致之条件下，他们完全可固守战场数月。

三、中共已毫无保留地将其命运与张、杨维系在一起。

在离开南京之前，我一直在军事解决与政治解决间摇摆，然经我实地细量，我坚信，拯救中国唯一之途只能借政治解决。"

第三部分，张学良扣下蒋遗嘱

21日上午11时，宋子文在离开西安返回南京前1小时再次面见蒋介石。蒋介石交给他几份遗嘱，是分别写给全国人民、夫人宋美龄和他两个儿子的。

蒋要宋先将遗嘱给张学良过目，但张过目后扣下了蒋的遗嘱。宋子文写道："（张）谓假如发生战事，他以人格保证将把这些遗嘱发送，但现在他不会允其发送。"

蒋还要求宋子文不要让宋美龄前来西安，并劝宋子文也不要返回南京。但当时宋子文已拿定主意，心中有了一个救蒋介石一命的初步方案。

"我不知何种政治解决切实可行，但我决定先行如下几点：

1. 应让蒋夫人来西安照顾委员长，并改变其听天由命之态度。

2. 由戴雨农（戴笠）代表黄埔系前来西安，亲身观察此地之局势。

3. 派一将军来西安，以处理可能产生之军事问题。"

三点方案得到了张、杨的赞同。而且，张还特意给宋美龄和戴笠写了信。但张同时表示，"倘西安发生战事，蒋夫人之安全不能得到保障。"

第四部分，宋被怀疑策划"西安事变"

宋子文执意返回南京后却发现，他离开才一天的国民党中央政府已失去对他的信任，因为他没有像蒋介石那样被扣在西安，居然平安而归。宋子文在日记中写道："此地之气氛系对我能够回来充满不信任。""我还听张公权之姐的某朋友言，张公权称，'西安事变'系我一手策划。"

宋子文到南京后，首先与宋美龄、宋蔼龄和戴笠商谈对策。他们均赞同宋的方案。然后，宋才向国民党要员汇报张、杨提出的四项条件和他的计划。

宋子文记录道："熊（式辉）说，他担心委员长在西安会违心被迫接受彼等条件。我言，以彼如此了解委员长之为人，竟谓委员长会被逼违心签字，我甚感惊讶，此系对其人格之污辱。

何（应钦）问，汉卿（张学良）为何提出让戴雨农去，让蒋铭三去是否亦出同样目的，他们是不是欲逼其透露我方军事计划？我答，目前时间紧迫，质疑彼等动机毫无意义。

叶（楚伧）评论道，站在政治委员会立场言，只要委员长在遭胁迫，他就不能同意任何条件……"

但宋子文回南京的主要目的是说服南京方面暂勿攻打西安。他告诉南京政府要员，绝对不能采取军事行动，"他们让我直截了当回答，委员长是否希望军事解决。此问题我因先前曾与蒋、孔二夫人讨论过，故便模棱两可地答曰，若能寻得和平解决之道，委员长不希望看到再发生内战。"

根据宋子文日记，当晚和第二天上午，政府要员都在开会讨论他的建议。结论是"停战期缩为3天，根本未提停止地面进攻，仅言将停止飞机轰炸"。

第五部分，张、杨要求召开名流大会

宋子文22日携宋美龄、郭增恺、戴笠及蒋鼎文飞抵西安。蒋介石与宋美龄团圆后态度进一步转变，同意妥协，指定宋美龄和宋子文为其与周恩来谈判的代表。

宋子文写道："委员长说，我必须要求周同意：1. 取消中华苏维埃政府；2. 取消红军名义；3. 放弃阶级斗争；4. 愿意服从委员长作为总司令的指挥。要告诉周，他一刻亦没忘记改组国民党之必要。他保证将于三个月内召集国民大会……重组国民党后，倘若共产党尊其为服从总理，他将同意：1. 国共联合；2. 抗日联共联俄；3. 他将给汉卿发布手令，收编红军，收编人数将视其拥有武器之精良度决定。"

但张、杨23日上午的建议令宋子文大感意外。他们提出，由蒋介石出面，即刻在西安召集一由朝野各界官员名流大会，出席者应包括陈果夫、李（宗仁）、白（崇禧）、李济深、冯玉祥、孙夫人、韩（复榘）、宋（哲元）、刘湘、宋子文、张学良等。大会作出决议后，蒋介石才可离开西安。宋子文说："我对如此条件甚感失望，因为我了解南京方面的态度，他们不会接受。"他提出了不召开名流与政府官员大会反建议。

第六部分，宋子文拒绝组阁

当天，蒋介石让宋子文与张学良一道去见周恩来。周告诉宋，中共已原则上同意取消苏维埃政府及在中央政府的领导下作战。若蒋介石同意抗日，中共可不要求参加改组后的国民政府。"他们欲支持者非委员长个人，而系出于民族之大义。"23日下午，宋子文与张学良、杨虎城、周恩来就已开始讨论国民政府新内阁人选。

"彼等一再劝说由我组阁，但是，我告诉他们，出于政治及个人原因，我绝对不会领导现在之内阁，且亦不会参加。他们坚持让我执掌财政部，因为那样他们就会对获取其日常之开销有信心。他们对外交部长人选不能为亲日分子亦甚关切，我与他们讨论了几名人选，我建议由徐新六来担任，徐系一热情民族主义者，同时本人又未有如此多色彩，因而不会让日本人解释为：他的任命即意味战争之来临。关于军政部长，他们建议，此人不应有名无实，而应是委员长真正可倚赖者。因为亲日，交通部他们不想要张公权担任，而海军部他们亦不愿由

陈绍宽担任。"

第七部分，张学良、杨虎城发生激烈争吵

宋子文与宋美龄一道向蒋介石汇报了谈判结果。蒋介石答复：

一、他将不再担任行政院院长，拟命孔（祥熙）博士担任。新内阁绝不会再有亲日派。

二、返回南京后，他将释放在上海被捕之七人。

三、1．设立西北行营主任，由张（学良）负责。

2．同意将中央军调离陕、甘。

3．"中共"军队应当易帜，改编为正规军某师之番号。

4．中日一旦爆发战争，所有军队一视同仁。

四、1．派蒋鼎文将军去命令中央军停止进军。

2．将与张学良讨论双方共同撤军，在离开西安后，他将发布手令。

"我将上述答复交予张、杨及周，他们似甚为满意，次日上午，他们将召开军事委员会会议。当日深夜，周拜访了蒋夫人，同时他亦与委员长简单寒暄了几句。"

至此，"西安事变"看来已经和平解决。但24日上午，局势突然发生逆

转。首先是张学良的部下不同意在蒋介石未履行部分承诺的情况下就放其离开西安，其次是张学良为此与杨虎城闹翻。

宋子文记载，张学良和杨虎城发生了激烈的争吵，杨说："你发动了政变，在未获任何保证下，而今你竟允委员长离去，他定会让你我人头落地。"张说："我个人对政变负完全责任，如果我们接受他的领导，一切均会好转，若否，则尽可开枪将他打死。对其行动方针，难道还有其他选择？难道我们不想结束此等局面？"杨不满地离去。

第八部分，宋策划蒋介石秘密出逃

宋子文认为，"杨在西安城周有驻军九个团，他可用兵强扣委员长，故形势极为危险。张在城周仅有一团，遂命其部队做秘密准备，以防突袭。"

宋子文与张学良策划应急之策，两人讨论了将蒋介石秘密带到机场，突然离开西安的可能性。但后来"认为此举过于危险，因张之一举一动完全可能已处杨的监视之中"。他们最后商定："倘局面未有改善，我应动员蒋夫人于次日晨以力促延长停战期为由，先行返回南京。待入夜，我与张将携委员长乘车先至张的营地，然后由陆路前往洛阳。"

第九部分，周恩来说服杨虎城放蒋

25日，张学良继续与杨虎城谈判。周恩来在宋子文的陪同下面见蒋介石。据宋子文记录，"蒋称在'剿共'之所有岁月里，他一直记怀中共之领袖，他们许多人皆曾为其部下。既然他能对桂系施以仁怀，那他对中共亦一定能慷慨对待。他已委托张（学良）来改编红军，若红军对其效忠，他们将享受如胡宗南军队一样之待遇。在他充分休息后，周本人可亲赴南京，继续讨论。"

宋子文向周恩来提出，必须让蒋介石即速离开，因为"再行耽搁只能令局势进一步复杂，战端一开，难以平息。……""（周恩来）答应尽其所能，正是他最终说服了杨。"

蒋介石当天召见张、杨，说尽管他们做法系叛变行为，但他原谅他们。他所允诺之一切均会履行。宋子文与蒋一起动身前往机场，乘波音飞机离开西安，4时30分抵洛阳。宋子文的日记到此为止，引起中国和世界瞩目的"西安事变"终于和平解决。

第十部分，尚有三个附件未公开

宋子文档案中另有资料证明宋子文一直很关心照顾被软禁的张学良一家。1947年，东北闻人莫德惠专程到台湾探望张，宋子文打电报给台湾省政府财政厅长严家淦，要求台湾银行拨台币20万元给莫德惠，转交张。

而杨虎城就享受不到这种待遇了。杨虎城长子杨拯民于1944年底致电宋子文，恭贺他出任代行政院长，"家严虎城，自民国二十六年返国，即遭拘禁，迄今六载有余。今值世伯长政中枢，敢恳姑念旧谊，鼎力斡旋，俾其重获自由……"宋子文指示秘书说，这封电报不要回了。

遗憾的是，在宋子文日记中，原来曾附有三个非常具有史料价值的附件，即：附件A，宋子文第二次陪同宋美龄赴西安前南京方面交给他的一份停战条件；附件B，周恩来12月24日上午交给宋子文的中共方面所提出的解决"西安事变"办法的备忘录；附件C，宋子文12月23日下午与周恩来、张学良、杨虎城讨论新内阁人选情况的备忘录。但在公布的档案中，没有看到这三个非常重要的文件。

13

"西安事变"与张、杨的交往

人无信不立，天有日方明。

在西安，宋子文曾答应保证张学良今后的安全，并承诺西北军政继续由张、杨负责。

回南京，宋子文对张学良的侍从说："审判是个手续，五天内保证回西安，我姓宋的不骗人。"在张学良被囚禁期间，宋子文似乎存有恻隐之心，说"希望你多休息几年"。他关注被关押的张学良生活起居，要求戴笠将张学良的病情"逐日电示"。张学良夫人于凤至曾经同宋美龄结拜姐妹，在长期的囚禁生活中，积郁成疾。张学良的长子张闾珣，患了精神病。

宋子文对杨虎城说，出国考察"是最轻的处分，是经过研究的，对张、杨是有益处的。"杨虎城出访回国，宋子文与杨同住香港九龙半岛酒店，彻夜长谈，并交给杨一张由香港至长沙的机票。

蒋介石拒绝会见杨虎城。杨虎城先后被诱骗至武汉、南昌等地，被长期监禁，后来惨遭杀害。

目睹张学良、杨虎城两家如此悲惨境况，宋子文内心作如何感想呢？

南京鸡鸣山之巅，有一座幽雅的别墅，人称"北极阁"。白天，举目四望，可见"钟山如屏，大江如带，后湖如镜"之景观；入夜，俯瞰石头城，万家灯火闪烁，辉映着繁星点点，令人思绪万千。

北极阁是宋子文在南京的公馆。宋子文于12月26日返回南京后，同张学良一起在北极阁里度过了1936年的最后几天。

在蒋介石离开西安前，宋子文和端纳曾反复表示，保证张学良今后的安全。

这项诺言，几乎人所共知。宋子文在同西安方面谈判时，多次答应"西北

南京鸡鸣寺北极阁一号宋子文公馆

军政由张、杨负责"，这也是众人皆知的事实。但是，当张学良住进北极阁以后，立即被封锁隔离起来。军统特务在这所宅邸四周实施层层警戒，切断了张学良同外界的一切联系。

从外表看来，住在北极阁的宋子文和张学良都悠然自得。宋子文每天陪着张学良下棋、玩麻将、打网球，有时还陪张学良接待客人。

而实际上，宋子文此时的心情十分复杂，张学良内心更是充满了疑惑和幽怨。

宋子文回到南京办的第一件事，就是奉蒋介石之意，示意张学良应有来京待罪的表现。张学良随即写了一封向蒋请罪的信，并且表示："凡有利于吾国者，学良万死不辞，乞钧座不必念及私情，有所顾虑。"

蒋介石立即将张学良的信转呈国民党中政会和国民政府，略称张学良"已亲来都门，束身请罪……有尊重国法，悔悟自投之表示……应如何斟酌情事，依法办理，并特予宽大，以励自新之处，伏候钧裁。"

经过宋子文同意，张学良还给杨虎城发去一电报："杨主任虎城兄勋鉴：午后二时抵京，寓宋子文兄处，一切安善，请转告诸同志释念。学良。宥戌。印。"张学良盼望着西安回电，而事实上，他已经无法接到西安方面来的电文了。

宋子文回到南京办的第二件事，就是索还西安方面扣留的50架战斗机和飞行员等500人。

12月28日，宋子文约阎宝航到北极阁一谈。宋子文对阎宝航说："我与蒋夫人和张副司令已经商量好，请你去西安一趟，告诉东北军、西北军将领，张副司令几天内就回去。副司令有一封信带给杨虎城先生，让他把那批马丁飞机放回来。抗战时还需要这批家伙，不要损坏了。"宋又说："我已经从上海包妥一架飞机，明天你就动身。"

这样，阎宝航于29日衔宋子文、宋美龄之命由南京飞西安。阎宝航向杨虎城及东北军将领传达了宋子文的话，并且特别强调了宋子文所说的"张副司令几天内就回去"的承诺。于是，杨虎城等将领便很快将50架战斗机和飞行员等500人放回南京。

在短短的三四天时间里，宋子文示意张学良向蒋请罪，又索回被扣留的战斗机和飞行员，都达到了目的。但是，他的"张副司令几天内就回去"的承诺并没有兑现。

12月29日，国民党中常会第32次会议通过将张学良"交军事委员会依法办理"的决议，并内定组织高等军法会审，由李烈钧任审判长。

宋子文在得到即将组织军法会审的消息后，怀着十分复杂的心情，多次向李烈钧详细询问此案的意见，并且一再流露出"请求为张缓颊"的意思。在开庭审理前，宋子文也同蒋介石进行过交涉。蒋介石写给宋子文一封信，字迹很大，至少有三页多纸，大意是说五天后一定使张将军返回西安。于是，宋子文便对张学良的一名随从说："审判是个手续，五天内保证回西安，我姓宋的不骗人。"

然而，事实却是严酷的，并不是像宋子文说得那样轻松。

12月31日，军事法庭开庭审理，张学良被判为"有期徒刑十年"。继而，蒋介石又提出"请求特赦"。最后，国民党宣布"张学良所处十年有期徒刑本刑，特予赦免，仍交军事委员会严加管束。"这一纸"特赦令"，使张学良将军在"严加管束"的名义下遭到长期软禁！

宋子文已经无法在南京继续住下去了，他或许感到张学良受审出乎意外，或许觉得自己良心有愧，他离开了北极阁，于1936年岁末来到上海。

1937年初，在西安方面的一再请求下，宋子文同意面见蒋介石，请求释放张学良，结果受到蒋介石的冷落。

阎宝航在西安完成了宋子文交给他的使命后，迅速返回南京。由于北极阁室内空空，他又急赴上海。阎宝航向宋子文转达了西安方面迅速恢复张学良将军自由的强烈要求。

阎宝航很气愤地对宋子义说："事情变了，你们的保证落空了。东北军、西北军将领坚决要求非放回张副司令不可，你们有什么办法呢？"

宋子文沉默不语，似乎在沉思。

过了好一会儿，宋子文对阎宝航说："你要去奉化和蒋先生谈谈。"

说着说着，宋子义便拿起了电话。他同宋美龄通过电话后，对阎宝航说："蒋夫人也同意你去奉化见委员长。"

待宋子文说完，阎宝航立即表示："我一个人去能有什么用，你们对这件事负有道义的责任，不应推卸不管。"

此时，宋子文还想推辞，他说："请李石老（李石曾）陪你去好吧。"说完，他即用电话邀来了李石曾。

李石曾了解了此行的任务后，表示同意，但是他也坚持要宋子文同去。

在此期间，中共中央也派潘汉年为代表赴上海同宋子文商议，要宋子文实践在西安所说的"诺言"。

正是这样，宋子文勉强同意同阎宝航、李石曾一起乘专机飞向奉化。

蒋介石从西安回到南京后，为了表明自己对事变的责任，在1936年12月29

日向国民党中央呈请辞去行政院院长及军事委员会委员长职务，经国民党中央加以慰留，给一个月借资疗养。于是，蒋介石便于1937年1月2日由南京乘飞机去奉化老家溪口疗养。

宋子文一行来到奉化溪口，并没有立即得到蒋介石的召见，而是被安排在武陵中学。一住几天，宋子文还是不能见到蒋介石。

一天，在吃午饭时，宋子文忽然说："阎先生，你同李石老在这儿，我要回上海去，有必要时我再来。"

"这是怎么回事？没见过委员长，你怎么就要回去呢？"阎宝航感到迷惑不解。

李石曾从旁递过眼色："让他回去吧。"

宋子文走后，李石曾解开了这个谜团。李石曾对阎宝航说："刚才公馆来电话，说蒋先生不见他。"

过了几天，蒋介石虽然接见了李石曾，但是他在假意表示愿意和平解决"西安事变"善后问题的同时，却提出要接张学良到奉化。很快，张学良便被迁往奉化雪窦山。

雪窦山位于奉化溪口镇西北，山势陡峭险峻。王安石在雪窦山千丈岩观瀑诗云："拔地万重青嶂立，悬空千丈素流分。共看玉女织丝挂，映日还成五色纹。"尽管雪窦山的春色秀美，峰峦叠翠，鸟语花香。但是，张学良对此毫无兴致。军统特务头子戴笠亲自选派了20余特务对张学良严密监视，将张学良与外界隔绝，使雪窦山这座名胜古山成为张学良的幽禁地。

宋子文终于明白了蒋介石宣布对张学良"严加管束"的真实意图，他对如何使张学良获释的问题逐渐不再关心了。宋子文从奉化回到上海后，对杨虎城将军驻南京的代表李志刚说："目前情况张汉卿更不能回去了，许多人都要质问他，我已经问过蒋，这个要求绝不能办得到了。"

他还偷偷地问李志刚，李在奉化同蒋介石晤谈时"提出改组政府的要求没有？"因为，在西安谈判时，曾议定"由孔祥熙、宋子文组织行政院，宋子文负责并组织使各方面满意的政府。"这些谈判结果，在宋子文脑海中还有着深刻的印象，他对此事当然十分感兴趣。

"西安事变"以后，张学良先后被囚禁于南京陵园、奉化溪口、安徽黄山、江西萍乡、湖南郴州和沅陵、贵州修文和桐梓等地。

在张学良被幽禁初期，宋子文还有恻隐之心，有时还去探望张学良，同张学良在被囚禁地周围走走。宋子文、宋美龄有时还送些日用品、香烟名酒之类。

1937年春末的一天，宋子文和其弟宋子良在参加蒋介石亡兄蒋锡侯丧礼后，专程到雪窦山上看望张学良。在此之前，宋子文与蒋介石曾见过面，在对待张学良的问题上，他们还发生了激烈的争执。

宋子文的卫士段汉斌亲眼看见了张学良与宋子文的几次会面。他回忆说：宋子文、宋子良吃完午饭后，在蒋家派的一位向导带领下，步行了十余里，到奉化天目山的一座古刹里去看张学良。这座古刹据说是奉化最大的庙，光和尚就有20余人。古刹右侧有三间青砖造的瓦房，是蒋介石专门为囚禁张学良指令军统特务建造起来的。

宋子文一行来到古刹后，军统局的监视人员便把宋子文、宋子良带到屋子里面去了，几名卫士则在外面等候。大约过了一个多小时，张学良送宋子文、宋子良兄弟俩出来。只见张学良身体十分瘦弱，面容憔悴。张学良与宋子文分别时，咽喉哽塞，两眼泪汪汪的，宋子文也潸然泪下，跟随在张学良身后的赵四小姐更是泣不成声。

过了不久，宋子文再次来到溪口。张学良陪宋子文游览雪窦山，两人谈话非常随便，话题也很多，谈兴极浓。宋子文还在山上住了一夜，与张学良抵足长谈至深夜。次日晨，宋子文下山时，张学良与宋子文依依不舍。

对于蒋介石囚禁张学良，宋子文是十分气愤而又无可奈何的。宋子文曾对其亲信说："蒋介石对张学良这样处置太糟了，我苦谏几次，他都不听，真叫人伤心。"

宋子文对张学良讲："委员长希望你休息几年，闭门修养，研究学问。"然而，"休息几年"完全是骗局！张学良将军长期遭监禁，一直处在特务们的严密控制之下。

1941年5月，被囚禁在贵州修文县阳明洞的张学良患急性盲肠炎转为腹膜炎，不得已开刀割治，切除了阑尾。

7月11日，戴笠向在美国的宋子文报告。12日，宋子文复电："汉卿割治经过良好，甚慰。务请逐日电示病情，并祈饬属慎护为祷！"

同日，宋子文又致电张学良慰问，电云："顷闻兄患盲肠炎，割治经过良好，稍慰悬念。尚祈格外珍已。已请雨农逐日电告尊兄。嫂夫人安吉勿念。"本来，这则电文还有"未敢通知嫂夫人，恐焦念过度，有碍健康"之语，在发电前，被宋子文删去，可能是担心张学良反过来忧虑于凤至的健康，反而加重病情。

实际上，于凤至当时身体状况极为不好。张学良被囚禁后，即由于凤至相伴，流转各地。1940年，于凤至积郁成疾，患乳癌赴美就医。宋子文是不敢将于凤至的病情的真实情况告诉张学良的。

宋子文和戴笠之间有着比较密切的关系，宋要戴"逐日电示病情"，戴笠自然会领会。7月17日，戴笠由贵阳致电宋子文："震电奉悉。汉卿先生由盲肠炎溃烂变为腹膜炎，经割治后现已平复。自昨日起热已退清，精神甚佳。委座对汉卿先生病极关心。晚当慎护一切，请勿念。闻公盛暑过劳不适，至念，敬祝健康。晚笠。筱。贵阳叩。"

由于医疗条件不好，加之其他原因，张学良的病并未"平复"，而是日益恶化。迫不得已，又进行了第二次手术。

8月17日戴笠于重庆致电宋子文，报告说："汉卿先生创口脓尚未清，已续行开刀，但无妨碍，乞勿念。"

张学良患的这次病，动了两次手术，拖了好几个月。宋子文似乎也有点着急。1942年1月26日，宋子文致电戴笠："汉兄病况，盼示。"短短六个字，流露出宋子文对张学良的关切之心。

由于蒋介石的迫害，张学良一家祸不单行，在张学良患病期间，他的长子张闾珣在伦敦得了精神病。于凤至致函国民政府驻英大使顾维钧，顾维钧竟不复电。

8月20日，宋子文致电顾维钧："汉卿长公子马丁，入牛津精神病院。其弟在伦敦，请询病状，可送美否？请复示。"

22日，顾维钧复电宋子文，表示不同意送张闾珣赴美医治。顾维钧称："马丁在医院，一时尚不能出。医曾证明，有精神病，恐到美不便。其弟在飞机厂事忙，昨甫获晤。彼以暂留就医为宜，并拟辞去飞机任务，可专照顾乃兄。倘在美预为商洽，特许登岸，彼当伴送，汉卿夫人函迟为复，祈代致歉，容另告。"

当时，于凤至夫人的健康状况也不好，因此，宋子文和张学良的女儿张闾瑛商量后，决定对于凤至保密。

1941年，张学良夫妇（右一、右二）在贵州黔灵山麒麟洞与监视他的人合影。

11月12日，宋子文致电戴笠："汉卿长子，入伦敦精神病院。因张夫人病，迄未复原，商得其女同意，暂不转达。闻汉卿现在重庆，不知确否？近体如何？请兄将此事，先告四小姐，酌量情形通知汉卿，其夫人心神亦颇瞀乱，最好有一信来，以资安慰，盼复示。"宋子文既要关注在重庆被关押的张学良，又对曾经同宋美龄结拜过姐妹的于凤至极为怜悯。目睹张学良一家如此悲惨境况，宋子文心中大概总有些愧疚吧。

同年12月4日，张学良的女儿张闾瑛结婚。宋子文特地于3日致电戴笠，请他转告张学良。电文说："汉卿女子函告，得母同意，于本月4日与陶鹏飞君结婚，请便中转达。"由于此电是经戴笠之手转达，戴笠是否及时告诉张学良，这就不得而知了。

1946年11月，蒋介石密令特务将张学良押赴台湾。

宋子文在"西安事变"期间所说的"保证张学良今后的安全"，答应的"西北军政由张、杨负责"的条件，完全没有兑现。

蒋介石在软禁了张学良将军以后，又逼令杨虎城辞职"出洋考察"。宋子文积极参与了逼杨出国"考察"的活动。

1937年3月，宋子文对十七路军驻南京代表李志刚说："委员长病好了，腰也不怎么痛了，愿与杨见面，并且表示期望杨自动去看他，不提是他要见，以为这样见面，最能恢复感情。"李志刚将这番话转达给杨虎城，杨虎城听完后并未理睬。后来，顾祝同也说出了同样的话，杨虎城才意识到这就是"命令"，才同意与蒋见面。

3月中旬，杨虎城将军赴杭州会见蒋介石。宋子文参加了这次会见。

蒋介石在同杨虎城谈话中首先自我吹嘘一番。他说："我向来对人宽大，不记旧怨，以往对人，你们是全知道的，不必多说。"蒋介石虚情假意，是企图麻痹杨虎城一行。

接着，蒋介石居心叵测地说："在事变中各级人员（指蒋介石的亲信），对你是有不满情绪的，这是一时转变不过来的，你继续任职，在情感上有些不便，不如先往欧美参观一个时期，回来再任职，出国费用可由公家负担，启行的时期也不必规定，可以从容准备……"这是蒋介石、宋子文会见杨虎城的主要目的，这就是企图用通过逼迫杨虎城"出国考察"，来解除杨虎城对东北军和十七路军的控制，达到迫害张学良和杨虎城的目的。

杨虎城早就料到蒋介石会对他下毒手，但只有当面答应"出国考察"。

杨虎城回到西安后，并不准备"出国"。他认为，抗日战争即将全面爆发，一旦抗日战争爆发，他就不必出国而可以直接在国内参加抗战了。

为了催促杨虎城出国，宋子文对李志刚说："这是最轻维持纪律的处分，是经过研究的，对杨是有益的。"他还要李志刚向杨虎城详加解释。

在蒋介石、宋子文的一再催促下，杨虎城不得不离开西安，在上海西爱咸思路宋子文公馆住了一段时间，等待着办理出国手续。

1937年5月初，宋子文几次对李志刚说："蒋催杨起身。"

李志刚答复说："杨病尚未愈，不能立即动身。"

这时候，十七路军的一位旅长以黄埔学生资格来南京见蒋，陕西省银行经理李维城等代表地方人士到上海见宋子文，同时十七路军的军长、师长、旅长孙蔚如、赵寿山、孔从洲等电蒋，分别请求准杨缓行，但全没有得到结果。

在蒋介石、宋子文的一再催促下，杨虎城不得不填写了两份表格，其中包括出国参观考察的项目、范围和往美、英、法、瑞士等国行程计划，并且写了两份报告，一份送南京军委会办公厅，一份送南京政府外交部，办理出国执照。蒋介石批给杨参观考察费十五万，由宋子文派人换成英币。同时，宋子文还派了一名姓王的翻译随同杨虎城出国，负责为杨经办官场交际和翻译事项。

杨虎城将军一行于6月29日由上海乘美国"胡佛总统"号客轮东渡。在杨虎城出国考察期间，宋子文一直同杨虎城保持着通信联系，向杨虎城通告国内的形势和南京政府的态度。

卢沟桥事件爆发后，宋子文于7月10日和11日，连接自上海致电杨虎城。第一封电报说："卢沟桥战事已停，目前不致扩大，如有变化，当续告。"第二

杨虎城

封电报却说"卢沟桥战事停而复作，敌由关外调来大队，我方已准备作战。"

接到第二封电报后，杨虎城经过一番思虑，回电宋子文："两电均敬悉。日寇进迫，国将不国。噩耗传来，心中痛愤。弟为革命军人，何忍此时逍遥国外。拟由旧金山返国抗敌。乞转陈中枢（蒋介石）。"同时，杨虎城还致电南京政府，请求准予中止考察军事，返国抗敌。

7月14日，宋子文致电刚刚到达旧金山的杨虎城，说："依目前情势，请杨将军稍缓返国。"看完宋子文的电报，杨虎城沉默了，十分不快。

为了表示返国杀敌的决心，杨虎城于16日专报南京政府，请求准予中止考察军事，返国杀敌。另外，又致电宋子文，表明决心，希望他能从旁促其实现。

7月22日，宋子文复电杨虎城，仍请他暂留美国，或先赴欧洲。等中日宣战，再由中央电召回国。次日，杨又接蒋介石电，要杨将军继续考察。

这样，杨虎城将军已经明确目前回国完全不可能，只得继续在国外"考察"，进行抗日宣传活动。

在杨虎城访问纽约和欧洲时，宋子文数封电报都无意请杨回国。8月4日，宋子文致电杨虎城："（阎）百川、（白）健生等已赴京，大战将开始。"8月13日，宋致电杨："华北已发生激战。"

一方面，蒋介石、宋子文等人不让杨虎城回国，另一方面，国民党在欧洲的党务、外交以及留学生等系统的头目，对杨虎城持敌视态度，造谣谩骂，无所不至。国民政府驻法大使甚至避而不见。

当杨虎城在巴黎世界学生和平露营及在马德里讲话之后，何应钦曾有电报说："德驻英大使借口兄在西班牙发表'左倾'言论，又极力攻击我国，祖护日本。请兄在外言论特别注意！"

为了返回祖国，杨虎城三次致电蒋介石，蒋均置之不理。在迫不得已的情况下，杨虎城遂电宋子文询问。宋子文复电说："兹值全国抗战，各方同志均纷纷集合，共赴国难，兄虽未奉电召，弟意宜自动回国"等语。

杨虎城随即给宋子文拍发了一个电报。这次电文较长，二百多字，着重叙述了他出国近五个月来的抗日宣传活动情况，并对宋子文的关怀和帮助表示深切感谢。同时，也给蒋介石发出电报，述明归国行程。但是，杨虎城一直没有收到蒋介石和宋子文的复电。

1937年11月26日，杨虎城偕夫人谢葆真、幼子拯中，乘法轮"哲波利"号到达香港，马上就被国民党特务跟踪监视，失去了自由。

宋子文于11月29日由上海来到香港。当晚，宋子文即来到杨虎城所住的九龙半岛酒店，与杨同住一楼，并同杨作了彻夜长谈。

第二天，宋子文交给杨虎城由香港全长沙的飞机票一张。

当时，蒋介石曾由南京来电要杨虎城赴南昌相见。戴笠也致电杨虎城"约至长沙会同赴赣"。而当杨虎城赴长沙后，又被诱骗至武汉、南昌，蒋介石根本没有接见杨虎城。杨虎城将军受到了监禁。

后来，杨虎城将军被辗转移往长沙、益阳、贵州息烽山以及四川渣滓洞中美合作所等地，被长期囚禁。1949年9月6日新中国成立前夕的重庆，杨虎城将军被特务用匕首杀害于中美合作所的松林坡。杨虎城次子、幼女和《西北文化日报》社社长宋绮云夫妇及其幼子亦同时被害。杨虎城的夫人谢葆真在狱中被折磨致死。

宋子文 全传

Biography of Song ziwen

14

为抗日奔波

兄弟阋于墙，外御其侮。

七七事变后，在抗日民族统一战线旗帜下，曾分道扬镳的宋家姐弟也走到了一起。

宋子文与宋庆龄一起参加了国际反侵略大会中国分会，从事抗日救亡活动。随后，宋子文多次出使美国，洽商美国军事援华。

美国通知暂时停运援华物资，宋子文对此极为愤慨，当即表示："既然如此，我们在此已失去效用，当令在美有关机构关闭，所有人员立即回国。"

中美关系顿时乌云密布，一时紧张起来。

1937年7月7日夜，日本华北驻军故意挑起事端，炮轰卢沟桥，中国军民忍无可忍，奋起自卫，从此揭开全国抗战序幕。

卢沟桥的炮声震醒了全国人民，中华民族同仇敌忾，各党派各界各军携手并肩集合在爱国主义的旗帜下，举国一致，共赴国难。7月17日，蒋介石在庐山发表谈话，表示"抗战到底"。从此国民政府走上了比较积极的抗战道路。

在国民党统治集团上层人物中，宋子文不仅是较早认识到日本侵略扩张是中华民族最直接、最主要和威胁最大的敌人，而且在对日态度中一直被朝野视为抗日派和强硬派的代表。七七事变后，宋子文一方面公开表明"即使沿海与黄河以北均告不守，中国政府亦不愿与日本休战"的坚决抗战立场，一方面利用他在国民政府和社会上的特殊地位，积极从事抗日救亡的实际斗争活动。

维持战时财政金融。1933年10月，宋子文辞去了行政院副院长和财政部部长职务，并在同年4月交出了中央银行董事长大印。但仍担任着全国经济委员会常委，中国银行董事长、中央银行常务理事等显要职务，对财政金融和经济领域重大事项继续起着举足轻重的作用。抗战爆发时，孔祥熙正以特使名义在英国参加英皇加冕典礼，国内财政和金融的重要措施，就由宋子文主持。战争爆发后，沿海地区很快陷入敌手，国家财政收入两大支柱（关税、盐税、统税）之一的关税受到严重打击，国家收入大幅度减少，而军费支出却急剧增加，每日军费至少要500万，全年需18亿元，超过实际收入三倍多。宋子文为支持军需维持战时财政，推出三项重要措施：

一是鉴于当时全国人民的意志激昂，宋子文认为民气可用，决定发行救国公债5亿元，年息四厘。规定自1941年起分30年还本付息。发行时宋子文到处宣传"有钱出钱，有力出力"，并出面组织"劝募委员会"公开劝募，现金及有价物品均可应募。国民政府以后又陆续发行过战时公债。据民国政府财政部发言人在重庆招待外国记者透露，截止到1938年12月，抗战以来共举国债15亿元，合美元4.5亿元，英镑9100万元。虽然到1948年9月，国民党政府发行"金圆券"时，公布了所谓《法币公债处理办法》，规定救国公债债券照票面加13000倍，再按法币300万兑金圆券1元的比率折合偿还，使债券持有者遭受到很大损失，但在当时对维持战时财政起到了一定的积极作用。

二是成立"四联总处"。抗战爆发后，宋子文面对全国金融、经济恐慌的严峻形势，认为必须尽快从平时经济转入战时经济，统一全国的经济力量，建立战时经济体制，以适应战争对人力、物力、财力的巨大需求。宋子文既是中国银行董事长，又在孔祥熙出国未归时以常务理事处理中央银行事务。他利用自己这种特殊身份，联合交通银行、中国农民银行，于1937年7月27日，在上海合组四行联合"贴放委员会"，联合办理战时贴现和放款事宜，以救济银行、工商各业。八一三事变后不久，宋子文又策划中央、中国、交通、农民四大银行在上海成立"四行联合办事处"，简称"四联总处"，以加强国家银行的联系和协调，集中资力协助政府应付危局。"四联总处"以后又从上海迁至武汉再至重庆，并进行了多次改组，最后由蒋介石担任主席，熔财政金融及经济为一炉，成为战时金融和财政政策的最高决策机构。1939年经国防最高委员会核定、由国民政府颁布的"战时健全中央机构办法"中，就明文规定凡战时财政金融政策以及经济筹划均由四联总处决定，这些举措在抗战救国总的目标上都无可厚非。

三是集中外汇，加强控制。七七事变后，国民政府立即采取金融措施，并与外国银行订立君子协定，采取限制提存的办法，避免大量提取存款，以减少外汇购买力，保持外币汇率平稳。由于采取了以上措施，财政困难有所缓解。

在此期间，宋子文还于1938年5月24日，从汉口飞往广州，以全国经济委员会常委身份，与余汉谋、吴铁城、曾养甫等广东省官员共商稳定广东金融，增加财政收入的办法。而当时正是日军轰炸广州的时候。宋子文在维持战时财政金融方面所做的有益努力，得到有志于抗日救国人士的赞赏，一些外国驻华使节也称道不已。英国大使卡尔就于1938年4月、7月两度向蒋介石建议，由宋子文取代孔祥熙出任财政部长，全面负责谋取外国援助和国内战时财政金融上的方针政策。蒋介石虽然没有采纳卡尔大使的建议，但对宋子文在维持战时财政金融方面所采取的措施比较重视。1939年7月、12月，蒋介石两度致电，把宋子文从香港召到重庆，与孔祥熙等共商金融问题和"擘画四行总处方针"。

　　　1937年救国公债

呼吁国际同情中国抗战。宋子文担任了国际反侵略大会中国分会会长，他在加强与世界各地爱好和平、反对法西斯的组织和人士联系，争取国际社会同情和援助等方面，也做出过积极的贡献。1936年9月，在比利时首都布鲁塞尔成立了"国际反侵略运动总会"，会长为英国人薛西尔爵士，副会长为法国人哥特。为了争取世界上一切爱好和平反对侵略势力者的同情和支持，动员国内广大的民众参加保卫世界和平，反对日寇侵略的运动，中国各界群众和人民团体于1938年1月23日在汉口市商会成立了国际反侵略大会中国分会。大会通过了分会章程、宣言和《告世界人民

宋子文与宋庆龄在上海

书》。大会选出宋庆龄、毛泽东、宋子文等72人为名誉主席团成员；朱家骅、周恩来、董必武等139人为分会理事，并决定派宋庆龄、胡适、吴玉章等19人出席2月11日在伦敦召开的国际反侵略大会。

国际反侵略大会中国分会成立后，积极开展抗日救亡工作。一是组织武汉各界从2月6日至12日开展了国际宣传周。宗教、妇女、青年、农工、商人、文化、儿童各界分别在自己的宣传日开展宣传活动。二是向世界人民揭露日寇罪行。全面抗战爆发后，日本帝国主义利用空中优势，对中国实行疯狂轰炸。据上海文化界国际宣传委员会1938年6月30日发表的统计资料，自1937年7月至1938年6月底，日机对中国江苏、浙江等16个省，257个城市，18条交通线共275处，出动飞机16710架次，进行了2472次轰炸，投弹33192枚，炸死居民16532

人，炸伤21752人，破坏外国在华机关17次，炸死外国人77人，伤25人。1938年6月以后，日机又连续轰炸广州等中国不设防城市。为了揭露日寇的罪行，1938年7月22日，蒋介石致电世界反轰炸不设防城市大会，谴责日机轰炸广州及其他城市，呼吁大会采取措施"保卫老弱与非武装平民之安全，并促进国际间之和平与秩序"。同日，宋子文、邵力子也以国际反侵略大会中国分会正、副会长名义致电反轰炸大会，要求各国采取集体行动，制止日军暴行。

宋子文、邵力子的呼吁得到国际社会的同情和支持，产生了积极的影响。7月24日，国际反轰炸不设防城市大会通过了反对轰炸不设防城市之决议，呼吁各国加以制止，并主张按国际公约援助中国，抵制日货，停止以军火供应日本，反对与中国独立、主权及领土完整相抵触的解决中日战事的办法。三是在汉创办《反侵略》周刊，1938年9月3日《反侵略》周刊在汉口创刊。集中载文介绍，论述世界侵略与反侵略斗争的情况，特别是中国战场。周刊第一卷第二期刊载冯云祥《为国际反侵略运动打先锋》一文，热情歌颂了我国人民一年多

　宋子文在美国接受加州大学荣誉法学博士时致谢辞。

来英勇斗争做出巨大牺牲的事迹，对动员民众、坚定胜利信念起了积极影响。

参加保卫中国同盟。1938年6月，宋庆龄和尼赫鲁·罗伯逊、冯玉祥等中外著名人士联合在香港发起组织保卫中国同盟，旨在鼓励全世界爱好和平的人士进一步以医药、救济物资支援中国抗战。宋庆龄亲自担任主席，廖承志为秘书长，廖梦醒为办公室主任，柳亚子的女儿柳无垢为秘书、邓文钊为财务主任，办公地点设在香港西摩道英国爵士府邸旁边的一座楼房里，并出版了《保卫中国同盟》通讯。当时宋子文因中国银行由上海迁往香港而住在德辅道广东银行楼上。在宋庆龄的影响下，他参加了保卫中国同盟并担任会长职务，姐弟俩在1927年分道扬镳后又重新携手并肩走到一起来了。然而当1941年国民党制造皖南事变，宋庆龄和何香凝等联合通电谴责蒋介石时，宋子文为维护国民党集团利益，在美国发表《关于退出"保卫中国同盟"的声明》。宋子文在声明中说：当我接受保卫中国同盟会会长一职时，是基于这样一种认识，即同盟将致力于向国内外朋友募捐物资，以援助中国的抵抗力量和帮助受日本蹂躏的平民。宋子文退出同盟的借口是"同盟不应该变为国内政党的工具。既然同盟未征得我的同意，就在它的新闻通讯上刊登这类性质的文字，我很遗憾，我必须离开它。"宋子文在关键时刻又一次背弃了他的二姐，从此，宋庆龄和她的兄弟姊妹们再次分道扬镳了。

1940年6月，宋子文以蒋介石"私人代表"身份出使美国，美籍顾问杨格随行。当他乘坐的泛美航空公司的"飞箭"式飞机抵达旧金山转道华盛顿时，记者们问他去华盛顿是否为谈判军事贷款。宋子文巧妙地回避了这个问题，回答说："但愿如此。其实，是为了私人事务……战争使日本人消耗了大量人力、物力。中国坚持得相当好，军队的士气和人民的斗志仍然非常旺盛。在工业方面，我们在战争条件下尽可能继续生产。当然物力比人力更缺乏"。

知道底细的人其实都明白，宋子文这次出使美国恰恰是顶替陈光甫继续谋求美国的军事、经济援助。抗日战争爆发后，南京国民政府最初的对美政策是促使美国联合英法出面，调解中日争端，尽快地通过外交途径结束战争。美

宋子文偕夫人张乐怡访问美国时，会晤加州州长华伦。

国在远东地区有着重大利益，并且是可能卷入远东战场的国家中唯一有实力向中国提供帮助和援助的大国。因此，国民政府重新调整了对美政策，把争取美国对中国的大量军事、经济援助，作为战时外交政策的重要内容。提出"我于外交、军事、经济各端，莫不集目标于华盛顿"的对美关系准则并竭力付诸实施。

1938年9月17日，国民政府特意任命素称美国之友的胡适，接替王正廷为驻美全权大使，兼顾借款、购械、宣传、募捐等具体工作。当时胡适正在欧洲参加一个学术会议，孔祥熙发电催促胡适直接从欧洲到美上任，并寄予很大期望。电称："（适）此次赴美，国家前途利赖实深。列强唯美马首是瞻，举足轻重，动关全局，与我关系尤切……务希设法运用促进"。同时，国民政府还委派美国财长摩根索所信赖的上海商业储蓄银行总经理陈光甫以"国民政府财政部高等顾问"的头衔上美国活动，协助胡适请求美援。

胡适、陈光甫在蒋介石、孔祥熙的授意下，开始与美国财长摩根索等人借款谈判。1938年12月25日，经过美国国务院及商业部协商，罗斯福总统批准，第一笔借款谈判——桐油借款成立。1939年2月8日，中美正式签订协定。双方协议：由美国进出口银行和中国世界贸易公司出面，美国给予中国2500万美元的商业贷款，用以购买美国商品，不得购买军火、飞机、汽油等重要工业品；中国则以22万吨桐油分五年运美出售，以售款偿还本息，由中国银行担保。

中美桐油借款成立后，国内法币汇率剧跌。国民政府急令胡适、陈光甫设法活动，请美国向中国提供7500万美元现钞，帮助维持法币。1939年9月8日，胡适去白宫恳请第三次贷款，保证用滇锡作抵，罗斯福让他去与摩根索商谈。同年10月，陈光甫开始与美财政部谈判，但进展缓慢。直至1940年3月7日，美国政府才宣布从援助芬兰的贷款中划拨2000万美元给重庆国民政府，规定年息4厘，还期7年，售锡得款可以"自由支配"。4月20日，中美双方正式签订《华锡借款合约》，款额2000万美元，中方以4万吨一号九九成色的滇锡为抵押。

陈光甫在完成第二次借款后，便托病告退回国。临行前，他奉劝蒋介石："今后抗战必须基于自力更生之原则"，"我先自助，人方助我。否则，求人之事难若登天。"陈光甫的苦口婆心打动不了蒋介石全面依靠美国之心。1940年6月14日，蒋介石在致美国罗斯福总统函中说"因世界局势之剧变，余觉有与阁下交换意见并请界予援助之迫切需要。因余不能亲来承教，特派宋子文先生为代表，前来华府晋谒，彼固为阁下素所熟悉者。余已授子宋先生代表中国政府在美商洽一切之全权，彼受余之完全信任，且其对国内之情形与对外之关系完全明了。敬请阁下惠予亲切之洽谈，一如与余私人接触者然，不胜企盼"。

宋子文、张乐怡夫妇抵美后，最初住进了华盛顿俯瞰石溪公园的黄砖肖姆旅馆两间一套的房间。宋子文此行的目的是要赶在罗斯福下台之前得到尽可能多的援助，然而自从第二次中美借款完成后，美国即不愿再借钱给中国。尽管宋子文到美后无日不在洽商进行中，唯因美国专心注意英国战事，加以准备人选，各部又缺乏联络，"而政府要员于暑期中常不在京，以致迁延时日"，借款之事短期内难以达成协定。于是宋广文考虑在美逗留时间要比预料的长，便从肖拉姆旅馆搬到了马里兰州切维蔡斯市一个上流社会居住区，住进了康涅狄格大街尽头的一座小房里，"仍抱最大耐心，积极向各方面进行，冀收实果"。在这里，他同张乐怡定期宴请政府内阁成员，联邦贷款局长琼斯、财政部长摩根索、进出口银行的皮尔逊都是这里的座上宾。"功夫不负有心人"，当年9月，外界有了传闻美将贷款的消息。果然不久，美国政府宣布可以钨砂为抵押，借款2500万美元予中国，供中国政府外汇之需要。10月22日，宋子文代表政府签字，李干代表中央银行签字，在华盛顿与美国进出口银行签订《钨砂借款合约》。该约规定：美国于本年内贷予中方2500万美元，年息4厘，分5年偿清。美方购买价值3000万美元的中国钨砂，以其"净收入"为借款担保。宋子文在当日呈蒋介石电报中特别提到："琼斯此次帮助不少"，请用英文明码致其书面谢电一份。

1940年11月29日，也就是日本与汪精卫签订日汪基本条约的前一天，罗斯福要求摩根索再安排一项5000万美元的贷款帮助中国稳定币值。宋子文告诉摩根索：蒋介石需要2亿至3亿美元，但目前可先予1亿美元，并要求美方立即宣布。宋子文的要求得到了美国务院的支持。美国政府于30日中午宣布给予中国1亿美元贷款。在未宣布前两小时，财政部部长摩根索问宋子文可否稍缓数日公布，其用意是想待条件谈妥后再行公布。宋子文很着急地对摩根索说："我国经济状况，本已竭蹶，加以本日敌已承认汪伪组织，势非大借款无以挽此危局。"《生活杂志》对美国人说这笔款是这一年最有利的交易。"中国为1亿美元答应把112.5万名日军牵制在战场上，让日本的庞大海军继续封锁中国海岸，使侵略者对邻近的美国势力范围的进攻放慢了速度。按照这种价格，这笔买卖是非常合算的。"美国驻华大使詹森直截了当地说："如果没有这笔贷款，重庆政府将会垮台"。

这笔贷款分为各5000万美元的两个部分：一部分由皮尔逊的进出口银行提供，用于支付中国从通用汽车公司和其他公司购买的粮食、汽油、坦克和卡车；另一部分由摩根索的财政部提供平准基金，用来帮助中国稳定币值。开始美国财政部只准备实际支付3000万美元借款，其余2000万美元由孔祥熙1937年

7月所订以黄金作抵押的借款补足。宋子文在12月1日与美财政部官员谈话时得到这个消息后，当即声明：如果这次平准借款不能实借中国5000万美元，就是政府公开接受，我个人也不愿接受。因此，当晚不欢而散。3日，美财政部经慎重考虑决定采取宋子文的主张，实借5000万美元，并打电话邀请他开始洽商条件。为了管理这笔巨款和处理由此而来的复杂交易，宋子文着手在纽约设环球贸易公司，在华盛顿设立中国防务补给公司，这笔资金运转程序是先由中国防务补给公司提出要求，后由环球公司出面用来购买军用物资，再后将这些物资经国际补给线运抵中国。

在美国宣布贷款1亿美元的同时，英国政府也宣布对华贷款1000万英镑。蒋介石闻讯不满，要宋子文从美国前往英国力争贷款2000万英镑。宋子文没有听蒋介石的话，拒绝到英。理由有两点：一是美国1亿借款虽然已经发表，但钱还没有到手，而手续纷繁复杂，一时难以离开；二是初到美国时四处碰壁，毫无办法，最近两个月，才有门路，如这时离美赴英，则难循此路线进行。因此蒋介石也鞭长莫及，2000万英镑借款，洽谈逾月，毫无进展，最后英方只借1000万英镑。

1941年2月4日，中美合订《金属借款合约》，美方收购华锡等军用原料6000万美元，美方由进出口银行借款5000万美元，2500万交现款，不限用途，2500万贷款随用随支，条件是年息四厘，7年偿清。同年4月1日，宋子文代表国民政府，李干代表中央银行，与美国、英国同时分别签订《平准基金协定》，英美两国分别贷予中国5000万美元，500万英镑以支持法币，稳定法币对美元、英镑兑换价格。这是自抗战以来，中国获得的最大一次英美贷款。5月6日，罗斯福宣布《租借法案》适用于中国，美国拨给中国总值为2600万美元的物资。

太平洋战争爆发后，美国对中国的借款大大增加，合计为5.5亿美元。整个抗日战争中，中国获得美国借款8次，共7.508亿美元及大量物资援助。这一方面为国民政府克服抗战后期出现的财政危机，坚持抗战到底提供了物质基础，另一方面，又在巨额贷款和大量租借物资的名义下，便利了美国从财政、经济、军事、政治各个方面控制国民政府。在借款方面，宋子文是出了力的。

在太平洋战争爆发前，蒋介石要求美国扩大对华经济援助的同时，一再电令宋子文呼吁美国政府增加军事援助，尤以空军为重。抗战初期，日寇有作战飞机2000多架，中国则不到500架，且缺乏弹药，中国在空军方面远远落后于日本。当时日军完全掌握了中国战场制空权，肆意对中国大后方狂轰滥炸，陪都重庆也难幸免。中国空军虽几经整补，又由苏联提供了近千架飞机，仍不敷使用，空军作战人员十分缺乏。1940年7月10日，蒋介石叮嘱宋子文向罗斯福提出从美国出售法国的各种飞机中，转让最新型驱逐机300架，远距离重轰炸机50—100架给中国。理由是每次我军之所以不能得到最后胜利完全因我空军数量对日不及百分之一，若能以飞机特别帮助中国，则抗战必能加速胜利。9月27日，宋子文要求重庆国民政府速告所需飞机种类、数目，发动机式样、机关枪、小炮等数目，并饬请美国退役上尉军官，担任中国空军战术指导的陈纳德拟定一个训练中国飞行员大纲，由美国协助训练飞行人员2000名，一部分由华侨中挑选，另一部分由国内初级飞行毕业者中选送。10月，蒋介石派陈纳德到华盛顿协助宋子文一道工作，具体洽商购买飞机事宜。陈纳德花了许多时间与宋子文及宋的朋友们一起拟定一个采购清单，并设法从各个渠道购买战斗飞机。

1940年12月9日，宋子文对摩根索财长说：中国需要500架飞机。摩根索回答说，这等于要500颗星星。因为美国已经许诺向英国提供大批战斗机和轰炸机。英国一次就向美国订购14000架，不久又请求美国政府添购12000架，而美国飞机生产产量有限，各厂订货均超过1941年底。

宋子文为说服摩根索，便将空军说帖递给摩根索阅示，力陈中国若能得到500架飞机就能牵制日军1500架飞机，遏制日陆、海军南进攻击太平洋群岛的利害关系，终于打动了摩根索，建议宋子文转告蒋介石，如中国空军即行轰炸东京、大阪的话，他可向罗斯福请示，从英国所订已制成最大最新式的72吨轰炸机，俗称飞行堡垒，拨给中国若干架，并可搭配若干架驱逐机保卫空军基地。宋子文随即向蒋介石报告并吹嘘，"自文东日（即1940年12月1日）为维持法币借款实数事与毛财长力争后，毛态度反加亲善，真所谓西洋人脾气"。

嗣后，宋子文、陈纳德和航空委员会副主任毛邦初加紧在美活动，购机之事进展较快。美国参、众院议员，币制度量表组主任Somers透露，美国财政部拟建议今后美国每厂出飞机100架，美国分45架，英国分40架，中国分15架。12月20日，宋子文等人再次与摩根索财长洽谈，摩根索答应，美可先让购飞行堡垒12架，条件是1941年2、3月间轰炸东京。驱逐机因生产不够分配，尚须待筹划。24日，宋子

克莱尔·李·陈纳德，抗战时期美国援华空军飞虎队队长

文前往拜访美国海军部长诺克斯。诺克斯告诉宋子文经海、陆、财、外四部会商，可同时让购驱逐机100架。

1941年元旦，摩根索约见宋子文、陈纳德，正式答复说，飞行堡垒经陆、海军两部研究结果，如无足够的驱逐机掩护不便使用，暂时搁置。可先让购P40式驱逐机100架，配件俱全。它们是由美国柯蒂斯——赖特公司制造的一种体积小、速度慢的战斗机，英国人嫌这种飞机已经落伍，而希望得到型号较新、速度较快的美国飞机，他们将获得更好的飞机。

三个星期后，第一批36架飞机整装待运。宋子文考虑到当时国际情形严峻，担心由太平洋运华，有被敌机截获的危险，取道大西洋又怕德飞机轰炸。为求稳妥办法，宋子文便雇用了曾将"沃尔蒂"飞机卖给宋美龄的威廉·波利。波利建立了一个"中央飞机制造公司"，负担承运工作。这批飞机先用板

条箱运到缅甸仰光海口，然后进行装备。主要用来掩护滇缅公路的车队和保卫重庆。

中国空军飞机缺乏，训练有素的飞行人员更是奇缺。宋子文开始招募美国空军志愿来华人员的外交活动，以加强中国空军。

1907年美国制订的一项法律规定，"宣誓效忠任何外国"的美国人将被剥夺国籍，因此，要招募美国作战飞行员为中国驾驶飞机而又还不违背这项法律并不是个简单的问题。美国务院1936年曾搬出这项法律，把它当作制止美国人去西班牙作战的武器。如果现在要到华盛顿公开招募航空队飞行员，难免引起国内外纠纷与注目。

宋子文等经过与摩根索等人商谈，建议采取由军部默许，在现役中以高薪聘请，外交部准其出国，但不执行美军部命令的办法。1941年4月15日，接受了宋子文所提要求的罗斯福悄悄地答应下一道行政命令，允许军事人员辞职，同波利的中央飞机制造公司签订合同，参加陈纳德组织的美国空军志愿队，到中国与日军作战一年，此后他们还可以重新回到他们原来在美国军队的岗位上。招募人员到陆军、海军和海军陆战队的基地去征订合同，答应给每个应征者月薪750美元，外加旅行津贴，住房和每年30天薪饷照发的假期。中央飞机制造公司同意每击落一架日军飞机发给500美元奖金。美国政府为到中国参战飞行人员换发了新护照，把他们的身份写成旅游者、学者、推销员、演员、银行家和传教士。为了尽可能表示是"民间事业"，陈纳德担任了中央飞机制造公司的"监理

宋子文的弟弟宋子安于1941年12月20日在旧金山和吴继芳结婚。

人"，志愿队飞行员则作为该公司担任飞机制造、修理、管理任务的员工。

其后，招募来的第一批人员，于7月10日由旧金山乘荷兰轮船前往新加坡。他们扮成学生、音乐家、农民等各种不同的身份，但消息还是被日本情报机关所侦破。日本在广播中恐吓道："美国的空军志愿队已经起程前往中国作战，但这艘船永远到不了中国。"因此，宋子文乃请美国海军派指两艘巡洋舰护送到夏威夷，再由荷兰军舰接任护送到新加坡。然后转到前往缅甸仰光北方约270公里的开道飞机机场集合，于1941年8月1日，正式成立了美国空军志愿队，共三个中队，有飞行、地勤人员270余人，飞机125架。

志愿军队在经过短期训练后不久，便开始对日作战。1941年12月20日，美国志愿大队的飞行员利用P40战斗机在昆明上空沉重地打击了三菱公司生产的kj—21型双引擎轰炸机，迫使日本飞机狼狈逃回河内基地。在以后几个月里，志愿队因功绩卓著而闻名于世。昆明的群众根据志愿飞行队所有飞机的机体前部漆有鲨鱼张嘴露牙图案，称志愿队为"飞虎队"。

蒋介石夫妇1942年初到昆明视察时专程看望"飞虎队"全体志愿人员，并在宴会上大加赞赏，美国报纸以头版新闻刊发。据统计，自1942年元月3日至同年6月20日，飞虎队员在云南、缅甸等地防空作战29次，进行侦察轰炸掩护等64次，出动飞机459架（次），击毁敌机75架，卡车112辆，该队仅伤亡30人，损失飞机68架。

1941年12月7日，太平洋战争爆发后，由于美国已经参战，美国志愿大队的任务改变了，飞行员的正常身份也得到了恢复。1942年7月4日，"飞虎队"改编为"美军驻华空军"，陈纳德恢复了现役，并晋升为陆军航空兵准将，以美国空军高级指挥官的身份留在中国。1943年3月，陈纳德的空军扩编为第14航空队，增加到飞机500架，陈纳德晋升为少将。这支航空队在整个抗日战争中击落、击伤日机2000余架，为世界反法西斯战争做出了贡献。

筹措租借物资是宋子文在洽商军援中的一项重要工作。根据1942年6月2日签订的《中美抵抗侵略互助协定》，双方在战争时期互相供应防卫用品、防卫兵力及防卫情报。蒋介石要求罗斯福在中国确保有500架飞机，每月应能向中国运交5000吨军援物资。美国答应给中国8400万美元的租借物资，然而所允援华物资的数量十不得一，蒋介石十分恼火，电令宋子文在美就近接洽。当时宋子文正接到军火分配委员会将每月供华物资减至3500吨的消息，美国陆军部又通知宋子文，运华物资现印度积压甚多（改为4500吨），拟自7月将从美待运的物资器材（约1.49万吨）暂时停运。宋子文对美国政府极为愤慨，立即答称："既然如此，我们在此已失效用，当令在美有关机构关闭，所有人员立即回国。"罗斯福闻讯，当晚召见居里，令他赴重庆解释。宋子文余怒未消，对居里说：此行殊可不必。中国所需要的不是空言，而是实际行动。并列举一系列事项为例证以说明一年以来美国空言多于实际的行为，说：空中堡垒24架，原定赴华，中途应英国之请，改派地中海作战；轻轰炸机66架，8个月前已经答应拨给，因珍珠港事件，减为33架，今又将此数改赴地中海；双马达之运输机17架，前已派好，担任中印运输，今也改派地中海，第十路空军司令蒲立登到重庆，蒋委员长召见，竟然以没有奉到史迪威命令为词，回避不应，今又将第十队空军改派地中海助战。宋子文最后说："我以为除非总统（罗斯福）已有确切不移的空军实施方案，否则，一切解释都难以收到实效。"中美关系一时紧张起来。

为稳定中国抗战情绪，罗斯福除致电蒋介石解释第十航空队调往埃及助战系临时措施，不久即当调回外，还答应提供100架运输机以便使越过驼峰的中印航线每月运输量保持在5000吨。并尽量保持向中国提供500架飞机。

缅甸作战失利，滇缅公路被切断，所有外援物资只能通过"驼峰"空运线运到中国。为了协调中美英三方关系，共同收复缅甸，1943年1月14日至23日，罗斯福与丘吉尔在摩洛哥的卡萨布兰卡举行会议，讨论反攻缅甸计划和作战方案。但是中国并未被邀请出席，蒋介石、宋子文认为是对中国的轻视。在会上，马歇尔和金民海军上将坚持应在1943年11月进行反攻缅甸的战役，英国却不愿在缅甸展开大规模的反攻。联合参谋团会议经过讨论，仍确定在1943年

11月发动攻缅战役。1月25日，罗斯福、丘吉尔联名致电蒋介石，告知他已派美国陆军的空军司令安诺德及英国元帅狄尔等来华说明攻缅计划。2月7日，蒋介石单独会见安诺德，除麦尔同意外，另电罗斯福说明中国需要有一支独立的空军，每月空运量需达到1万吨，到1943年11月中国应有500架飞机，罗斯福同意了蒋介石的请求。于是1943年2月9日，中美英三国高级幕僚人员在加尔各答举行会议。宋子文作为中方代表与何应钦出席。会议讨论了攻缅问题、中方声明将以10个师兵力出击缅北，时间为1943年10月底。英方表示也将以9个师兵力投入战斗。会议还对加强海空支援问题进行了讨论。当时蒋介石对陈纳德制定的空中作战计划很感兴趣，4月10日要求罗斯福召见陈纳德。4月底，陈纳德回到美国述职。5月1日宋子文向罗斯福致送备忘录，称中国全力支持陈纳德的计划，为集中所有战时资源作空中攻击的准备，中国拟以5、6、7三月空运吨位全数供运汽油及飞机器材之用。宋子文还说："蒋委员长并嘱予声明：敌人如以地面部队攫我飞行基地，中国陆军力能应付。"蒋介石、宋子文的如意算盘是，一则可以保存实力以便战后对付共产党，二则可以抑制史迪威。但是在马歇尔的支持下，史迪威也同时被召回美国。5月2日，史迪威向罗斯福提出应继续加强中国陆军，如果按宋子文的意见中断空运三个月，只向空军提供物资，那么1944年1月以前中国军队不可能参加收复缅甸战斗并守住飞行基地。

罗斯福综合史、陈、宋三方意见，于5月3日做出决定，只同意是在缅甸北部采取行动，不必在南部及仰光采取行动。5月12日，在华盛顿举行的"三叉戟合会"上，英国则提出放弃攻缅。这项计划遭到了史迪威的反对，也激起了蒋介石的愤怒。5月8日，蒋介石电示宋子文，要他力争收复全缅，否则只收复缅北，又无英国海空军配合，无异于让中国白作牺牲。5月11日，宋子文会见罗斯福，12日再拜会丘吉尔，力陈中国被困数年，缅甸失利后，国际路断，已有年余，处境艰难，要求收复全缅以解危局的急迫心情。丘吉尔却称：滇缅路纵能打通，其运量不过2万吨，且还要到1945年才能打通。中印空运，每月如能增至3万吨，则空援更实际一些，因此，攻缅对援华意义不大。5月17日，宋子文应邀出席C·C·S会议，陈述中方立场。宋子文首先陈述自敌人占领缅甸后，中国国际通道完全被锁，因此，未能获得军火援助与物资接济；国内经济衰落，通货恶性膨胀，处境极为险恶。因此中国并无意外要求，只请同盟国履行前约，实现收复全缅的计划。继而提出两点要求：

一、增加空军攻击。宋子文说中国空军力量不足，中国陆军及后方都得不到空军的掩护。建议将6、7、8三个月中印空运吨位如数拨归美空军供应之用，使陈纳德的计划得以实现。

二、收复全缅。宋子文强调，收复全缅是罗斯福总统和丘吉尔首相在卡萨布兰卡会议上决定的。如果英美放弃攻缅或实行主攻缅北的计划，中国人民将认为是英美背信违约的不光彩行为，万一中国战场，因人心绝望而致瓦解，同盟国将失去中国基地。如仅攻缅北，促使中国士兵作无益牺牲，于中国有害无益。宋子文最后对史迪威大加抨击，大肆吹捧蒋介石的"战略"才能。

宋子文在这次会议上慷慨陈词，无所忌避，虽然博得罗斯福的了解和蒋介石的嘉奖，但仍然未能改变C·C·S各幕僚的决定。5月18日，罗斯福告诉宋子文，攻缅计划于年底会同英军实行。5月20日，联合参谋团公议决定，增加去中国的空中路线，以期达到每月1万吨的数量，维持中缅战场的军事行为；实行缅北作战；切断日本到缅甸的交通线。丘吉尔对缅甸作战甚为反感。他认为这种计划是到水里去斗鲨鱼。宋子文因此于5月21日与丘吉尔发生公开争执。

丘吉尔在太平洋会议上宣称：缅甸为蛮瘴之地，在此地区作战，白人不如日人，困难很多。反攻缅甸计划，英国并没有坚定的承诺，自可随局势的演变而有变更。

宋子文据理力争，暗示放弃攻缅是英国造成的，他们背弃了诺言。

丘吉尔仍然说：卡萨布兰卡只有攻缅计划，并无决议，如果英国军官曾作保证，亦属越权的。

宋子文再三要求英国践诺，并称这是中国存亡所系，必须将前拟援华计划付诸执行。

5月21日，宋子文又会见了罗斯福，对丘吉尔前日的态度表示不满，强调英国不攻缅南，不提供海空支援，攻缅计划无疑会夭折。5月24日，罗斯福和丘吉尔核定了攻缅计划。25日，美方将计划交宋子文转蒋介石。计划规定1943年雨季结束后由中美军队反攻缅北，并以海空力量控制孟加湾，切断日军交通线。蒋介石对这个计划并不满意，但也没有公开表示不接受。

1943年8月19日至24日，罗斯福与丘吉尔在加拿大的魁北克举行会议，欧洲问题成了英美这次会议的主题，因此没有邀请中国代表参加。18日，宋子文向美国国务卿赫尔致送备忘录，要求参加会议并声称：美国政府多次宣示，中美英苏四国应担负作战及维持和平之大部分责任，自彼时起，英美之间，对战争与和平有关之事项，业已协商多次，但中国要求参加则常被拒绝，甚至有关中国之事务或计划，亦未邀请中国参与。中国代表虽有一、二次被邀出席于C·C·S，但只以作证之资格出席，并未参加实际讨论，对有关中国作战利害之事务，亦从未参与最后之决定。宋子文愤愤地说：中国虽列为四强之一，而中国代表则未能参加卡港和三叉会议，而在此会议中所制订之计划，皆有关委员长为统帅之中国战场。会议中之决定，只系事后通知中国，因此，所有拘束中国之事，往往因解释不同引起误解。予以为倘有真正之合作，则此种事故，定可避免。

最后，他郑重提出：现魁北克正在开会，英美二国正在讨论打击日本之战略，此种讨论之结果，势必影响于战后之国际合作，如中国政府未能参加讨论，则中国政府对其国民将无以解答。因此中国政府虔诚建议：（1）现已成立之军火分配委员会应予扩充，中国应以平等之立场加入；（2）同盟国间有关合作之机构，中国亦应平等加入；（3）魁北克宣言中，应以此两点昭示世界。

英美对宋子文的声明并未引起重视，但是在会议结束前二日让宋子文到会表示了一下意见。宋子文22日抵达加拿大，8月24日会议结束。8月25日，罗斯福、丘吉尔联名电告蒋介石，决定成立东南亚战区，以英国海军中将蒙巴顿勋爵为统帅，史迪威为副统帅指挥缅北作战。蒋介石对魁北克会议不满，大发牢骚：“至关太平洋作战上所作决定，大抵先由英美商定，然后通知我方，而非预先与我商洽再作决定。”故以国力不足，如南缅海岸线与交通要点不确实占领，北缅作战将无法完成为理由回复罗、邱。当时新任东南亚战区司令的蒙巴顿中将正奉命来华协商。10月19日，宋子文由美到印与蒙巴顿、史迪威会谈。11日宋子文回到重庆，16日蒙巴顿也到达重庆会见蒋介石，具体研究攻缅作战计划。

　　经过中、美、英三国的反复磋商和斗争，攻缅战争终于从1943年底开始，历时一年多，于1945年3月3日结束，全部光复缅北、滇西地区，歼敌16万人。这是中美英三国军队共同努力的结果。

15

"太上大使"

抗战中期，宋子文作为蒋介石的私人代表奉命到美国处理所谓"家庭事务"，实际上是争取美国贷款。由于宋子文与蒋介石的特殊关系，时人称其为"太上大使"。

当时中国驻美大使胡适是一位文人，故称"书生大使"。两位"大使"因主见不一，时常交锋。

宋子文在华盛顿签署了《联合国家宣言》，随后，中国战区成立，蒋介石任中国战区统帅。

宋子文还主持了同美、英的废除旧条约签订新条约的谈判，分别与美、英等国签订了新约。他在记者招待会上称："此在中国外交上，系属首次。"

订立新约，举国同庆。

中国的国际地位果真提高了吗？

抗战时期，宋子文为推行"金元"外交，常去美国活动，与美国财政金融界结下了不解之缘。

胡适本是一位文人，是研究哲学的。20世纪30年代因其在学术上的地位，受到一些美国人士的赏识。1938年9月，在欧洲进行民间外交活动的胡适被任命为驻美大使。使美任内，胡适通过频繁的讲演打消美国朝野置身于战争之外的孤立主义情结，并运用自己留学美国的经历和广博的学识，巧妙地周旋于美国政要之间，为中国坚持抗战赢得了美国的支持和援助，因而被人们称为"书生大使"。

本来，"太上大使"与"书生大使"有许多事情需要协调，但他们却无法走到一起。从1940年6月26日宋子文抵达纽约到1942年9月18日胡适离任，胡、宋两人之间由于分析问题和处理事务的差异，以及此前双方私人关系的恩怨，

"书生大使"和"太上大使"的矛盾和纠纷可以说贯穿这一时期始终。

1940年6月，宋子文初到美国时，胡适陪他分别拜会了罗斯福、琼斯、赫尔、韦尔斯、汉密尔顿等美国政要。但一个星期后，双方就发生了在美国的第一次冲突。7月2日晚，胡适在宋子文下榻的旅馆小坐。宋子文认为罗斯福总统已答应帮忙，借款一定有望。已担任驻美大使近两年的胡适却不这么看，他说："子文，你有不少长处，只没有耐心！这事没有这么容易。"胡适的话犹如一盆冷水，

胡 适

把宋子文满腔的热情当头浇灭。宋子文随即批评此前由陈光甫负责的两次借款（即"桐油借款"和"滇锡借款"），这两笔借款表面上虽说是陈光甫负责，但实际上胡适也参与其中并做了相当的努力，国际和国内舆论均认为对中国的抗战有打"强心针"的作用。胡适忍不住对宋子文说："我要warn（忠告）你：第一，借款时间不能快。第二，借款条件不能比光甫的优多少，光甫的条件是在现行法律之下，无法更优的。"

7月12日，英国政府在日本的胁迫下，不顾损害中国的抗战利益，决定在缅甸问题上对日本做出暂时让步。胡适得悉后非常焦急，频频与美国外交部接触，请求在英国做出不利于中国抗战的决定后，美国能迅速公开地对中国的抗战表示有力的支持。宋子文对此也很着急，但他不是如何想方设法去解决问题，反而围绕胡适的讲演大做文章。他对胡适说："你莫怪我直言。国内很多人说你讲演太多，太不管事了，你还是多管管正事吧！"宋子文的话深深地刺伤了胡适的心，因为胡适把讲演看成自己作为一个学者从事外交的最佳手段；

而且在此期间，国内媒体上关于更换驻美大使的报道也让他颇为心烦，宋子文的责难无异于火上浇油。

11月29日，也就是日本准备正式承认汪伪政权的前一天，美国为表示对重庆国民政府的支持，决定将拖了很久的一亿元对华借款即刻发放。时在华盛顿的宋子文立即让人打电话给在纽约的胡适，说自己有要事和他商谈，让胡适不要回华盛顿，在纽约等他。在没能联系上胡适本人后，他又给胡适所在的旅馆留了电话，并让李国钦等人转告胡适务必在纽约等他。宋子文的做法显然是不想让胡适分享借款成功的功劳，所以后来当胡适得知宋子文的"巧计"后。也不禁讽刺宋子文的做法"真是'公忠体国'的大政治家的行为"。

12月17日，这一天是胡适的生日。胡适对自己一年来的工作颇为感叹，同对做事的困难也有了更为辩证的认识：国际局势演变对中国日益有利，确实使做事的难度减少了。但来了一位"太上大使"，又使做事的难度稍稍增加了，自己也"只好忍这种闲气"。尽管如此，胡适仍然坚持自己的主张，即"为国家做点面子"，"叫人少讨厌我们，少轻视我们，叫人家多了解我们"。

1941年1月23日，白宫发表劳林·柯里等将赴中国调查财政情形的任命。28日，胡适从霍恩贝克处得知，柯里等人去中国的事情全是宋子文一人策划的，最初他想请凯恩斯，遭拒后转请柯里。美国外交部和财政部均不知情，柯里请示外交部时，外交部也仅表示并不反对，因为柯里等人的赴华费用均是由中国政府支付的，胡适认为宋子文此举太不值得，因为柯里尽管对中国很友好，但他却不懂得币制，让他去调查中国的财政情形显然是不行的。

4月15日，罗斯福总统约见胡适和宋子文，在座的有摩根索、财政部次长贝尔，以及从中国返美的柯里等人。宋子文滔滔不绝，胡适连插话的份也没有。胡适没有像以往那样事无巨细地在日记中记录谈话内容，一句"全是子文一人谈话"暴露了胡适对此的极大不满。

4月21日，摩根索约见胡适和宋子文。会谈没有了以往较为轻松的气氛，摩根索突然声色俱厉地对宋子文大发其火，痛责宋子文不应与美国政客勾结，向他施加高压。主张"诚实的""水鸟式"外交的胡适对宋子文的一些"小动作"也不太赞成，他认为摩根索的愤怒可能是"几个月的积愤一齐涌出来了"。

12月23日，重庆国民政府准备任命宋子文为外交部部长，胡适打电话给宋子文，宋子文说自己此前也是一无所知，自己也未决定是否就任。

1942年2月11日，宋子文用外交部公文给胡适一个荒唐奇怪的命令——"请求美国财政部通过国务院不要冻结我在下列银行的账目……"其中列出了六家银行，实际上也是宋子文利用战时所发的"国难财"。所以战后美国联邦调查局调查发现宋子文"开始担任公职的财力十分有限，而（到1943年1月）他已经积蓄七千多万美元"，难怪美国作家默尔·米勒采访杜鲁门总统时，杜鲁门气得大骂："他们都是贼，个个都他妈的是贼……他们从我们给蒋送去的38亿美元中偷去7.5亿美元。"

5月17日，胡适给翁文灏和王世杰写了一封长信，信中发泄了对宋子文的强烈不满："某公在此，似无诤臣气度。只能奉承意旨，不敢驳回一字。"对自己和宋子文合作过程中的种种情况大倒苦水："我则半年来绝不参与机要，从不看一个电报，从不听见一句大计。"同时求去之意更坚，说自己早在去年12月8日就已生退意，但后来宋子文刚刚执掌外交部，考虑到当时求去，人们必会认为自己"不合作"，甚至产生更大的误解，所以一直忍耐下来。并感叹"我在此毫无用处，若不走，真成'恋栈'了"。两天后即19日，胡适在日记中记下了几乎同样的内容，说明宋子文任外交部长以来，从不给他看一个国内来的电报。宋子文要求驻美使馆把使馆和外交部、政府等往来电报每天抄送一份给他，却从不把他收到的电报给胡适看，有时蒋介石致胡适和宋子文两人的电文也不给胡适看，自己单独就回复了。

9月18日，胡适黯然离开他在华盛顿的官邸——双橡园，结束了他四年大使生涯，也结束了"书生大使"和"太上大使"在美国的较量。

平心而论，胡适和宋子文在美国的紧张关系双方均难辞其咎，宋子文急于

蒋介石、宋子文接见比利时驻华使节的合影

立功的心理、趾高气扬的优越感、自以为是的小聪明，固然是两人之间水火不容的主要原因，但胡适作为知识分子的过分敏感可能也是双方产生分歧的原因之一。尽管这种关系必然会对中国在美国的外交活动产生负面影响，但从另一方面来看，也可以说"太上大使"和"书生大使"的一动一静，有相得益彰的作用，因为外交活动毕竟不是仅仅依靠所谓的"诚实"就能成功的。

1941年12月7日，日本军队偷袭美国在太平洋的海空军基地珍珠港，摧毁了美国太平洋舰队的主力，同时进攻美属菲律宾、关岛、威克岛，英属香港、马来西亚。太平洋战争爆发了。12月8日，美、英两国分别对日宣战。9日，中国政府正式宣告实际上已进行了四年多的对日作战，同时也对德、意宣战。这样，建立远东反法西斯统一战线的基本条件已经成熟了。

当时，中国政府采取了一些措施，力图尽早建立远东反法西斯联合作战指挥机构。

12月8日下午，蒋介石在重庆分别约见美国大使高斯、英国大使卡尔和苏联大使潘友新，表示中国将与其他反法西斯国家共同作战的决心，并请他们分别转致罗斯福、丘吉尔和斯大林。当日晚上，蒋介石又会见了英国武官邓尼斯与美国武官包瑞德，建议中、英、美等国成立对日联合作战的指挥机构。第二天，蒋介石打电报给在美国的宋子文，要宋与美国陆军部部长史汀生、海军部部长诺克斯联系，对美军在珍珠港遭到日军突袭表示同情，要求双方达成在远东联合作战的协议，成立由美国领导的各盟国联合指挥机构，共同对日作战。

12月10日，蒋介石再次致电宋子文，要求宋子文向美国当局转达他所提出的由美国、英国、荷兰和中国立即达成联合作战的协议，并提议由四国立即在远东成立一个中央统帅部，或一个中央军事参议机构，在重庆设立指挥部，统一指挥对日作战。与此同时，蒋介石还会见了在重庆的苏联首席军事顾问崔可夫，请苏联加入对日联合作战。

宋子文收到电报后，于12月10日即拜访了被视为美国"第二号人物"的财政部长摩根索，向他转交了蒋介石的这份电文。宋子文说：如果成立这样的盟国军事指挥部，希望摩根索也是成员之一。12月12日，宋子文又把蒋介石12月10日电报的抄件转呈摩根索，并在致摩根索的信中说："由于当前事态紧迫，如果您能就怎样在美国推进此事给我出任何主意，我将非常高兴。"

此后，中、美、英等国加快了关于协调远东联合对日作战的磋商。12月中旬，以马格鲁德少将为首的美国军事代表团、以邓尼斯少将为首的英国军事代表团齐集重庆。12月22日，英国印度军总司令魏菲尔上将、美国陆军航空总司令勃勒特少将抵渝，参加了23日、24日举行的重庆军事会议；英、美军事代表团团长、中国国民政府军政部部长何应钦及其他高级将领出席了会议。与此同时，罗斯福、丘吉尔在美举行会谈，并共同与新任中国外交部长宋子文晤谈。经商定，决定组成反轴心国的同盟，确定了联合作战的具体规划，并决定设立参谋长联合会议和根据租借法案分配物资的军需品分配委员会。12月下旬，中、美、英三国在重庆举行的东亚联合会议决定，如日本侵入缅甸，中国将派空军助战，美国供应中国战略物资。12月23日，中国与英国订立军事同盟，签订了《共同防御滇缅路的协定》，决定中国军队赴缅甸配合英军作战。

在苏德战争、太平洋战争爆发后，苏、美、英、中等反法西斯国家进行了广泛的接触，商定了与共同敌人作战的策略。在此基础上，1942年1月1日，美、英、中、苏、澳、加、荷等26个参加反法西斯同盟的国家代表在华盛顿签署了《联合国家宣言》。参加签字的中国代表是宋子文。宣言宣布："它们现在正对力图征服世界的野蛮的和残暴的力量从事共同的斗争。"规定：签字国政府保证运用全部兵力与经济资源，打败法西斯轴心国及其仆从国；不到侵略国家无条件投降，每个国家都保证不与法西斯国家合作，不单独缔结停战协定或和约。这标志着国际反法西斯统一战线的形成。

随之，中国战区应运而生。太平洋战争爆发后，美国处于两面作战的态势。美国从世界战争的战略出发，依然采取"先欧后亚"的方针。同时，美国也充分考虑到中国抗日战争的作用，清醒地认识到中国是打败日本的一个不可忽视的重要力量。因此，美国决定在战略防御阶段主要是打通滇缅公路，依靠中国战场消耗日本的军力和物资，等欧洲战事结束后，再利用中国人力和基地转入对日进攻。根据这样的部署，罗斯福在征得英、澳、荷等国的同意后，1941年12月31日致电蒋介石，建议组织包括中国、印度支那、泰国在内的中国战区，成立统帅部，由蒋介石任统帅，统一指挥中国战区的军事。1942年1月1日，蒋介石致电罗斯福，对担任中国战区最高统帅一职，表示"义不容辞，敬谨接受"，并要求罗斯福指派一位信任的高级将领，担任中国战区统帅部参谋长。罗斯福经考虑后，决定派美国军界上层人物被称为"中国通"的史迪威中将任此职。

从此，中国抗日战争与世界反法西斯战争的洪流汇合了，中国抗战的长期孤立局面结束了。

国际反法西斯统一战线建立后，美、英为了与中国共同消灭日本法西斯侵略者，不等战争结束，于1942年10月9日分别通知中国政府，声明愿即放弃在华治外法权及其他有关权益。美国声明说："美政府准备立时与中国政府谈判，缔结一规定美国政府立时放弃在华治外法权及解决有关问题之条约。美政府并望在最近期内以完成上述目的之草案，提交中国政府考虑。过去数周内，美政府业与英政府就事项一般问题交换意见，美政府欣悉英政府与美政府具有同样之意见并正采取相似之行动。"英国声明："帝国政府愿于最近将来与中国政府进行谈判，并将以规定立时放弃在华治外法权及解决有关问题之草约，提交中国政府考虑"。

1942年6月2日，宋子文在美国签署租界法案后，手持法案留影。

废除旧约和签订新约的谈判是由当时的外交部部长宋子文主持的。

美、英虽然发表了上述声明，但谈判并非一帆风顺。由于美、英这一行动是迫于当时形势做出的，也由于放弃在华特权对他们的利益仍有不同程度的损害，所以谈判进展不快。特别是英国，始终不肯放弃在1898年强行租借的为期99年的九龙租借地，一直到预定签订新约之日，即1943年元旦，还未达成协议。为了不致因"九龙"一事而中断新约的缔结，国民政府作了让步。可是，英国仍然片面要求延期，美国也持同样态度加以阻挠，致使新约不得不延期签订。对此，蒋介石在日记中发出慨叹："美、英新约不能在元旦如期举行，乃为平生遗憾，更知外交被动之苦。"直到1943年1月，汪伪政权发表了徒具形式的交还租界、废除治外法权之所谓"新约"后，才有所进展。日伪"废约"这本是一幕滑稽戏，但客观上却对美、英增加了压力，迫使美、英加速同中国谈判的进程，并于1943年1月11日正式签订了中美、中英新约。

中美新约签字仪式在美国华盛顿国务院会议室举行。会议室的长桌上端端正正摆着用中、英两种文字缮写成的条约文本，均用彩色带系结。当美国国务卿赫尔偕中国驻美大使魏道明步入会议室，端坐于长桌一端时，曾以诙谐之口吻问魏大使：签字时，是以书写英文的方法，还是按中文从上至下的书写习惯？魏大使笑而不语。在新约上签字的中国代表是驻美大使魏道明，他先以毛笔签写中文署名，然后用钢笔签署英文名。赫尔，则用自备墨水笔签字。此签字情况，均已摄成新闻影片及照片，两人之谈话亦制成录音带运至重庆。参加签字仪式的，中国方面除魏道明外，尚有驻美大使馆公使刘锴，新任参事徐公肃，一等秘书崔存磷；美国方面除赫尔外，还有远东司司长汉米尔顿、国务卿助理裴克等。

中英新约签字仪式在重庆国民政府外交部新厦进行。条约签字前，先由外交部条约司司长王化成与英国驻华大使馆秘书祁德森互换中英文条约文本。继而外交部长宋子文，英国驻华大使薛穆，印度驻华专员公署一等秘书代理署务黎吉生，互验全权证书。中英新约是以英王名义签字的。签字的英方代表是驻华大使薛穆，印度驻华公署一等秘书代表署务黎吉生，中方代表是外交部部长宋子文。参加签字典礼的，除双方全权代表外，中方尚有驻英大使顾维钧，外交部次长吴国桢、胡世泽，条约司司长王化成，交际科科长凌其翰；英方有大使馆参事台克曼，秘书祁德寿。

中美、中英新约，除个别地方不同外，主要内容基本相同。宋子文直接签订的中英新约共有9条。第一条规定条约适用的领域；第二条规定撤销英国政府及其人民或公司在中国享有的种种特权；第三条宣布废除1901年的《辛丑条约》；第四条决定交还上海、厦门公共租界及天津、广州英租界的行政管理权；第五条是关于不动产之保护或转移问题；第六条规定两国人民享有在缔约国中旅行、居住、经商之权利；第七条规定领事之权限；第八条规定待战争结束后，双方缔结友好通商设领条约；第九条规定新约批准生效的日期。综观条约内容，第二条最为重要，故在中英换约的附件里又明确规定英国政府应放弃如下特权：（一）租界及使馆区之特权；（二）内地驻兵权；（三）军舰自由驶入权；（四）领事裁判权；（五）通商口岸权；（六）沿海贸易及内河航行权；（七）外籍引入权，海关雇用官员权等。这表明，除九龙、香港外，英国政府从政治上、军事上基本放弃了在中国享有的特权。通过中美新约，美国也取消了在中国的种种特权。

随后，中国又与比利时、挪威、加拿大、瑞典、荷兰、法国、瑞士、丹麦、葡萄牙等国签订了类似的条约。这样，百年来帝国主义强加给中国的不平等条约基本上废除了。

中美、中英新约签订后，1943年1月12日，宋子文在记者招待会中称："此在中国外交史上，系属首次。"并特别感谢美国国务卿赫尔及英外相艾登为废除旧约、签订新约所做的贡献。在记者招待会上，一美国记者问：中国是否对中美、中英两新约满足？宋子文回答说："大体可以业已满足，然尚有少数问题，须再讨论。"关于租借地一事，宋子文说："中国曾提出九龙租借地问题，然英国政府未准备加以讨论。我方已保留再度提出此问题之权。"宋子文最后称："本人得参加废止特权新约之签订，无上欣幸。自1928年对美国关税自主之条约签订后，本人即切望能签订废止治外法权新约，于今果如愿以偿。"

为了庆祝新约的签订，国民政府明令昭告全国，称："今吾国已获完全独立平等自由之地位。"并决定1943年春节放假3天以志庆祝。蒋介石为此发表"告全国军民书"。宋庆龄、郭沫若亦发表谈话。国民党统治区各大城市人民集会庆祝，燃放鞭炮，游行示威。中国共产党中央委员会也发布《关于庆祝中英、中美废除不平等条约的决定》，指出："我们应当庆祝不平等条约的废除，各地在战争环境许可下，均应于旧历元旦前后召开军民庆祝大会，庆祝中英、中美间新的关系与新的团结，坚定军民抗战信心，号召军民为驱逐日寇，完成中国独立解放而斗争到底。一切共产党员，均须循此目标前进。"陕甘宁边区政府，为庆祝新约，通知放假："中英美订立新约，举国共庆，同时适逢春节，各机关、部队及群众团体，由2月4日（即旧历除夕）起至10日止，放假7天；中等以上学校由2月4日至17日，放假14天；各工厂则依其劳动合同所扩大进行规定之假日放假，以资庆祝。"延安2万多人于2月5日开会进行庆祝。全市欢腾，盛况空前。

当年5月，中美英批准条约生效之日，《新华日报》又以《中英、中美互

1943年1月11日，中英双方在重庆签署《中英新约》。居中者为宋子文

换新约》的短评论述此事。中国共产党在重庆发行的《群众》杂志，在第8卷第1、2期合刊上发表了《新约加重了我们的责任》的时论。同卷第3期上又发表了题为《自由独立新中国的起点——中英中美新约的历史意义》的文章。这都表明中国共产党对新约签订的支持与祝贺。

全国各阶级、各党派都热烈祝贺新约的签订，这说明中国政府废除不平等条约代表了全民族的利益。它使我国的国际地位空前提高，而且对团结全国人民，打败日本帝国主义，争取抗日战争的胜利，有重大的作用和进步意义，在中国现代史上应有一定的地位。

但是综观所有新约的内容，大都是军事政治方面的问题，而未涉及经济文化领域。因此外国人仍可在中国各地倾销商品，设立工厂，打击民族工商业。至于设立教堂、办学校及其他事业，更没有限制。就是政治方面的问题亦未彻底解决，如在进行谈判时，中国提出九龙租借地问题，英国政府表示"现未准备对此问题加以讨论"。中国无可奈何，只得正式声明"保留再度提出此问题之权"。因此使九龙租借地问题悬而未决，香港、澳门问题也未提出讨论。

16

在"史蒋风波"中

宋子文奉命请罗斯福总统派一名美军中将以上的高级将领出任中国战区统帅部参谋长。

美国宣布史迪威来华，身兼六职。

闻此消息，蒋介石脸色大变，将电报狠狠地摔在桌子上，对陈布雷说："这都是宋子文办的好事。"

"史蒋风波"骤起，美国态度暧昧。

宋子文如何应对？

1941年12月7日，寒冷潮湿的早晨。

宋子文起床后，像往日一样拧开落地式美国收音机开关旋钮，照例收听美国广播公司的新闻节目。

突然，收音机里传来男播音员愤怒而低沉的声音。

新闻公告：美联社华盛顿12月7日（当地时间）电：罗斯福总统发表声明说：1941年12月7日，这是个叫人永远不能忘怀的可耻的日子——美利坚合众国遭到日本帝国海空军突如其来但蓄谋已久的袭击。

这个消息犹如晴天霹雳，叫宋子文惊愕不已。他耐着性子专注地听了下去，大体弄清了事情真相：1941年12月7日凌晨，日本未经宣战，以海空军突然偷袭珍珠港。珍珠港位于夏威夷群岛中的瓦胡岛南岸，东距火努鲁鲁9.6公里，是一个水深15—20米的陆抱良港，也是美国在太平洋地区最大的海空军基地。日军出动183架飞机，从停泊在距离珍珠港230海里的6艘航空母舰上起飞，以微小的代价击毁击伤美军太平洋舰队的主要舰船18艘（包括战列舰8艘），飞机260余架，人员伤亡近4000人，其中一半阵亡，太平洋舰队蒙受惨重损失。太平洋战争从此爆发。

宋子文既对日本敢于在太平洋上向美国人开刀非常吃惊，又急于知道国内方面对珍珠港事件所持态度，以便在与美国政府交涉中争取主动，因而显得格外焦虑和浮躁。

与此同时，珍珠港事件的消息也通过无线电波传到中国陪都重庆，引起一派欢欣鼓舞的热烈情景。国民党政府官员纷纷互相祝贺，仿佛已经获得一个伟大的胜利，在他们看来美国对日之战，是他们盼望已久的"伟大胜利。"一位在重庆看到当时情景的美国人写道："在美国发生珍珠港事件的那一天，在中国就好像是在庆祝第二次世界大战停战日。"

太平洋战争爆发，这是蒋介石盼望已久的事情，在他看来这是转移对日作战责任保持实力的最好时机。因此，就在这天上午，他在黄山官邸客厅召见了苏联大使潘友新，美国大使高斯，英国大使卡尔，各面授备忘录一件，声明"反侵略阵线各个国家必须对于各个轴心国家认为共同公敌"；建议"美国对于德意两国与苏联对于日本，皆请同时宣战"，建议"中、英、美、澳、荷、加拿大、新西兰等友邦国家结成以美国为领导，指挥共同作战军队的军事同盟，以一致对德、意、日轴心国，各同盟国互订不单独与轴心国媾和条约"。同一天，蒋介石还约见了各国使馆武官，宣称中国为了与各友邦配合作战，正准备对香港、越南及缅甸采取行动。

身处异邦的宋子文，在焦急等待中收到了蒋介石自重庆发来的急电。一是要求宋子文代表他向罗斯福总统转达中国政府对日本进攻美国"愤激莫名之心情"；二是表明中国待美国宣战时同时对日正式宣战的态度；三是提请罗斯福总统敦促苏联立即对日宣战。

宋子文接电后，立即前往白宫委托副国务卿向正在出席紧急军事会议的罗斯福总统作了转达，并迅速得到以下两点答复：一是苏联不能即日宣战，原因是远东军事准备还须增强，时机一到，即宣战无疑。二是中国即刻宣战，于大局有利，恳即实行，不必等苏联宣战。斯大林也致电蒋介石说明"苏联现负抗德战争之主要任务，苏联在抗德战争上之胜利，实即系英、美、中国对轴心集团之共同胜利。本人认为苏联之力量，目前仍不宜分散于远东……"

12月9日，美国总统罗斯福自华盛顿致电蒋介石告以美国会已宣布美国与日本处于战争状态，中华民国政府也随即发表了以国民政府主席林森署名的《对日宣战书》，并同时宣布中国对德意志、意大利两国处于战争状态，所有一切条约、协定、合同有涉及中日、中德、中意间关系者一律废止。这样，中国在已与日本交战四年半之久，国土沦丧大半之时才正式宣战。

蒋介石接着于12月10日、11日，在黄山官邸邀集美国驻华军事代表团团长马格鲁德，英国驻华军事代表团团长戴尼斯将军，英国大使卡尔等人，商讨中、英、美、荷、澳五国联合军事行动之具体计划。马格鲁德对此也非常卖力，他将商讨内容列为四点报告了罗斯福：

珍珠港内美军舰艇纷纷被日军飞机击中起火

一、请华盛顿提出五国联合军事行动之具体计划，并以华盛顿为联军政治与军事之中心。

二、在苏联未对日本宣战之前，请华盛顿提出中国香港、菲律宾、新加坡、缅甸、荷印区域间之四国联合军事行动之具体计划。

三、五国初步谈判之地点应为重庆，其永久地点以讨论决定之。

四、由华盛顿提出五国军事互助协定之方案。

宋子文通过外交身份和多种途径，加紧活动，向美国朝野极力说明中美英荷四国应速制订联合作战的整体计划，及成立联合指挥部与军事同盟协定的重要性。经宋子文的撮合，美国陆长史汀生14日决定请罗斯福致电蒋介石即邀英、美、荷派陆、海军代表会同中国代表在重庆举行军事会议。

在马格鲁德鼓动和史汀生的建议下，正忙于国内动员，被战事搅得焦头烂额的罗斯福也希望中国在联合军事行动中扮演一个角色，便回电马格鲁德请蒋介石至迟于12月17日在重庆召集联合军事会议，由中、美、英、苏、荷五国在亚洲采取联合军事行动，并望产生永久性机构以便指挥各盟国共同作战。

蒋介石即于16、17、19之日，先后与英国大使卡尔，苏联大使潘友新，荷兰代表保斯，美军事代表马格鲁德分别谈话，交换联合军事会议代表团组织的意见。

12月20日，五国军事代表齐集重庆。经过协商，由中国国民政府军令部部长徐永昌起草五国协定作战总方案，提交各国讨论。总方案拟在1942年7月，以美国海空军及中国陆军为主攻，英国海空军、苏联陆空军为助攻，先扑灭敌方空军，取得制空权，然后再对日敌本岛及中国东南地区，以外线作战态势向敌合击。

12月23日，联合军事会议在蒋介石官邸举行。出席会议的只有中、美、英三国代表。中国方面有蒋介石、宋美龄、何应钦、徐永昌、商震、刘为章、周至柔、毛邦初。英、美代表有爱格斯登大使、卫佛尔将军、勃兰德将军、马格鲁德将军、戴尼斯将军、沃勃堡空军参赞、霍克上校、麦克莫伦上校、王怀林中校，司高脱兰德副官等。苏联代表拒绝与会，荷兰未派代表出席。

会议伊始，中、英之间就发生了争执。英国代表提出制定的联合作战方案，首先是要保卫缅甸，因为缅甸是保护英国最大殖民地印度的最后一道屏障。中国也认为有必要保卫住缅甸，因为缅甸是中国仅存的一条外援补给线，大批美援物资要通过缅甸公路运往大西南。对此，蒋介石表示：余兹同意其原则……但此次集会之主题，则为研究在东南亚最有效之陆海军行动，以击败日本及其同盟国……主要任务为拟定整个计划及组织永久机构。英国代表仍坚持注重当前紧要问题并借口缅甸防务空虚，物资缺乏，要求增拨武器。蒋介石虽然对英国代表的傲慢态度和此一次联合军事会议召开前不久，英国将在缅甸境地的一批美国援华物资计卡车150辆和一船弹药占为己有表示出极为不满，但极力克制并表示："中英两国不可有一国失败。因此，如果贵国需要，我国可以派遣八万人入缅甸作战。"而英国代表则以傲慢的口吻对蒋介石说："如由贵国军队解救缅甸，实在是英国人的耻辱。我们只要请贵国能惠允拨借美援物资就可以了。"国民政府军政部部长何应钦在联合军事会议上气愤地声明：中国愿将所有在缅甸的一切租借物资军火全部退还美国，撤回驻缅人员，停止中、英、缅合作。宋美龄也坐不住了，用英语提醒各位："请注意中国的地位。"然而一向好发脾气的蒋介石却显得格外有涵养，他斯文地对卫佛尔将军说："我们中国有句格言'人无信不立'，中英两国此时可算得上是患难之交，现应彼此互助互谅。运给中国的援助物资，像前次的卡车，贵国如需借用，不妨与中国商洽。"蒋介石话里有话，说得英国代表的脸涨得通红。

在重庆军事会议召开的同时，自12月22日起，罗斯福与丘吉尔在华盛顿召开阿卡迪亚会议，制定同盟国全球总体战略规划，确立了德国是主要敌人，欧洲是战争决定性区域的原则。为联合中国抗战，在这次会议上，美国建议成立中国战区，由蒋介石出任中国战区最高统帅，在越南和泰国的联合国军队也统由蒋介石指挥，并在重庆设立一个联合计划参谋部。对此，丘吉尔开始略有意见，认为这等于将中国看作几乎等同于英国的参战大国，怀疑美国对中国在全面战事中所能做出的贡献未免估计过高。美国代表则表示做出这样的安排对于盟军无论在战时还是在战后都是有利的。蒋介石不会因此得到很大的指挥权，因为在中国没有盟军可以指挥，在泰越地区盟军也没有作战计划，只不过是给蒋一个荣耀的虚衔而已。最后丘吉尔表示了同意。

　　12月27日，刚刚出任国民政府外交部部长之职的宋子文在驻美大使胡适的陪同下，前往白宫礼节性的拜谒了罗斯福总统。会见时，英国首相丘吉尔也在座。罗斯福首先热烈表示祝贺宋子文出任外交部部长并在美国就职，然后通报并讨论了阿卡迪亚会议的有关问题。

罗斯福告诉宋子文和胡适：英、美已经商定拟在华盛顿组织军事会议，并在战区设立联合指挥部。重庆军事会议已经结束，今后南太平洋局面由中、英、美、荷、澳五国组织共同机构，协力保卫。希望中国派高级中央人员长驻美国，与各友邻国家武官随时接触，协商全盘计划。

宋子文答应电请重庆政府派2至3名富有经验的将领速来华盛顿。未到之前，由驻美大使馆武官处及在美的军官参加。

罗斯福声称：目前大西洋已有控制权，6个月后太平洋也能同样控制，收复所失岛屿。美国此后将向中国提供大量武器，并且不限于贷款形式。接着罗斯福话锋一转，要求中国提供空军基地和日本气候情报，以便英国飞机轰炸日本本土。

宋子文回答：中国沿海各地，可设法获得日本气候情报，自当随时供给。中国有百数以上的飞机场，地域辽阔，防空警报组织周密，不像夏威夷、菲律宾那样地域狭小，机构稀少，容易被敌人进袭。

12月31日，罗斯福致电蒋介石，正式提议组织中国战区，并告之已经征得英、澳、荷、新西兰等国同意，一致推选蒋介石为中国战区最高统帅，指挥中、泰、越等区战争。同时组织一个联军参谋处，在统帅指挥下服务。

1942年元月，在华盛顿发表了26个国家签署的《联合国共同宣言》。宣言声称："加盟各国，应各尽其兵力和资源，以打击共同之敌人，且不得与任何敌国单独媾和。"宣言由美、英、苏、中四国领衔签署。当罗斯福、丘吉尔、苏联驻美大使索维诺夫、中国代表宋子文率先署名之后，其余22国则按国名的字母顺序签字。据说当初罗斯福把中国的名字紧排在美国之后，其后才是苏、英，后来又把顺序排列改为美、英、苏、中。宣言的发表，标志世界反法西斯战线正式形成。

元月2日，蒋介石复电罗斯福，应邀出任中国战区最高统帅，并称此举"足使中国战区与联合国间得统一其战略，促进其全盘作战之功效"。美国一连串的拉拢动作，使蒋介石、重庆政府兴奋不已。蒋介石在日记中写道："我国签字于共同宣言，罗斯福总统特别对子文表示：欢迎中国列为四强之一。此言闻之，但有惭惶而已！""二十六国共同宣言发表后，中、美、英、苏四国已成为反侵略之中心，于是我国遂列为四强之一；再自我允许任中国战区最高统帅之后，越南、泰国亦划入本地区。国家之声誉及地位，实为有史以来空前之提高，甚恐受虚名之客，能不戒惧乎哉。"蒋介石得意之情，溢于言表，跃然纸上。然而，事实上英、美始终没有把中国放在平等地位上。蒋介石一再力争平等地位与待遇的努力，都付之东流。如1942年3月，熊式辉率中国驻美军事代表团赴美时，蒋要他力争加入英、美联席会议及分配委员会，但没有成功。同年4月19日，蒋介石电令宋子文转告罗斯福称："美国对于中国参加英、美参谋团联席会议及军火分配委员会之态度，是否待遇与其他国家相同？予近日向此间国人为美国辩护……且有时违背自己之见解，以拥护美政府之政策……然英国与苏联，则似欠此合作精神。如果英、美参谋团联席会议与物资分配之机构不能扩大，使中国得以参加，则中国在此战争中，只是一种工具而已。甘地告予谓英、美对于东方民族，总未尝以平等相待。英、美迄今不许中国参加C·C·S（联合参谋团会议）就是一例。我们在作战中所受之遭遇已经如此，则在战后和平会议席上，又当如何？"宋子文并附言："蒋委员长深觉伊对于有关中国前途之战略决定，竟至完全隔膜。例如远东攻势应否自澳洲入手，或应由缅甸开始；印度洋应采何种战略？中印缅空军运输应如何处理？凡此皆系有关中国命运之决定，而蒋委员长竟被置于旁观者之列"。

尽管如此，蒋介石出于感激之情，于元月3日电令宋子文务请罗斯福派一名亲信高级美军将领来华担任中国战区统帅部参谋长。参谋长人选，"不必熟悉东方旧情者，只要其有品学与热心者可也"。"其阶级须在中将以上"。

232　　　　根据美国陆军部部长史汀生建议，罗斯福决定委派美国陆军中将约瑟夫·史迪威为中国战区参谋长。可是史迪威不但"熟悉东方旧情"，而且特别谙熟中国旧情。他出生于1883年，1904年毕业于西点军校步兵科，曾担任过美国驻华武官等职，先后4次来华，前后在中国长住10年之久，通晓中文和汉语，对中国官场的黑幕和老百姓的苦境也很明了。1月14日9时，史汀生约见了史迪威。15日，美国陆军部次长麦克莱函告宋子文，透露了美军代表兼任中国战区参谋长的安排，并说鉴于缅甸战区中英美军队之复杂，美军代表必须在缅区具有执行三国军务的权力，否则将难以应付局面。宋子文在将麦氏原函电呈宋美龄而告蒋介石之后，又于1月19日走访了陆军部长史汀生。史汀生面告宋子文，参谋长拟推荐史迪威中将充任，并提出秘密说帖一件，要求中国同意并促成中、英、美在中国战区切实合作。宋子文摘译为中文，同日电告蒋介石。此电为其后宋（子文）史（汀生）交换函件之根据，派遣史迪威来华之前提。

蒋介石收到宋子文皓电（19日）报告后，感到美军代表兼任战区参谋长的办法不妥，于22日电饬宋子文，须将战区参谋长之权限地位加以明确，即在华之美军代表受中国战区参谋长指挥，中国战区参谋长受中国战区统帅之命令。然而宋子文复电说，美军代表既然兼任战区参谋长，自然而然地要受中国战区统帅节制和指挥。因此他没有将蒋介石的电报转给美方，并于元月29日与史汀生交换函件，答应了美方一切要求。

根据宋史交换函件，1942年2月2日，美国陆军部宣布史迪威来华身兼六职：美军驻华军事代表，在缅甸的中、英、美军队司令官，对华租借物资管理统制人，滇缅公路监督人，在华美国空军指挥官，中国战区参谋长。享有以下权力：监督和控制美国对华军援事宜；在蒋介石统辖之下，指挥在华美军及可能拨予的中国军队，代表美国政府参加在中国的国际军事委员会，以及以委员长（蒋介石）的参谋长身份行事，改善、维持和控制滇缅公路中国段。

蒋介石要求美国派一名高级官员来华作参谋长，原意是要受中国统帅命令的：但史迪威来华时的6个头衔中5个职务蒋介石无权干涉，蒋介石指望通过美国高级官员获得更多的美援，装备他的军队以便日后对付共产党，但是美国政府却又授权史迪威监督美援物资的使用，以加强中国军队对日作战的战斗效果。蒋介石的如意算盘落空后，对美国政府和宋子文交涉不力非常不满。当收到中国驻美使馆拍来的有关美陆军部发表史迪威来华消息的电报时，蒋介石顿时脸色大变，将电报狠狠地摔在桌子上，对陈布雷说"这是他办的好事！"这里的"他"指的是宋子文。

史迪威受命之前，宋子文对史迪威个人经历进行过调查，对他十分满意，认为"挑选担任此项职务的人是美国陆军中最优秀的人物"。宋子文还与史迪威作过长时间交谈，集中商讨了开辟"驼峰"空中运输线。宋子文认为美国援华物资如果滇缅公路一旦被日军断截，就难以运抵中国。因此开辟一条空中运输通道较为理想。宋子文估计，一百架DC—3型运输机每月可向中国运送一万二千吨物资。物资运进印度所需的海港可选在加尔各答，然后沿铁路直达北面的阿萨姆，再由阿萨姆用飞机装运穿越喜马拉雅山脉到昆明，全程只有700英里。史迪威也认为有必要开辟航线。他说：形势正迫使有关各方正视缅甸的极端重要性。我们必须使这条航线"立即通航"。1月31日，宋子文给罗斯福写信提出开辟这条航线。罗斯福答复："经印度通往中国的补给线可以用空中运输的方式加以保证。"于是，宋子文与史迪威又对穿越世界屋脊的空中运输线所需的机场、飞机、地勤人员、油料和保养设施等问题广泛地进行了磋商。

1942年2月11日，史迪威及其参谋人员飞向迈阿密。在两次取消飞行后，他们终于在13日、星期五离开美国。一行人一会儿乘泛美航空公司的水上飞机，一会儿又换乘DC—3型运输机，进行了历时12天的一系列短程飞行。经加勒比海到达南美洲，穿越非洲向北飞到开罗，尔后向东，经巴勒斯坦、伊拉克、波斯湾，飞抵印度新德里。3月3日，史迪威等人踏上了他们旅途的最后一段，离开印度前往重庆，住进了宋子文建造在嘉陵江边的一座西式房子里。

史迪威来华后，在重庆上清寺设立了中、印、缅美军指挥部。太平洋战争爆发不及一月，关岛、马尼拉、香港、新加坡先后沦陷，日军继续分兵南进，进逼缅甸。缅甸地处中南半岛西部，东北与我国云南相连，西北同英属印度相接，日本如果占领缅甸，东可入侵中国大西南，与中国东部日军合围中国；西可进犯印度，摧毁盟国在印度的战略基地，进入中东与德、意法西斯会合。在缅甸局势十分严峻的情况下，英国政府要求蒋介石出兵缅甸，把日军牵制于缅北地区，阻止日军由新加坡、仰光沿海进攻印度。蒋介石也希望保持盟国对中国的输血线——滇缅公路。滇缅公路北起中国云南昆明，南至北缅重镇腊戌，然后衔接缅甸中央铁路，最后通向南端仰光海口，全长1146公里。1938年修筑，当年底竣工通车。日本大规模侵华后，外国援华物资入境主要靠中越、中缅这两条运输线。1940年6月法国败阵，日本乘机与法国维希政府交涉，关闭了中越路。这样滇缅路成为中国对外唯一陆上通道。于是中国政府根据1940年12月订立的《中英共同防御滇缅路协定》，派出杜聿明的第五军、甘丽初的第六军、张轸的第六十六军组成远征军入缅协同英军作战。但是，英国政府要求中国军队进入缅甸的目的是掩护其安全撤退，并无坚守仰光海口、保护滇缅路畅通的意图。为此，英国不愿意中国军队大批地、过早地入缅，以致英军队难以协同作战。

正当蒋介石为此而焦虑之时，宋子文于1942年3月8日从华盛顿发来电报吹捧"史迪威为其（指马歇尔）部下最有能力之将才，本拟派为北非出征军总司令，因中国事务紧要，故改派来华"。根据宋子文"望加重用"的请求，蒋介石于同日正式委任史迪威为中国战区参谋长，指挥入缅中国军队。

宋子文得知由史迪威入缅指挥作战的消息后，又于3月9日前去白宫拜会罗斯福总统，并请罗斯福向丘吉尔首相转达宜由史迪威统率中英缅部队，主持联合作战的意见。宋子文说："据敌广播，仰光昨午（3月8日）已被日军占领。此后缅甸作战不得不重定计划，尤其中英两军必须指挥统一，方能收获。英军在缅兵力只有残余两个师，而我派赴缅甸各军，其数超过英军四倍以上，中国在缅军队，已命史迪威担任指挥，在缅英军亦宜由史迪威指挥，以期统一。"

罗斯福总统认为宋子文的建议合情合理，但因对英国有所顾忌，以不便提出为辞词加以推诿。

3月11日中午，史迪威乘飞机自重庆飞往缅甸腊戍前线指挥作战。腊戍是位于缅甸掸邦山脉北部重镇，缅甸通往中国的交通枢纽。自1938年滇缅公路接通后，这里便成为运往中国战时物资的转运站。它距离中国云南边境仅185公里。中国远征军司令部便设在这里。史迪威到达腊戍前线后，注意协调中英双方矛盾，指挥蒋介石拨给他的第五军、第六军在仁安羌地区解救英军之围，救出了包括英军司令亚历山大在内的7000余英军及被俘的英军、记者、英籍传教士500余人，并掩护他们向北撤退到曼德勒（缅甸中部）。日本败兵弃尸1200余具南逃，创出了扬威世界的纪录，英国政府对远征军战绩深表嘉奖，给新38师师长孙立人等多人授勋。不料5月1日，英军置中国军队于不顾，仓皇渡过伊洛瓦底江向印度逃跑。不久，曼德勒失守。而日军在此之前已于4月29日占领了腊戍，切断了中国远征军的退路。史迪威只好急令各部撤向伊洛瓦底江西岸，然后再向印度北部英伐尔撤退。中途史迪威与中国远征军司令罗卓英两人脱离大军，只身撤往印度。蒋介石为保存实力又直接命令杜聿明向国境撤离。哪知各部队所经之处森林蔽日，蚊虫成群，人烟稀少，给养奇缺，又正值雨季，道路泥泞，官兵饿死病死者不计其数。后几经辗转虽然一部分部队撤到印度，一部分撤退到国境，但原约10万人的中国远征军，此时只剩下4万人左右。中国远征军也一分为二，改编为滇西远征军和驻印军。

中国远征军的失败与史迪威的指挥不力是有一定关系的。宋子文推举史迪威言过其实。现在史迪威指挥作战失利，他生怕引起蒋介石的指责，便于5月15日自华盛顿致电蒋介石小心翼翼地询问蒋对史迪威的看法，并乘机出谋献策。

宋子文在电文中除直陈"缅战不利之主要原因，无疑为英国不能与我彻底合作"外，还说考虑到此后我尚须利用印度为运输军械飞机之航空站；"英美战后或背道而驰。在战时则因生死存亡关系，不能不密切合作，故我如公然向英责难，反失美国同情。建议蒋介石不若趁此时机，密致总统（按指罗斯福）及丘吉尔一电，直陈缅战过去之错误，措施严正而委婉。并告以中国为此原因，危难更为迫切，不得不要：（甲）英、美即派大批飞机来华助战，（乙）

英、美、华速策划雨季后反攻缅甸，夺回仰光，恢复中国之国际路线"。

蒋介石对中国军队的失利极为懊丧，迁怒于史迪威。这从1942年6月18日，蒋介石以发表感想形式给熊式辉、宋子文的电文中可以看出。

蒋介石的电文如下：前得删电，询我对史迪威之感想，业已另复。中国战区至今并未有何组织，亦未筹备进行，甚至于维持中国最少限度与其可能方案，亦尚未曾着手。至于空军之建立与补充，以及空运按月总量，陆空军作战与反攻时期之整个方案，亦皆视为无足轻重。一若中国战区之成败存亡，与彼无关痛痒。此人（按指史迪威）不重视组织与具体方案，及整个实施计划，此或因平日未习幕僚长业务之故，缅战失败之原因，其咎全在战略之失败，而彼乃完全归罪于我高级将领，且谎报罗卓英逃回保山，其实彼自缅甸退却之先……竟自赴印度，并擅令我军入印，事前对我并未有一请示，或直接报告，于情于理，皆出意外。

蒋介石在电文中虽对史迪威的组织能力，责任观念，指挥经验多有责备，但考虑中、英、美国之间关系，便叮嘱宋子文两人"我为保全友邦荣誉处计，不愿多言，此时对马歇尔参谋长不必急于答复，将来彼或亦能了解吾人之苦心也"。

1942年6月3日，史迪威带着缅甸溃败的沮丧，拖着疲惫不堪的身子，从印度返回重庆。6月4日，15日和23日，史迪威三次前往黄山官邸，会晤蒋介石，提出了整顿中国军队计划。

这个计划最早是由宋子文于1941年3月向美国政府提出的，称之为"三十师训练计划"。同年5月美军驻渝军事代表团团长马格鲁德拟定初步方案。1942年4月再由史迪威令其助手顾鲁白少将具体策划出一份长达60页的《在印组织训练中国军队计划书》。计划精选10万中国官兵前往印度训练，将中国租借物资拨充装备，由美国军官担任教官，组成两军，每军三师，另加一师及降落伞部队六营为后备，并另加若干炮兵及坦克部队。美国航空第十队划为该部队之内。训练地点为印度境内仁溪附近的蓝伽。

蓝伽位于印度中部比哈尔省。训练营地坐落在一片浅丘上，它由许多排列规则的平房组成，四周搭有高高的瞭望哨和密密的铁丝网。这里原是意大利俘虏营，美军印度总部的人们把它稍加改造就成了可以纳2万部队的军营。

史迪威的目的在于加强驻印军实力，待机反攻缅甸，换回失利的耻辱，因此急着要去蓝伽主持训练。蒋介石害怕史迪威控制中国军队，对此不以为然，用"战区参谋长宜常在左右，不便远离重庆"为托词，加以搪塞和拒绝。史蒋从此各抱成见。6月26日，史迪威与蒋介石又因驻印美空军第十航空队未经蒋介石同意调往埃及一事闹僵，矛盾开始显现。

在华任职期间，史迪威充分认识到无论从政治、经济，还是军事方面来看，都很难依靠国民党去战胜日本侵略者。同时，他认为中国共产党代表中国的新兴力量，对共产党给予同情。为了更好地了解共产党实际控制的地区，史迪威极力主张派美军观察组赴延安访问。在他的推动下，1944年7月，第一批美军观察组终于抵达延安。后来的事态表明，此举具有重大的历史意义。由于史迪威将军在政治上同情中国共产党，支持中国的民主和进步事业，因而更加受到蒋介石的冷遇。

1942年7月2日，史迪威不同意蒋介石要从中国租借物资中拨出两架运输机交航空委员会使用，遭到宋美龄的责问并要他对蒋介石有无处理中国租借物资之权做出解释。于是史迪威当日送交蒋介石一份备忘录，陈述其个人权限与地位。

蒋介石收到备忘录后非常气恼。他在电报中对宋子文说：平时我对史迪威不用中国战区参谋长名义签署文件并时时以罗斯福总统代表自居处理一事"皆不以为意，毫不与之计较"。但这次"再不能不与其政府坦白商讨"参谋长地位与权限。

宋子文接到蒋介石的电报得知事情原委后，大骂"史迪威态度殊属离奇，阅其原函，强词夺理，谬解职权，非神经错乱，不能狂妄至此"，决定尽快与美国政府交涉，并请示蒋介石是继续留史迪威在华供职，还是乘机更换另选他人。蒋介石复电宋子文"暂不表示为宜",暗示"最好能由其自动召回"。

美方官员对蒋介石、宋子文的这种行径很不以为然。驻华大使高思就强烈要求政府不理睬蒋介石的威胁。美国陆军部更是如此。7月22日,美陆军部代罗斯福草拟了一份给蒋介石的复电,电文支持史迪威。宋子文接到陆军次长麦克莱送交的电文稿后,认为此电伤及了中美感情,不相信是出自罗斯福的本意。宋子文便于翌日拜谒罗斯福,向他详述目前中美之间的紧张关系和史蒋冲突的经过,希望罗斯福出面干预,以免中伤两国政府、两国人民的感情。罗斯福表示:关于租借物资,宋子文可与霍浦金斯商洽,在华盛顿共同解决,如要召回史迪威则要与马歇尔等商议。马歇尔、史汀生约宋子文长谈,对宋子文说:美国将领中史迪威最有能力,他的性情固然怪僻,然而中印缅战场情况复杂,没有像他这样的美国将领是难以完成反攻缅甸任务的。并明确答复:即使召回史迪威,任何继任者对租借物资的权限与史迪威完全相同。宋子文方才停止活动。

蒋介石对于史迪威控制援华物资的分配权,虽然不满,还能原谅,而对史迪威批评蒋介石政府及军队"腐败、失职、混乱",并主张把援华物资的一部分用来装备共产党领导下的武装力量是万万不能容忍的。

1943年秋季,史迪威曾以参谋长的名义建议蒋介石"转移西北的兵力来阻止日军",要把蒋介石封锁陕甘宁边区的50万大军和共产党的军队调出来打日本,并准备拨出一部分武器装备共产党的军队,史迪威的建议遭到了蒋介石的坚决反对,公开要求美国政府撤换史迪威。宋子文秉承蒋介石旨意,又一次在美进行要求撤换史迪威的活动,设想通过改组中国战区的方式解决史迪威撤换问题。

宋子文拟就一份"改进中国战区方案":(一)将中国战区增设副统帅一人,由美军官担任,参谋长一人改由中国军官担任,增设副参谋长一人,由美军担任,其下处长副处长,则由中美军官混合编成。(二)中国代表必须参加C·C·S与军火分配委员会。如委员长以国家领袖之尊不宜使受C·C·S之统

1943年3月2日，张乐怡受到美国陆军航空队司令阿诺德（左）与共和党人温代尔·威尔基（右）的热情款待。

驭，则中国战区统帅可由蒋推荐中国军官担任。宋子文以为照此办法可以收到"一箭双雕"的效果，既可以提高中国战区地位，又能无形解决史迪威的撤换问题。

1943年8月21日，宋子文首先与罗斯福初步交换改组意见，并提出："如史迪威不予变动，中美军事合作甚为可虑。"罗斯福告诉宋子文美国政府已有召回史迪威改派斯特莱曼和韦洛接任的拟议。宋子文于9月4日、8日致电重庆向蒋介石报告。

9月15日，宋子文具一说帖，由霍浦金斯转呈罗斯福，指出："日下此人（指史迪威）系中国战区参谋长，又系中印缅区美国空军总司令，兼中印空运补给司令，又兼蓝伽中国驻印军统带官，亦参与中国云南远征军之指挥，更握有美军部授予而未经中国同意之对华租借物资控制权，以如此错杂之任务，施诸五花八门之区域，将未来战事深感危险"。

罗斯福在说帖上批示，请马歇尔与宋子文一谈。此时马歇尔已不再坚持史迪威继续在华留任的意见，史汀生仍想为史迪威继续留任作最后的努力。28日，宋子文接见国务院远东司项白克，明确表示史迪威必须调往他处。29日，宋子文返国前夕向罗斯福辞行时，再次重申史迪威必须撤换，中国必须参加太平洋联合参谋团。罗斯福均表示理解和同意，并派蒙巴顿上将，萨姆维尔将军偕同宋子文于10月1日联袂离美，飞印转渝。

1943年10月，任外交部部长的宋子文陪同会见英国东南亚战区最高统帅蒙巴顿。

宋子文一行匆匆抵达重庆时，史迪威地位忽又发生戏剧性变化，撤换之议再搁浅，宋子文的种种努力终成泡影。然而，他做梦也没有料到拆台的竟是大姐宋蔼龄和小妹宋美龄。

9月13日下午3时，史迪威突然接到宋美龄的邀请，请他到蒋介石的住所新开寺，同她和她姐姐蔼龄会晤。宋氏姐妹告诉史迪威，她们对于战备状况之糟感到震惊，很希望想点办法改变中国无所作为的状态。她们同意史迪威关于何应钦是作梗的主要障碍，必须把他撤换掉的看法，并敦促史迪威施加压力。作为回报，宋蔼龄、宋美龄承诺在蒋介石面前替史迪威说话。史迪威在日记中写道："我们签订了攻守同盟。不论出于什么原因，她们现在很当真，或许我们能获得一些成就。"

果然，宋蔼龄、宋美龄又于9月15日、18日、20日、25日和28日，分别在新开寺蒋介石家中及孔祥熙家里与史迪威会晤。两姐妹告诉史迪威有人正在策划

1944年9月28日美国经济与军事代表团访问重庆。自左至右：外交部部长宋子文、美国战时生产部主任端纳·奈尔逊、蒋介石、美军少将赫尔利、美驻华大使高斯、中国军事委员会参谋总长何应钦。

撤换他，转告了人们抱怨史迪威的那些话：他曾叫俞飞鹏"土匪"，他在备忘录上签名是"美国中将"，而不是"委员长的参谋长"；他"傲慢"，讨厌中国人，说中国人不是好东西。的确，史迪威在日记里，在讲话中，常常斥责和谩骂国民党政府与蒋介石本人。史迪威估计，中国军队每天发表的战报，其中至少有百分之九十是假的，认为美国"支持这个腐朽政权"和"盖世太保（指戴笠领导的特务组织）支持的一党制政府"根本是错误的。

宋蔼龄与宋美龄还向史迪威透露，蒋介石现在受到各方面压力，只要他去向蒋介石说几句道歉的话，事情就过去了。以"醋性子乔"诨名著称的这位美国将军，为避免被免职，只好强压住心中的怒火，于10月17日跑到蒋介石那里去演出由宋氏两姐妹导演的这场戏。史迪威对蒋介石说：他唯一的目的是为了中国好，如果他有错的话，那并非有意。蒋介石与史迪威握手言和。蒋介石在这天的日记里写道："最后允史迪威悔改留任，重加信用。"史迪威认为这是一次"该诅咒的经历"，感到不是味道，他在心中愤愤地想：一条响尾蛇没有发出响声就咬人了。

宋氏两姐妹虽未提及宋子文请求罗斯福召回史迪威的真相，但史迪威还是怀疑宋子文从中做了手脚。10月18日，史迪威在日记中写道："有一种预感。

是宋子文？他是制造麻烦者？如果罗斯福得到情况说我破坏关系，他从哪里获得的呢？答案——只有从宋子文那里。因此，宋子文想免我的职，为什么？因为我和蒋夫人合作，而她是为了大元帅，这不利于宋子文的野心。"

史迪威的怀疑又从另外一条渠道得到了验证。10月21日，史迪威在日记中说："啊，是宋子文。他在新德里告诉萨姆维尔这事就要实现了。"原来，在转印飞渝途中，宋子文向萨姆维尔透露了罗斯福将更换史迪威，由他接替的消息。抵达重庆后，萨姆维尔恐怕由自己顶替史迪威而招致史的怪罪，便将宋子文的谈话内容对史迪威和盘托出。史迪威后来在日记中兴灾乐祸地写道：当宋蔼龄、宋美龄保证其地位将大为改善，将来不致再遭攻击时，"我推测宋子文着实受到了打击"。美国披露的一些资料也证实宋美龄、宋蔼龄因史迪威事件与宋子文发生了争执，宋子文也因此失欢于蒋介石。

这样，发生在1943年9月、10月间的史蒋风波因宋氏两姐妹等从中斡旋而暂时平息。但史蒋之间的矛盾并未消除且愈积愈深，宋子文执意撤换史迪威的念头也未消失，一有机会便旧话重谈，最终促成1944年10月史迪威被召回。

1944年4月，中国国民党正面战场在豫湘桂战役中大溃败。美国政府担心国民党军队完全崩溃和投降，影响太平洋方面作战胜利。7月7日，罗斯福向蒋介石发出"紧急建议"要求由史迪威"统帅中美一切军队，授以全责全权，以调度和指挥必需的行动而阻遏敌军的深入"。蒋介石表面上表示"原则赞同"，暗地里却电令在美游历的孔祥熙到处宣传不宜由史迪威统帅中国军队的种种理由。8月23日和9月18日，罗斯福致电蒋介石对中国迟迟不任命史迪威统帅中国军队提出严厉指责，要他承担由此引起的一切不良后果和责任。罗斯福的强硬态度，逼使蒋介石向美国政府摊牌了。当9月19日史迪威将罗斯福措辞强烈的电报当面交给蒋介石时，蒋介石怒火中烧，他在日记中大书"实为余平生最大之耻辱也"，决心赶走史迪威。

当天宋子文正式向美国政府提出召回史迪威的要求。罗斯福"面临一种抉择，或者是强压蒋介石接受史迪威将军掌管全中国的军队，或者是拒绝向蒋介石将内政考虑让位于作战努力的态度表示屈服。罗斯福选择了阻力最小的一条路。结果是蒋介石赢了"。10月1日，孔祥熙报告蒋介石说：霍浦金斯已经告诉他，罗斯福准备召回史迪威。宋子文玩手腕，故意将此事告诉史迪威，引得史迪威大骂罗斯福着手割他的喉咙。10月19日，罗斯福致电蒋介石，任命魏德迈接替史迪威。20日下午，史迪威乘飞机离开中国回国。史迪威成为美蒋矛盾发展的牺牲品，宋子文也终于如愿以偿。

17

参与联合国的组建

为了最后战胜国际法西斯及维护战后世界和平与安全，中、美、英、苏倡议，建立一个国际性组织，定名为联合国。

宋子文率团出席旧金山会议，参与联合国的组建。他在大会上发言，阐述了中国对国际事务的立场，代表中国政府对联合国宪章的制定提出了若干意见。

早在1941年12月太平洋战争爆发后，中国政府就向英、美、苏各国提出了在远东和太平洋联合作战的建议，而其他各国则希望建立一个更广泛的世界性的反法西斯阵线，共同对轴心国作战。中国接受了这个主张，正式向德、意宣战，以示与英、美、苏站在同一立场。1942年1月1日，有26国参加的《联合国家宣言》在华盛顿签字。在这个宣言中，中国与英、美、苏同为发起国并列名于签字各国之首。这是中国首次作为反法西斯的主要盟国参加国际活动。1943年10月30日，中国又与美、苏、英三国在莫斯科共同签署了《普遍安全宣言》，宣言中提出了建立战后国际和平组织的主张。中国由此不仅成为联合国的发起国之一，而且确定了在联合国中的大国地位。1943年11月，蒋介石代表中国出席了在开罗举行的中、美、英三国首脑会议，并于12月1日发表了《开罗宣言》。开罗会议再一次确认了中国在战后国际和平组织的地位。1944年8月21日至10月7日，美、英、苏三国和中、英、美三国的代表先后在华盛顿附近的敦巴顿橡树园举行会议，正式倡议建立一个国际性机构，定名为联合国，来负责维护世界和平与安全，并建议由美、苏、英、中及法国担任联合国安全理事会的常任理事国。

中国在联合国安理会的常任理事国地位获得各主要盟国的明确赞同。可是在中、美、英三国会议中，中国代表外交部次长胡世泽所提之议案，如保证各国领土完整、政治独立等未获通过。因而慨叹我国虽列为大国，但"我国在大会发言之音调极为低微"。然而中国毕竟是作为安理会常任理事国登上联合国舞台的，这与30年代在国际联盟中的境遇不可同日而语。

根据1945年2月雅尔塔会议决定，同年4月25日联合国宪章制宪会议在美国旧金山召开，讨论《联合国宪章》。国民党当局原想一手包办中国代表团的组成，经中共及其他各党派的努力，才同意派以行政院代院长兼外交部部长宋子文为团长，以顾维钧（驻英大使）、魏道明（驻美大使）、土宠患（国民党代表）、胡适（国民党代表）、董必武（共产党代表）、吴贻芳（妇女代表）、李璜（青年

担任外交部部长的宋子文

党代表）、张君劢（民社党代表）、胡霖（无党派代表）为代表，由各方面联合组成的代表团出席了会议。中国代表赴美国旧金山的时间不一。宋子文于4月7日离重庆，13日抵华盛顿，不日至旧金山。

出席旧金山会议的除美、英、苏、中等发起国外，还有美洲的加拿大、墨西哥、古巴、多米尼加、危地马拉、萨尔瓦多、尼加拉瓜，欧洲的法国、比利时、荷兰、挪威、捷克、南斯拉夫，亚洲的印度、伊朗、伊拉克、沙特阿拉伯、叙利亚、土耳其，非洲的埃及、利比亚，以及澳洲的澳大利亚等46国的代表。美国首席代表为国务卿斯退丁纽斯，英国首席代表为外相艾登，苏联首席代表为外长莫洛托夫，中国首席代表为外长宋子文。

1945年4月25日下午，联合国会议在旧金山歌剧院开幕。46个国家的856名代表和近4000名政治家、外交家、专家、观察家、记者、广播员、摄影员出席了会议。会场布置庄严，天蓝色的背景，杏黄色的台柱，影映着46国的旗帜。在深灰色的幕布下，陈设着浅蓝色的桌子。桌子之后，放置着四张黄椅子。4时，铜乐队开始奏乐。当各国代表开始步入会场时，记者席上已挤满了人，每

中、美、英、苏四国外长在美国旧金山举行的《联合国宪章》制宪会议上讨论宪章草案。右一为宋子文

一次的摄影机亮光，就等于说某一个要人到场。知名人物如莫洛托夫、宋子文等到场时，电影摄影机拍摄之声更是不绝于耳。4时30分，音乐突然停奏，身穿军服的美国男女，从讲坛两侧步入讲坛：男的身穿咔叽制服，女的穿蓝色制服，稳健和自信的步伐，象征着联合国家的前途。这样构成了讲坛上的背景后，美国国务卿偕同加州州长华伦与旧金山市市长拉凡步入讲坛，歌剧院中一时掌声雷动。斯退丁纽斯紧握着桌子上的木槌，郑重地敲了三下，并称："我宣布联合国讨论世界机构之会议业已开始。"

其时联合国的重要发起人罗斯福总统已病逝，美新任总统杜鲁门在华盛顿通过电话向与会各国代表致欢迎辞。杜鲁门致辞约10分钟，主要强调了善邻友好的重要。接着由斯退丁纽斯致开会词，指明确立公正持久的和平系于此会。最后加州州长华伦、旧金山市市长拉凡以地主的身份致辞。他们强词，旧金山被选为开会地点的重要原因，在其为美国至前线距离最近之处，同时也是最后阶段的太平洋战事的供应站。

26日大会决定，美国国务卿斯退丁纽斯、中国外长宋子文，苏联外长莫洛托夫、英国外相艾登为联合会议四主席。根据轮流办法，均有同等的地位与权力。推定中、苏、美、英、法、澳、加、智利、捷克、墨西哥、荷兰、南斯拉夫、巴西及伊朗等14国为重要而有权力之执行委员会。执行委员会主席由斯退丁纽斯担任。

中国政府代表团团长宋子文

同日，中、美、英、苏4个邀请国首席代表发表演说。宋子文演说继斯退丁纽斯之后居其次，苏联代表第三，英国代表第四。这是根据英文字母排列的。

宋子文在演说中，首先代表中国，向已故罗斯福总统致追念之意。他说："在吾人心目中，罗总统不仅为美国第一之公民，抑且为世界有灵感之领袖。彼以热烈之情绪，为国际谋正义和平，其高瞻远瞩，与夫政治家风度及魄力，已使联合国之胜利在望。彼虽长逝，但其事功将继续领导吾人。"

宋子文接着说："自1931年以来，经14年之野蛮的战争，中国已忍受一大劫掠"，"吾人曾极力寻求一切方法，以谋补救。吾人明了如无一实际有效之集体安全制度，则任何一国之最后安全即无希望。"宋子文表示："为维持集体安全起见，应决不犹豫，以吾人主权之一部分，贡献于新的国际机构。吾人必须准备作若干牺牲，俾得完成各国共同目标。"宋子文的这些话，一方面表示了对建立联合国的迫切要求，另一方面也表示愿牺牲中国的部分主权，对美、英、苏等国做出新的让步。

根据美、中、英、苏四国首席代表轮流担任大会主席的决定，宋子文主持了4月28日举行的第三次全体大会。当宋子文由胡世泽及大会秘书二人陪同步上讲坛时，全场掌声雷动。宋以木槌击桌三下，口操平稳清晰的英语，宣布第三次全体大会正式开始。当日会议调换了发言人地位，首先倾听小国代表发言。发言者有埃及、捷克、洪都拉斯、印度、黎巴嫩及荷兰。各国发言人步至下层讲坛致辞时，宋子文与之一一握手。当时有报道说，宋子文态度慎重，主持会议准确，给各国留下良好的印象。

5月1日，举行第六次大会，通过了4个大组委员会和12个小组委员会名单。宋子文为指导委员会、执行委员会、提名委员及程序委员会成员。会议各组委员会开始工作后，对于宪章各项问题分别研究和补充修正，至6月15日，联合国宪章的起草工作大体完成。

宋子文在出席旧金山会议期间，于5月26日下午在退伍军人纪念大厦举行了一次记者招待会。到会的各国记者及中国记者有300多人。宋子文在热烈的掌声中步入会场，面对记者而坐，回答各国记者的提问。

宋子文首先介绍中国各代表，并特别说明中国代表中还有一位新闻界的代表胡霖。为了说明中国代表并非国民党一党代表，宋子文郑重声言，中国代表代表了各方面的意见，其中有反对党者。也有无党派人士，并说中国各代表将团结一致，共同努力。使旧金山会议能获成功。中国人民不论其政治信仰为何，均衷心赞助国际机构。宋子文表示感谢全球报界为中国之三项修正建议案广事宣扬，并感谢全球报界在中国抵抗日本侵略之14年中，予中国之协助。

从招待会中可以看出几点：第一，开会时，宋子文虽曾阐明这个会专为解答中国与国际机构的关系而举行，但有许多问题涉及中国内部国共两党关系。董必武也回答了记者的提问，董必武的答复由翻译员译成英文后，宋子文再用英文高声复述一次，博得不少的掌声。

第二，亚洲一些国家的记者关心中国对大西洋宪章的态度。某一印度记者问："中国是否认为大西洋宪章亦适用于印度及亚洲其他地方？"其余的问题则涉及菲律宾与朝鲜。由此可见，全世界被压迫、被剥削的民族，尤其是东方的民族，都希望得到中国的支持。这些问题，宋子文或顾维钧逐一作了问答。

第三，一些记者关注中国对日本的态度。有一记者问：文明的爱好和平的中国语，是否能聆听于大会之中？宋子文回答："中国不愿意浪费会中代表的时间，因为如需要翻译，便须浪费三倍的时间。"另一记者问："中国是否要消灭日本？"宋子文答称："中国虽时常警觉关于未来的侵略，决不宽宥那些战争罪犯，但不主张去杀绝日本整个民族。"

在记者招待会上，各记者提出的问题共41件，主要问题如下：

朝鲜记者询问中国何以不提出朝鲜出席旧金山会议之问题，一旦朝鲜解放后，中国是否主张朝鲜独立。印度记者问中国是否将建议设立联合国仲裁委员会，以打破印度之僵局。犹太记者问中国对于巴勒斯坦问题持何种态度。黑人记者问中国是否愿提出特别平等条款附入世界安全机构宪章之内。

宋子文数度声明此会议实际上不能讨论危害世界和平之一切特殊问题，并说：朝鲜问题已在开罗会议中解决。至于邀请何国参加旧金山会议一事，已在中国未参加之雅尔塔会议决定。大西洋宪章并无种族或信仰之区别。当印度记者一定要询问大西洋宪章是否适用于印度及其他亚洲民族时，宋子文答称：此一问题，最好去询问拟订大西洋宪章之国家。

菲律宾记者问：中国对于菲律宾独立持何态度？宋子文回答：中国深以得与菲律宾为兄弟之邦为荣。

记者询及日本对于中国之和平建议时，宋子文称，每次日本提出议和时，中国均告日本：请与联合国言之，吾人乃联合国之一分子，不能与汝等单独谈判。

记者问：战后日本是否将获准加入国际机构？宋说：吾人希望日本能补过，不再从事全国性之切腹。

记者问：战后中国对于日皇将如何处置？宋称：吾人希望在俘获日皇之前，此一问题已先解决。

记者问：中国对于惩处战争罪犯及构成战犯之条件有何见解？宋答：此并

非和平会议，战争罪犯并非本会议讨论范围。

记者问：击败日本需时几何？宋说：余亦希望获知此一问题之答复。

记者问：日本是否有领袖可以领导战后日本走人联合国家之途径？宋氏说：余之不幸经验，并未使余获得任何指示，并说，彼希望此种领袖能有出现。

顾维钧、王宠惠等回答了中国对于国际托管制度、国际法院、列强否决权及其他有关问题。

记者向董必武提出的问题有三起：一美国记者要求董必武起立，并问他是否带有"危险色彩"，实际是故意进行刁难。董必武未作正面回答，起立一笑置之。记者继问董必武：你是否认为旧金山会议之成功有助于造成中国政治上更大团结与和谐？董必武答道："然，但非有直接之影响"。记者又问宋子文：董氏究系代表延安，抑系代表团之代表？宋子文答："渠乃中国政府所指派者，而不问其党派为何。"

记者问：中国是否期望苏联参加对日作战？宋子文答道：余答复此一问题将冒犯余之好友莫洛托夫君。

记者最后请宋子文评论希特勒之死。宋说，独裁政治有其容易死亡之道。墨索里尼之死、希特勒之此都证明了这一点。

此次记者招待会是宋子文与中国代表团其他成员一起举行的。宋子文身着深蓝色便服，话里夹杂些时髦的美国语调，所以深受记者欢迎。与宋子文坐得最近的是顾维钧。宋氏向他征求的次数最多，属于法律方面的问题，则由王宠惠致答，王正直着身体，戴着一副宽边眼镜，像一位法官。吴贻芳女士身穿朴素庄严的中国黑旗袍和一条白色的颈巾。胡适、胡霖保持缄默，坐在一旁一声不吭。董必武笑容满面，遇有直接有关问题，从容作答。

以宋子文为首的中国代表团举行的这次记者招待会，给各国留下了较好的印象。在当时情况下，一旦措辞不当，就可能引起盟国的反感，如不答复，又会给人以态度暧昧的印象。中国代表的回答，令人感觉中国既坚持公正的立场。也期望与各同盟合作。

此次记者招待会给各国的另一表面印象，是中国内部趋于团结。一位英国记者对《大公报》记者说："今日所见情形，达成一个团结的中国似非难事。"然而，外国记者看到的只表面现象。实际上，国民党当局虽然被迫派出了联合代表团，但对中共派出的代表却百般挑剔，故意作难，只允许董必武一人为代表，随行秘书为章汉夫、陈家康，并处处加以防范，制定所谓宣传对策，加紧在旅美华侨中诬蔑、诽谤、攻击共产党，甚至对中共代表的经费来源是否有美方团体资助也要"密加详查"。董必武在出席旧金山会议期间，广泛地接触了美国友好人士和华侨，在华侨主持的许多集会上讲话，向他们介绍中国解放区政治经济情况和抗日战况及其所取得的战绩，阐述中共的基本政策，给华侨留下了深刻的印象，也揭穿了国民党当局对中共的种种造谣、诬蔑。这些情况，外国记者在宋子文举行的记者招待会上当然是看不出来的。

答中外记者问，只是宋子文此次在美期间的一个插曲。宋子文出席旧金山会议的主要目的，是要参与联合国宪章的制定。

如前所述，早在1944年10月，中、美、英、苏顿巴敦橡树园会议后，即发表了一个"国际组织建议案"。这个建议案分为十章，它的主要内容包括三个要点：第一是国际组织的意义；第二是组织的形式；第三是执行和制裁的手段。这一个新的国际组织的意义，也就是它所定的宗旨，是要"维持国际和平与安全，采取有效及集体步骤，以防止并消除对于和平的威胁，并制止侵略行动，并以和平方法，解决足以破坏和平的国际争端"。执行这一重大任务的机构，分为大会、安全理事会、国际法院和秘书处。如果所有交涉、和解、调解、仲裁及司法解决办法等和平办法，都不能解决争端时，则可由安全理事会会议决定施行制裁；又如在外交、经济及其他制裁手段都失去效力时，安全理事会有权采取必要的海陆空军行动，就是说可以用武力制裁了。

橡树园会议虽然提出了上述原则，但它只是建议案。至旧金山会议前夕，宋子文代表中国政府又提了三条建议：第一，宪章对国际争论应特别规定调整或解决方法，在此方面，应予正义及国际法原则以适当之注意。第二，全体会议对国际法条例原则之改变修正，应负责首作研讨，并提供建议。第三，经济及社会委员会应特别规定有助于促进教育及其他文化合作方式之规则。美国国务卿在大会开始时称，中国政府提出的上述建议将付诸大会正式商讨。

在会议中争论得最激烈的问题，一是否决权问题，二是大会的功能及权力问题。关于第一个问题，首先是英、美与苏联之间的意见不同。英、美方面，认为否决权的行使，只限于行动的阶段；而苏联方面根据雅尔塔会议的解释，认为否决权可以广泛运用于安全理事会处理国际争端的一切问题上，并且任何一强都有否决权，而不需要五强一致的否决。另一方面，则各中小国家，以澳大利亚为领导，根本反对五强行使否决权，对于苏联的观点完全不能接受。直到6月6日，因为苏联表示让步，五强对这个问题才达成协议。

第二个问题，就是大会和安全理事会职权的问题。在橡树园会议后，四强所提议案中，关于大会和安全理事会职权的划分，写得很清楚，将执行和行动的权力由大会交给安全理事会，所以骤看起来安全理事会的权力似乎太大了。但是，组织联合国的目的在保障世界和平，而要有效地保障世界和平自然需要一个有充分权力，并能行动迅速的机构来执行维护和平的事务。如果重大问题，都要经大会来通过来执行，则召开一次大会，在时间上既不能迅速，而开会时如果发动事端的国家笼络几个国家来捣乱，则一切问题很难立即解决，因而失去了效

1945年10月，出任行政院院长的宋子文。

能。第一次世界大战后的国际联盟，就是犯了这种毛病，以致未能发生它的效果。所以这个问题，在经过几度争执之后，终于大体上还是按照建议案的办法，规定在大会宪章里。

在讨论联合国宪章期间，中国国内政局发生了变化。5月31日，国民党六届一中全会决议：行政院院长蒋介石（兼）、副院长孔祥熙辞职照准；选任宋子文为行政院院长，翁文灏为副院长。

6月，宋子文以新的身份在美开展活动。6月4日，中美工商协会在旧金山欢宴宋子文与中国代表及新闻记者，宋子文发表演讲，表示中国在战后复兴与经济建设方面，将欢迎外国资本与技术，尤欢迎美国之资本与技术。6月14日，宋子文在华盛顿访晤美总统杜鲁门，杜鲁门告以美国迫切希望看到苏军早日向日军发动进攻，以便缩短战争，减少美军的损失。宋子文问美国如何理解雅尔塔秘密协议中某些行文的确切含义，杜鲁门含糊其辞地声明：他"不会做任何伤害中国的事情"。

旧金山会议期间，宋子文还多次会晤苏联首席代表莫洛托夫。莫洛托夫希望宋子文访苏，商谈中、苏有关问题。宋子文在美期间，国内重庆方面曾发布消息："现在仍滞在旧金山之宋子文将于返渝之际，便道访问莫斯科，与斯大林会谈。"但便道访苏计划未能实现。6月20日，宋子文先期回到重庆。6月底，宋子文再从重庆启程赴莫斯科。

宋子文离美后，由顾维钧接替他在联合国宪章上签字。

6月26日，联合国宪章签字仪式在旧金山退伍军人大厦举行。大厦礼堂中之地板垫高与剧台平齐，铺以直径达36英尺之蓝色地毯，地毯中央有直径长11英尺的蓝色圆桌，桌子上摆着宪章、两支钢笔和中国代表专用的毛笔。窗帘悉为深蓝色，桌后仅有一张法国路易十四时代的椅子，使代表坐而签字。新制之联合国国旗，则悬于桌后，呈鲜艳之半圆形。各签字代表由礼堂之北进口处依次出入。指导委员会决定，各代表只能用英、法、中、苏、西5种文字在世界宪章上签字。

中国代表董必武在联合国宪章上签字

中国代表团成员吴贻芳（前）在宪章上签字

　　中国代表由顾维钧领导，于正午步入大礼堂。按照四个发起国的英文字母顺序，中国是第一个在宪章上签字的国家。顾维钧为签字的第一人，用毛笔在此历史文献上签书中国字体，在国际外交与世界性公文中以中文签字历史上尚属第一次，由于中国在这次战争中首先起来抵抗侵略国，得到了用中文首先在大宪章上签字的特殊荣誉。

　　顾维钧签字后，即对圆桌上的麦克风作了一分钟广播。顾称："今日乃吾人全体之一伟大之日，敝人代表中华民国于新世界安全组织宪章签字之时，衷心感动无已。吾人一代中，侵略势力曾两度席卷世界于流血毁灭之狂涛中。中国乃目前战争中首被侵略势力攻击之国家，今日得见联合国家莅临美国礼仪之邦之旧金山，拟定世界和平宪章，实尤感欣慰。敝人深盼并深信建立于欧洲胜利与及早最后击败日本基础上之新安全组织，新全体会员之继续合作，将可使未来世代免受战争之恐怖而享和平繁荣之福。"

　　顾氏致辞毕，我国其他代表依次用国产毛笔以中文在宪章上签字。继顾维钧之后首先签字者为王宠惠，其后为魏道明、吴贻芳、李璜、张君劢、董必武及胡霖。宋子文因已返重庆，未参加签字。中国代表团的签字仪式共历时15分钟。在8名代表中最引人注目的是女博士吴贻芳和中共代表董必武，前者是第一位签字的女代表，后者是一位有传奇经历的老者。各国代表团回国前夕都得到一套特制的纪念卡，其中有一张就是董必武签字时的照片。我国代表于签字后离厅，苏联代表团继之入厅签字。依规定，中国之后为苏、英、法，其余各国按字母次序签字，美国以地主之资格最后签字。

联合国宪章的内容，包括联合国的宗旨及原则、会员、机关、大会、安全理事会、争端之和平解决、对于和平之威胁、和平之破坏，侵略行动之应付方法、区域办法、国际经济及社会合作、经济及社会理事会、非自治领之宣言、国际托管制度、托管理事会、秘书处、杂项条款、过渡安全办法、修正批准及签字等19章计111条。

旧金山会议的收获，是制成了联合国宪章；而这个宪章，正是产生联合国的胞胎。所以，旧金山会议的召开，也就促成了联合国的诞生。以宋子文为首席代表的中国代表团，为联合国的诞生做出了积极贡献。

18

赴苏联会谈

抗战胜利前夕，为解决中苏历史遗留问题，宋子文率团出访莫斯科，与斯大林、莫洛托夫等举行会谈。

在会谈中，苏方以出兵攻日作王牌，而以外蒙独立、东北的特殊利益作交换条件。苏方称《中苏友好同盟条约》必须在上述问题获得满意答复后，才可以成立，苏联才可以出兵。

蒋介石电示宋子文：谈判事宜"授权兄权宜处置"。

然而，中苏多次会谈，均陷入僵局。

会谈的症结究竟在哪里？

1945年日本投降前夕，以宋子文为首的中国国民政府代表团同以斯大林为首的苏联政府代表团在莫斯科进行了两个阶段的谈判。双方于8月14日正式签订了《中苏友好同盟条约》，同时还签订了《关于中国长春铁路之协定》《关于大连之协定》《关于旅顺口之协定》《关于中苏此次共同对日作战苏联军队进入中国东三省后苏联军总司令与中国行政当局关系之协定》。这固然是中、苏之间的双边谈判，然而从大背景看与美国方面有着密切的联系。可以说，1945年的中、苏会谈，与第二次世界大战胜利前夕美国在远东与苏联的妥协密不可分。

早在1943年3月，美国总统罗斯福便向当时任中国外交部长的宋子文指出，中、苏间应直接就苏联以前在中国东三省的铁路等特权和外蒙古问题谈判。德黑兰会议期间，当斯大林谈起苏联以后将积极参加远东事务但在远东却没有一个不冻港时，罗斯福便提出在国际保证下让大连成为自由港的想法，并认为中国会同意这种安排。

1944年6月下旬，美国副总统华莱士访问重庆时，向蒋介石提到苏联在远东

雅尔塔会议上的三巨头。左起英国首相丘吉尔、美国总统罗斯福与苏共第一书记斯大林

需要不冻港和罗斯福的使大连成为自由港的建议，他要求蒋介石避免同苏联发生矛盾。蒋介石提出由美国充当中、苏之间的中介人，但遭到华莱士的拒绝。华莱士表示，美国将乐意使中国和苏联走到一起，但不作为两国所签协定的保人。

1944年12月14日，斯大林向美国驻苏大使朗里曼谈到苏联加入对日作战的条件：库页岛和千岛群岛南部归还给苏联；重新租借包括旅顺、大连在内的港口及其周围地区；租借中东铁路；承认外蒙古的现状，即保持外蒙古作为一个独立的实体。

1945年2月8日，罗斯福与斯大林在雅尔塔首次讨论苏联加入对日作战的政治条件，基本达成一致意见。2月11日，斯大林、罗斯福、丘吉尔签署了《苏美英三国关于日本的协定》即《雅尔塔协定》。其中规定：苏联在德国投降后的两三个月参加对日作战。其条件是：外蒙维持现状；库页岛南部及邻近一切岛屿交还苏联，大连商港国际化，但苏联的优越权益须予保证；苏联租用旅顺作为军港；中苏合营中东铁路和南满铁路；千岛群岛交还苏联。协定并称有关外蒙古及旅大、中东南满路的问题尚需征得中方同意，但又称美国将采取步骤取得该项同意，使苏联的这些要求在日本被击溃后毫无问题地予以实现。苏方表示准备与中国国民政府签订苏中友好同盟协定。雅尔塔协定是一个没有中国代表参加讨论、事先没有征得中国同意、事后也没有由中国参与却涉及中国重大领土主权问题的协定。

雅尔塔会议后，中国政府急于了解会议对远东问题的具体规定，并寄希望于美国在以后的中苏会谈中能站在中国一边，抑制苏方提出的过分要求。但是，中方的上述愿望同美国当时的考虑并不相符。1945年3月6日，宋子文致电当时在华盛顿的美国驻华大使赫尔利，希望能立即赴美会见罗斯福。3月9日，美方答复宋子文：罗斯福总统和代理国务卿认为，"从现在到旧金山会议之间的时间太短，不能进行有效的商议；此外，在旧金山会议之前一位外长的来访，会引起其他有关国家外长的误解，从而使事情复杂化"。收到这一答复后，宋子文又于3月10日急电罗斯福的特别顾问霍浦金斯，希望他再次转告罗斯福："委员长要求我现在就赴华盛顿，与总统讨论某些极为重要而机密的事项，这些事项关系到加速战争的进程和改善国际关系。""对中国而言，现在从总统那儿获得建议是至关重要的。我将作为行政院代理院长而不是外交部长前来。"并指出："在雅尔塔三大国会议上，总统已与其他两国的首脑和外长们会谈过。既然中国没有出席，我认为现在前来有助于我们在中国战争中的努力，有助于旧金山会议四个发起国之间的关系。"但美方仍不同意宋子文赴美会见罗斯福。

3月12日，罗斯福在中国驻美大使魏道明的追问下，曾透露斯大林在雅尔塔会议上对外蒙古、东北铁路和不冻港提出了要求。但是，罗斯福只字不提美、苏、英已就远东问题达成了协议。

继罗斯福之后出任美国总统的杜鲁门同样不愿意把雅尔塔协定的内容告知中方。5月10日，赫尔利从重庆电告杜鲁门：罗斯福总统曾委托他把雅尔塔协定告诉蒋介石，蒋已从魏道明那里得知了除外蒙古问题之外的所有内容。他建议向苏打招呼并向蒋告知雅尔塔协定的全部内容。但杜鲁门电复赫尔利，指出"目前就由你来向中国政府提供任何消息，都是不合适的"。

5月26日，杜鲁门派霍浦金斯赴苏与斯大林会谈。双方协定：宋子文应于7月初抵达莫斯科，由苏联政府直接向宋提起雅尔塔协定；宋到达莫斯科时，再由赫尔利将雅尔塔协定的内容正式通知蒋介石。这样安排，实际上是要迫使中国方面在没有准备的情况下，接受美、苏确定的条件。

但是，赫尔利于1945年5月下旬已将雅尔塔协定的内容私下告知了蒋介石。5月22日重庆方面即将此情况电告在美国的宋子文，5月23日蒋介石又致电宋子文，要宋向杜鲁门面陈国民政府的基本立场。另外，同宋子文一起在旧金山出席联合国成立会议的美国国务卿斯退汀纽斯也于6月4日致电杜鲁门，主张在宋子文离美前告知雅尔塔协定的内容。这样，杜鲁门才于6月9日在华盛顿会见了宋，把雅尔塔协定的内容告诉了他。会见时，美方要求宋子文暂时不要把雅尔塔协定内容电告蒋介石，以免泄密。宋子文认为，雅尔塔协定关于远东的条款用词含糊，对某些问题未作出明确的规定，如不事先澄清，对中国甚为不利。6月11日，宋向杜鲁门提出：（一）外蒙古的"现状"可以有多种解释；（二）对有关库页岛的条文感到满意；（三）关于辟大连为自由港，中国的主权应得到承认，该港的行政管理权应属于中国；（四）关于租借旅顺港，不得援引日本的前例延长租借期；（五）关于南满铁路，苏联不得控制铁路沿线两侧地区并派驻军队，中国反对在"满洲"驻有任何外国军队；（六）如何理解雅尔塔协定中所载的俄国在满洲的"优越权益"须予考虑。6月14日，宋子文又向杜鲁门指出：在1924年的中苏协定以及苏俄同张作霖达成的协定里，苏联政府已经自愿放弃了一切特权、租借地，以及包括治外法权在内的特权地位，他到莫斯科会见斯大林时，须澄清这些问题以及苏联在大连港的"优越利益"这一概念的含义；在经历了中日战争的一切苦难后，中国政府和民众将坚决反对在中国恢复租借港口的制度。宋子文的这些意见。实际上表露了对雅尔塔协定的不满和对苏联的担心。

6月15日，杜鲁门电斯大林："宋子文今日动身经重庆赴莫斯科，他将于7月1日前到达莫斯科，就苏中协定进行具体讨论。"这一切说明，宋子文此次赴苏会谈有着特殊的背景，它不仅有中苏两国自身的原因，而且是美国力图在远东与苏联达成妥协的产物。

1945年6月30日，行政院长兼外交部长宋子文偕外文部次长胡世泽及沈鸿烈、钱昌照、蒋经国、张福运、卜道明、刘泽荣等抵莫斯科。苏联外交人民委员会委员长莫洛托夫等前往机场迎接。宋氏与各欢迎人员经过一阵寒暄之后，即发表简短致辞称："今天来到我们伟大盟邦苏联的首都，感觉十分愉快，本人代表中国人民和政府向苏联人民和政府致敬。本人祝贺苏联军民此次对法西斯德国获得的光荣胜利，本人对于苏联军民在斯大林元帅领导下于此次世界大战中所表现的英勇无上的精神，异常钦佩。本人更相信中苏诚恳的合作，必能对世界永久而巩固的和平有极大的贡献。"

宋子文抵莫斯科后，当天下午6时30分与斯大林、莫洛托夫会晤。苏方参加会晤的尚有彼得罗夫大使和苏外交次长洛索夫斯基。中方代表除宋子文外，尚有傅秉常大使和胡世泽外交次长。这次会谈仅15分钟，是礼节性的交谈，未涉及实质问题。

第二次会谈是在7月2日下午8时至10时半。会谈中各种问题均列出讨论，但多数未得结论，谈蒙古问题时争执得最激烈。斯大林要中方同意外蒙古独立，宋子文则加以拒绝。雅尔塔协定中有"外蒙古的现状应予维持"的字句，问题是如何解释"现状"一词。

第二次会谈后，宋子文致电蒋介石，拟具打开外蒙古问题僵局3项办法："（一）与苏联订约，在同盟期间，准其在外蒙古驻兵；（二）予外蒙古以高度自治，并准苏联驻兵；（三）授权外蒙古军事、内政、外交自主，但与苏联

1945年8月14日，《中苏友好同盟条约》签字仪式——宋子文（左五）、斯大林（左七）、王世杰（左八）、傅秉常（左九），苏方签字者为莫洛托夫。

各苏维埃共和国及英自治领土性质不同。"蒋介石于7月6日复电宋子文，拒绝承认外蒙古独立，但保证给予外蒙古高度自治权。

宋子文在得到蒋介石指示后，于7月7日与斯大林进行了第三次会谈。在第三次谈话中，宋将中方意见传达给苏联代表。

苏代表问："何谓高度自治权？"

宋解释说："外蒙古将来可享受内政外交和军事的自主，外蒙古获得高度自治权后，可以运用外交自主的原则，与苏联成立协定，如运用军事自主的原则，可以让苏联驻军。如此，同样可以达到苏联的目的。"

苏方在这次谈判中，继续以出兵攻日做它的王牌，而以外蒙古独立、东北的特殊权益做它的交换条件。所谓的"中苏友好同盟条约"必须在上述问题获得满意的解决以后，才可以成立，苏联才可以出兵。这时，离杜鲁门、丘吉尔、斯大林会谈的日期已近，斯大林特别延迟赴德日期，以候中国方面的正式答复。

美英出于本国的利益考虑，也赞同苏联的条件。在各方面压力下，蒋介石便向宋子文发出指示说：

"中国政府今愿以最大之牺牲与诚意，寻求中苏关系根本之解决，扫除今后一切可能之纠纷与不快，藉获两国彻底之合作，以完成孙总理在日与苏联合作之遗志，中国最大之需要为求领土主权行政之完整，与国内真正之统一，于此有三项问题切盼苏联政府予以充分之同情与援助，并给以具体而有决心之答复。问题如下：

（一）东北领土主权及行政之完整……兹为中苏共同利益计，中国准备共同使用旅顺军港，大连辟为自由港，期限均为20年。至旅顺之行政管理权，则应属中国，以期中国在东北之主权行政真能完整。中东南路干线可与苏联共同经营，利润平均分配。至铁路所有权应属中国，铁路支线及铁路本身以外之事业，均不包括在共同经营范围之内，期限均为20年。

（二）……阿尔泰山脉，原属新疆，应仍为新疆之一部。

（三）中国共产党有其单独之军事及行政组织，因之，军令政令未能全归统一，深盼苏联只对中央政府予以所有精神上与物质上之援助，苏联政府对中国之一切援助，应以中央政府为限。

（四）外蒙古问题为中苏两国关系症结之所在，为中苏共同利益与永久和平计，愿于击败日本及上述各项由苏联政府接受之后，准许外蒙古独立，为避免将来纠纷起见，拟采取公民投票方式，投票以后中国政府当宜宣布外蒙古之独立。关于外蒙古区域之范围，应以原疆界中国之旧地图为准。中国政府深望苏联政府能明了中国政府极大之牺牲与诚意，切实谅解，借以获得两国永久而根本之合作。"

宋子文接到蒋介石指令后，即于7月9日与苏方代表进行第四次会谈。宋子文向苏联代表说明，割弃领土之痛苦与中国牺牲之重大，非有补偿，不能向全国人民交代，并即席译述了蒋介石的指令。苏联代表答复道，关于东北，愿作任何中国所希望之声明，苏联承认中国在"满洲"之完全主权；关于中国共产党，苏联以往不予支持，将来亦无支持之意向。苏联援助应给中央政府，以往既系如此。

然而，这次会谈后，东北问题并未因领土主权完整的被承认而得到解决。在此前会谈中，苏联要求铁路经营与旅大特权的期限为40至50年，同盟期间为20年，而蒋介石只答应均为20年。苏联认为太短，要求改为30年，并为国民政府同意。其次双方争论的焦点是铁路管理、旅大管理与旅顺军港附属地之范围等。

关于大连问题，苏联提出享有港湾专用的特殊权利，两国共同管理，盈余均分。国民政府承认第一点，指定若干码头仓库，租于苏联，并给予免除租税之便利；对于第二点，则以已承认领土完整的原则拒绝之。

关于旅顺问题，苏方要求军港由苏联管理，附属区之行政官吏，中国须征得苏联同意方可任命，并要求旅顺附近的缪岛、雷岛不设防。国民政府只允许旅顺军用港共同使用。

铁路的经营，苏联要求设理事会，理事10人，中、苏各半。理事长华人，铁路长苏人。但国民政府只允许中东路之理事长为华人，铁路长可由苏人担任，而南满路之理事长应为苏人，铁路长应为华人。

由于意见不一，双方又于7月11日举行了第五次会谈，7月12日举行了第六次会谈。后因斯大林和莫洛托夫外长须赴德国参加三国会议，会谈不得不暂告一段落，而将未决的问题留待继续商讨。第一阶段会谈后，双方共同发表了一个公告，其文曰："在过去数日，苏联人民委员会委员长斯大林，外交人民委员会委员长莫洛托夫与中华民国行政院长兼外交部长宋子文氏在莫斯科进行了谈话。以下人员参加了谈话：苏方为外交人民委员会副委员长洛索夫斯基，苏联驻华大使彼得罗夫；华方则为外交部次长胡世泽、中国驻苏联大使傅秉常与蒋经国氏。谈话目的在改进中苏关系。因此，有关双方的重要问题，均曾提出讨论。谈话在友好的氛围下进行，并显示极大之相互谅解。谈话以斯大林及莫洛托夫须离苏参加三国会议，宋子文须返重庆数日而告中断。唯在最近将来，谈话将继续举行。"

第一阶段会谈结束后，宋子文于7月17日由莫斯科飞返重庆。7月19日，蒋介石会见宋子文，讨论了中、苏谈判情况。7月20日，蒋介石致电美国总统杜鲁门，阐述中方过去及今后仍将在莫斯科谈判中所坚持的立场。这一立场是：苏联完全承认中国在东北的主权，并明确保证停止对中共进行任何道义和物资援助，作为交换条件，同意维持外蒙古的现状直至战争结束，那时将举行公民投票。同时还准备：（1）同意苏联海军舰队有权与中国海军舰队一起利用旅顺作为基地；（2）同意把大连变为中国政府管辖之下的开放港口；（3）同意对"满洲"铁路的管理权转交给中苏联营公司。蒋在电报中请求杜鲁门在苏联政府面前支持这一立场，"使斯大林确信上述立场是有根据的"。7月23日，杜鲁门复电蒋介石称：美国政府建议履行《雅尔塔协定》，"但我不请求您做出超过这一协定范围的任何让步"，建议蒋介石"安排宋子文回莫斯科继续努力同苏联政府达成完全的谅解"。可见，中、苏会谈期间，国民政府一直在取得美国的支持；美国政府为其在华利益着想，也在指导国民政府在中、苏谈判中的活动。

第一阶段的中、苏谈判休会后，斯大林飞赴柏林出席波茨坦会议，宋子文则回重庆与蒋介石商议。

英、美、苏三国波茨坦会议于7月17日召开，历时17天，于8月2日结束。斯大林及莫洛托夫于8月5日返抵莫斯科。同日，宋子文偕新任外交部长王世杰及熊式辉、蒋经国等一行14人启程。苏联驻华大使彼得罗夫和他的随员4人同行。

宋氏等于8月7日下午4时抵莫斯科，莫洛托夫等前往机场迎接。当晚斯大林即与宋子文在克里姆林宫进行了会谈。这次会谈中，斯大林已同意不把大连港及相连的铁路划入苏联军事区，但拒绝了宋子文的方案，即大连在中国行政管理之下，可向苏方出租部分港区作商业用途。斯大林坚持建立一个双方有同样名额的委员会来管理大连港和大连市。在此问题上，双方相持不下。此外，斯大林还提出，在苏联占领区，应将包括企业股份在内的某些日本资产视作苏军的战利品。宋子文对苏方的上述要求表示不满，8月9日致电蒋介石："苏方对于大连行政，似将坚持苏必须参加管理，关于此问题，职等拟于必要时为权宜之拒纳，因苏以对日宣战，形势趋紧，不容过事迁延。"8月11日，蒋介石复电宋子文："大连问题名义上须为自由港，其与海军有关之码头与港务，则准雇用苏员办理，是于苏联目的并无损害，唯此事准由兄等权宜决定。"对于外蒙古问题，蒋介石也电示宋子文："对于外蒙古及其他未决事项，准授权兄等权宜处置。"这样，宋子文等便可放心谈判了。

宋子文此次赴苏之际，国际反法西斯战争形势发生了急剧变化。8月6日和9日，美国分别在日本广岛、长崎投下了两枚原子弹。这一新式武器具有2万吨TNT的威力，较英11吨"地震式"炸弹的爆炸力多200倍，白宫的报告说："此项原广弹的装备，是英美科学家与德国科学家从事此项工作时所共同发明的。"杜鲁门总统说："我们在此项历史上最大科学赌博中，已耗去20亿美元，终于获胜。新炸弹对破坏工作开辟了一新的力量，以补充这逐渐增长的对日力量。现正准备迅速而彻底地破坏日本任何城市地面上的每一生产机构，并将毁其所有船坞、工厂及交通。我们将彻底摧毁日本的力量，以获胜利。"

8月8日，莫洛托夫又正式接见日本驻苏大使佐滕，发表声明称："同盟国鉴于日本拒绝投降，乃邀请苏联政府参加对日本之侵略作战，以缩短战争期间，减少生命之牺牲，协力迅速恢复全面和平。苏联政府为履行其对同盟国之责任起见，乃接受同盟国之建议，并已参加本年7月26日之宣言（即波茨坦宣言），苏联政府认为此项政策，以其本身而论，可早日导致和平，使人民自再行牺牲与受苦难中获得解放，并使日本人民获得一项机会作无条件投降，避免德国所受之危机与破坏。苏联政府有鉴于此，声言自明日即8月9日起，苏联将认为本身与日本进入战争状态。"

8月9日，百万以上苏军，即自东西二方向沿2000英里的前线攻入已为日本占领的中国东北，与日本关东军发生激战。苏联军队越过300英里的西伯利亚

向日广岛投下原子弹的美国轰炸机"埃诺拉·盖伊"号

地区，自海参崴以西80英里的长春至海参崴以北250英里的呼图，四路逼近满洲里。当时日本大本营广播说，东三省的日本防军为自卫计正予迎击，战事于各线猛烈展开。苏军以空军为前驱，轰炸东三省海拉尔、哈尔滨、佳木斯、吉林及朝鲜北部罗津、元山的交通中心。苏军于午夜对日提出宣战后，数分钟即展开辽东的首次攻势。日本紧急动员东三省的伪军，同时伪满傀儡政府于4时颁布"全国自卫法"，并于9时召开紧急国务会议。但这些都是于事无补的，苏联的对日作战，加速了日本的投降。

在这样严重的压力下，8月10日日本外相不得不向苏联驻日大使玛立克表示愿意接受波茨坦宣言，日本政府亦同时建议接受波茨坦公告，并以下列照会分致瑞典及瑞士政府请其转致中、美、英、苏四国："日本天皇深望促成世界和平，早日停止战争，俾天下生灵得免战争之继续而沦为浩劫。日本政府为服从天皇陛下之圣旨起见，已于数星期前请当时仍居中立地位之苏联政府出面斡旋，俾对诸敌国恢复和平，不幸此种为促致和平之努力，业已失

败。日本政府为遵从天皇陛下恢复全面和平，希望战争造成之不可言状痛苦

能迅速终结，乃作如下决定：日本政府准备接受中美英三国领袖于1945年7月26日在波茨坦发表，其后经苏联政府赞成之联合宣言所列举之条款。而附以一项谅解说：上述宣言并不包含任何要求有失天皇陛下为至高统治者之皇权。日本政府竭诚希望此一谅解能获保证，且切望关于此事之明白表示，能迅速获至。"这时，中、美、英、苏虽然还要交换关于日本投降的意见，但无论如何，日本已无再战的勇气，中国抗日战争和世界反法西斯战争的胜利已经确定无疑了。

苏联出兵和抗日战争的胜利，使中、苏会谈迅速达到了高潮。8月11日，双方又举行了一次会谈。中国方面出席的是宋子文院长、王世杰外长、胡世泽次长以及蒋经国、刘泽荣等，苏方出席的则为外长莫洛托夫，副外长洛索夫斯基，驻华大使彼得罗夫等。14日，莫斯科广播称：中、苏两国已签订"友好同盟条约"，"关于共同利益及其他一切问题，亦已成立完全协定"。至此，中、苏会谈结束。

以宋子文为首的中国国民政府代表此次赴苏会谈，最后同苏联政府签订了《中苏友好同盟条约》《中苏关于中国长春铁路之协定》《关于大连之协定》《关于旅顺口之协定》《关于中苏此次共同对日作战苏联军队进入中国东三省后苏联军总司令与中国行政当局关系之协定》。上述条约于8月14日在莫斯科签字后，8月25日即已为苏联政府所批准，中国政府于8月24日提经国民党中央常会、国防最高委员会及立法院认定批准，25日业已完成批准手续，其内容要点为：

（一）中苏友好同盟条约。此约签订目的，在求中苏共同对日作战至完全胜利为止，并求防止日本再度侵略。条约中规定，如他日任何一方再被日本攻击，他方即予军事援助。至于缔约国在联合国宪章下所有之权利义务，则不受本约之影响。本约有效期为30年。

（二）苏联对华三项声明。第一，苏联声明，给予中国以道义的军需的及其他物质上的援助，此项援助完全给予中国中央政府，即国民政府。第二，苏联重甲尊重在东三省之完全主权及领土行政之完整。第三，苏联声明，对于新疆问题，苏方无干涉中国内政之意。

（三）外蒙古问题。中国政府声明，日本战败后，外蒙古如依公民投票证实其独立愿望，中国当承认外蒙古独立。苏联声明，苏方将尊重外蒙古之政治独立与领土完整。

（四）关于中东路及南满路问题。中东及南满两路之干线（合称为中国长春铁路）由中苏共有经营，以30年为期，期满无偿归还中国。该路纯为商业性质之运输事业，其路务由中国政府组织，不由铁路自办。除中苏两国共同对日作战期外，该路不运苏联军队。

（五）关于大连问题。中国政府宣布大连为自由港，对各国贸易航运一律开放。大连一切行政权属于中国，唯港务长由苏籍人员担任，开放期定为30年。

（六）关于旅顺问题。在中苏旅顺协定有效期间30年内，以旅顺口为中苏共同使用之海军根据地。该地区民政归中国管辖。在该区域内并设中苏军事委

1945年8月，宋子文赴莫斯科签订《中苏友好同盟条约》。

员会，以处理有关共同使用等问题。

（七）苏军进入东三省后之行政问题。中国政府派遣代表及助理人员在业经收复区内设立行政机构，并指挥之。国民政府并派军事代表团，驻在苏军总司令部，以资联系。

（八）苏联军队撤退问题。斯大林声明，在日本投降后三星期内开始撤兵，最多三个月内苏军全部自东三省撤退。

《中苏友好问题同盟条约》等条约举行签字仪式时，中国方面原拟宋子文在条约上签字，因苏方提出不由斯大林而由莫洛托夫外长在条约上签字，所以中方亦由外交部长王世杰在条约上签字。斯大林和宋子文出席了签字仪式。

8月15日，宋子文自莫斯科赴华盛顿。次日，王世杰等离苏回国。

1945年8月24日，日本投降之后，重庆举行批准联合国宪章签署典礼，蒋介石发表演讲，题为《完成民族主义维护国际和平》。全文共6000余字，分四节：一是承认外蒙古合法独立；二是予西藏高度自治；三是希望与泰、越、缅恢复正常关系；四是依外交途径解决九龙香港问题。但九龙香港问题并未解决，外蒙古独立却得以实现。

1946年1月5日，国民政府发表承认外蒙独立公告如下："外蒙古人民于民国三十四年10月20日举行公民投票，中央曾派内政部次长雷法章前往观察……公民投票结果已证实外蒙古人民赞成独立。兹照国防最高委员会之审议决定，承认外蒙古之独立。"2月，蒙古政府派遣副主席齐米特多尔济、苏龙甲布率代表团一行前来重庆，与国民政府商谈建立邦交问题，决定互换外交代表。2月13日开

1945年8月，时任行政院院长的宋子文偕长女宋琼颐从莫斯科抵达华盛顿。

始，中蒙建立外交关系。蒙方代表苏龙甲布称：中国是继苏联之后世界上第二个与蒙古建交的国家。

解放战争后，逃到台湾的蒋介石，突然后悔起当初的行为，于是推翻了过去的决议案。这就是后来台湾的中国版图包括外蒙古的缘由。

宋子文 全传

·Biography of Song ziwen

19

陷入困境

日本投降后，四大家族大发劫难财，趁机膨胀官僚资本。国民党接收大员"五子登科"，抢占房子、车子、条子（黄金条）、女子、票子，激起民怨沸腾。

身为行政院长的宋子文在检讨报告中摆出各种理由，为自己和政府开脱罪责。

事实胜于雄辩。国民参政会参政员的件件质询案，使宋子文理屈词穷。

经过全国人民八年的浴血奋战，中国人民终于赢得了抗日战争的胜利。

抗日战争胜利以后，南京国民政府在政治上坚持独裁内战的方针，在军事上抢占战略要地，在经济上则派遣大批官员到收复区接收敌伪物资，掠夺人民财产。

在日本宣布投降之时，宋子文还在国外。宋子文1945年8月下旬回国不久，就主持了接收敌伪物资事宜，趁机膨胀国家资本和官僚资本。

1945年9月5日，重庆国民政府决定，在陆军总部之下，成立党政接收计划委员会，由何应钦任主任委员，谷正纲、肖毅肃为副主任委员。各战区、各省市亦相应设立党政接收委员会。

宋子文于1945年10月呈请蒋介石批准，成立行政院收复区全国性事业接收委员会，由行政院副院长翁文灏负责。各省市相应设立敌伪物资产业处理局。

宋子文此举，实际上是将原来由"陆军总司令"何应钦主持的敌伪产业处理大权，集中到行政院的直接掌握之下。

当时，形形色色的接收大员涌入收复区，以接收日伪财产为名，大肆劫掠侵吞国家和人民的资财。这些接收大员每到一地，首先抢占房子、车子、条子（黄金）、女子、票子（钞票），被人们讥讽为"五子登科"。尽管宋子文没有也不可能改变国民党接收大员们"五子登科"的贪污舞弊现象，但是仍然为国民政府聚敛了大量财富。

在蒋介石的授意下，宋子文于10月11日到达上海，以"遵照总裁谕令"为名，限各国民党机关及军队3日内将所有接收封存物资，开列清单报告。同时，设立敌伪产业处理处，接收各机关所封存的物资。

此后，宋子文又亲自前往北平、天津、青岛、广州等重点地区，召集各地方军政官员，会商和部署接收处理事宜。

平津地区特别引起了宋子文的关注。宋子文于12月底到达北平后，于12月31日在居仁堂召集平津地区国民党军政要员30余人开会，其中心议题就是"调整接收处理事项"。紧接着，宋子文又于1946年1月1日，在北平发表演说，宣称要"对内力谋恢复交通，稳定物价，对外确定汇率，发展国际贸易"。1月2日，宋子文设午宴招待全体在北平的参政员，听取他们关于北方各问题的意见，谋求得到他们的支持。

显然，无论是在国民政府内，还是在各省、市、各地区，究竟由谁来掌握敌伪产业的接收处理大权，无疑是一件令许多人眼红的大事。它实际上是国民党内各派系的权力以及物质利益的再分配问题。

为了这种"再分配"，宋子文绞尽脑汁，费尽口舌。北平是历史古城，名胜古迹比比皆是。但是，宋子文来到北平后，根本无暇出门，"几乎终天都呆在居仁堂"，同有关的国民党军政大员们讨论敌伪产业究竟该属哪个机关接收。

经过一个星期的争争吵吵，通过一次又一次地讨价还价，许多事情仍然难以决定。最后只是初步决定了几个原则：

（一）未开工而性质相同的工厂，合并开工。

（二）敌伪为战争临时需要而设，而目前缺乏市场之工厂，一律停办。

（三）敌人在战时所设的各种经济机构，一律取消。

1946年1月7日，宋子文离开北平，赴天津"视察"。临行前，有报刊对他的这次北平之行作了以下报道：

"宋院长在北平已经完成他大部分的工作，明天就要到天津去。那里的大沽新港和几个大工厂，将是他视察的主要目标。宋院长落平一周，办理了两件大事：邮电加价暂缓实行。如果按照全国一律的价格，华北人民将以两块钱送一封信，变成二十元送一封信，新闻记者拍急电到上海去将从每字八角跳到两元，一旦实行，以对物价的影响，不问可知。他成立代表最高权力的政院办事处，解决接收中不合理的现象，一个大门只准贴一个封条，而且还要迅速地把这一个封条撕掉，让里面的马达转动起来。"

实际上，这两件"大事"只能算一件。邮电加价暂缓实行，仅仅是"暂缓"几天而已。不久，由于宋子文的财政金融政策的失败，更由于国民党发动全面内战，国民政府的财政经济濒于崩溃，全国各城市通货膨胀，物价飞涨，人心惶恐。而成立所谓的"政院办事处"，掌握接收敌伪资产的权力，这可能称得上是宋子文在北平办的一件"大事"。

经过宋子文的紧张活动，上海、北平、天津、青岛、广州等地区的大部分敌伪产业均被其"接收"。如平津地区有163个工厂改由国民政府经济部重新接收。据在国民党六届二中全会上，行政院公布的数字：共接收敌伪物资价值6200亿元之巨。其实，这个数字已被大大缩小了，因为大量的敌伪物资在接收过程中，被接收大员鲸吞、隐匿、变卖了。

在对敌伪产业的接收处理过程中，尽管贪污舞弊现象极为严重，以至于人们讥"接收"即"劫收"，但是宋子文仍为蒋介石政权聚敛了大量财富。据国民政府财政部统计，仅中央银行就接收伪中央储备银行库存黄金55.3492万两、白银763.9323万两、银圆37.1783万枚、美金550万元，伪中国联合银行库存黄金17万两、美金1020.1460万元和2.6544万英镑。另外，各城市还陆续上缴处理敌伪产业所得收入。仅平津地区，便上缴所得收入1000亿元，以上海为中心的苏浙皖区则上缴3800多亿元。四大家族官僚资本集团在"接收"的名义下，攫取了日伪榨取中国人民血汗聚敛的巨额财富。

宋子文还利用划归行政院的资源委员会，控制了全国的钢铁、煤矿、石油、有色金属、电力、机电、化工等行业，并扩展到水泥、糖、盐和造纸工业。还成立了中纺公司，接管了日本在华全部纺织设备。他还在资金、原材料、燃料动力等方面大力扶植上述为国民党政府直接控制的企业。这样，国家资本和官僚资本以空前的速度迅速膨胀，众多的民族工商业则日益陷入困境。

宋子文指令财政部以大大压低币值的伪币收购办法，对各阶层人民进行残酷的掠夺。1945年9月26日，国民政府财政部公布《伪中央储备银行钞票收换办法》。11月21日，公布《伪中国联合准备银行钞票收换办法》。前者规定流通于华中和华南收复区的伪币中储券200圆兑换法币1元，后者规定流通于华北沦陷区的伪币联银券5圆兑换法币1元，并规定限期、限量兑换。按照当时这些地区与国民党统治区批发物价总额比较，这两种伪币与法币的实际比值分别约为35：1和0.5：1。据有人估计，仅通过这种掠夺式的货币兑换手段，国民政府就从"收复区"人民手中攫取了2亿美元之巨。

抗战胜利时，收复区的人民曾对国民党及国民政府抱有很大的希望。然而，这种掠夺式的"劫收"，使人们对它抱有的希望迅速归于破灭，广大收复区民众尤比愤慨地说："想中央，盼中央，中央来了更遭殃！"有的报纸公开发表文章说："这一带无数万的人民都曾为胜利狂欢过，而今却如水益深，如火益热，大众不得聊生。他们痛苦极了，比未胜利时还痛苦。"文章称国民党政府的"接收"给广大人民带来"一片胜利的灾难"。

美国统治集团中的一些人也承认，"国民党文武官员在自日本手中收复之地区中的举止，已使国民党迅速地在这些区域中丧失了人民的支持和他们自己的声望"。

1946年3月1日，国民党在重庆召开了六届二中全会。这次会议历时17天，通过了一系列议案，全面推翻了1946年1月政治协商会议所通过的各种决议，继续坚持独裁统治。

3月9日，作为行政院院长的宋子文，在六届二中全会第九次会议上作了政治报告。这个名为"政治"的报告，实际上是"经济"检讨报告。宋子文说："本席今天奉命作政治报告，在政治方面包括的部门很多，行政院已经将一般的工作报告印好，分送各位同志检讨……今天本席报告的，是当前最要紧的、最严重的问题，就是经济问题。目前的经济状况，可以说人人都不满意，这是势所必然的。即本席个人，亦觉得不但不能满意，而且是极不满意的一个人。不过本席绝对没有推诿卸责的意思，现在但用事实向各位同志报告，历史教训我们，没有过去，即不能有现在，没有现在，不能有将来，所以要谈经济状况，必须要追想过去，要明白现在，然后可计议将来。"

宋子文这个报告的开场白，有两点值得注意：

第一，他提出经济问题，"是当前最要紧的，最严重的问题"。这个提法是十分微妙的，蒋介石在六届二中全会的开幕词中说："经济建设与政治建设，又是密切相关的，政治问题得不到切实的解决，经济建设就无法进行。"显然，当时，蒋介石将所谓的"政治建设"放在最重要的地位。蒋介石在会上公开宣布："政治协商会议所决定的修改宪章原则有若干点实在与五权宪法的精神相违背，这不仅各位已经感觉到，我个人也有同样的感觉。""我绝对不会抛弃五权宪法而不顾的。"要"就其荦荦大端，妥筹补救"。蒋介石的这些讲话，宋子文都是亲耳听到的。但是，宋子文在会上称"经济问题"为最要紧的问题，这是否表示了宋子文的歧见呢？

第二，他企图推卸经济状况日益混乱的责任。尽管他声称"绝对没有推诿卸责的意思"，但是，又提出要"追想过去"，"明白现在"实际上是把责任全部推掉。

宋子文在报告中，将财政经济状况混乱的原因归咎于以下三个方面：

第一，对日军的"最后一战"，"支出日见增大"。他说，他奉命担任行政院长之时，正是日军向贵阳推进之时，也是抗战最危险的阶段。支出一天比一天膨胀，收入一天比一天减少。但是，"我们不能不注意，抗战虽然胜利，战争已经结束，而因为在这样长久的抗战期间，所受的物质和人事的损失，财政上的损害，以至有今日经济上这样的困难"。

第二，"战后英、法诸国经济同样困难。"

第三，"我国经济不安。"宋子文又谈到了经济不安四个方面的原因：其一，一切重要的物资，因为抗战中长期消耗，全国物资供应不能平衡，物价自然上涨。其二，抗战期间，后方区域缩小，收入日益减少，支出却是日增。其三，交通方面因长期战争，敌人破坏及经济封锁的结果，交通工具逐渐减少，运输工具逐渐减少，运输物资的效能也日形低落，几乎达到完全停顿的状态。其四，经济生产能力，因原料缺乏，交通阻滞，并受敌人之破坏等种种关系，以致日趋薄弱。

宋子文谈了这么多的原因，没有一条与他有关。

怎样改变经济的混乱状况呢？

宋子文报告了他所采取的措施。其中主要的有三条：

第一，"为谋收支平衡，同时裁军增税"。他说，政府的应付方略，是谋收支平衡。他认为，"政府支出最大的是军费"，在抗战时期为争取胜利，不能裁军队，现在抗战结束了，此次在南京举行军事会议，由253师减为90师，国家负担可以减轻。

第二，"整顿税收之外，处理敌伪产业"。他说：本席也听到有人批评，说接收敌伪产业情形紊乱。这大概是指开始期而言。在日本投降的时候，本席还在国外，但既然担任行政院院长的职务，在开始接收时的紊乱情形，本席当然不能辞其咎的。接着，他又自我表白了一番。他承认在开始接收时，党政军各机关去接收的有十几个机关，封仓库、封房屋、拿汉奸嫌疑人犯，情形紊乱得很。但他认为在行政院主持敌伪产业接收事宜后，情况有了改变。

第三，"开办对外贸易，采用弹性汇率"。他所说的"对外贸易"，实际是争取美、英援助。

在国民党的六届二中全会上，宋子文还在一次发言中提出，现在情形已不同于抗战期间，必须减低国库负担最重的军费。

对于这个"报告"和宋子文所主持的行政院的工作，国民党的代表们感到不甚满意，并在国民党六届二中全会的《对于政治报告之决议案》中，对宋子文主持的行政院的工作进行了严厉的指责。该《决议案》指责行政院的工作"实未能满足此一重大时期之要求"。"政府对于六全大会所定政纲执行不力，尤以财政经济多所贻误，均无可讳言"。

该《决议案》对行政院的工作提出了四个方面的"检讨"：

一、多年以来，官僚主义早已构成政治上最大弊害，而以敷衍塞责、假公济私为尤甚。

二、公教人员及军警待遇不合理，为年来效率低下、纪纲废弛之一大原因。

三、机构之庞大繁复与法令之分歧抵触。以致权责不清，减低效能。

四、人事与政策之不相配合，为政治上一畸形现象。

宋子文作的《政治报告》，遭到国民党内许多人的抨击，并且见诸文字，言语之尖刻，态度之严厉，是他料所不及的。

国民党的六届二中全会以后，蒋介石积极进行挑动全面内战的准备，社会政治、经济形势继续恶化，宋子文继续受到国民党内各派系的责难。

1946年3月20日，国民党召开了国民参政会四届二次大会，企图使国民党六届二中全会撕毁政协决议的做法合法化。中国共产党拒绝参加这次会议。

在这次会议召开的当天上午，由翁文灏代表行政院作经济报告。许多人对这个报告不满意，书面的、口头的质询达70多件。由于质询太多，翁文灏实在无法一一答复，只得临时决定改期答复而散。

当天下午四时，宋子文在重庆胜利大厦举行茶话会，招待参政员们。宋子文还在会上简短致辞，对参政员们的光临表示欢迎。但是，整个茶话会秩序混乱，一部分人一哄而散，弄得宋子文十分难堪。

在国民参政会3月22日上午举行的第三次会议上，宋子文作了政治报告。他这个报告的主要内容是谈经济问题。他承认在抗日战争结束以后，全国同胞

"痛苦依然存在"，衣食住行四大需要都无法满足，造成这种情况的原因是税收负担太重，而国库负担最重的是军费。怎样解决人们的衣食住行四大需要呢？他提出的办法是：向美国借款，买棉、买布、买粮食、买船。当时，有的报纸评论说，宋子文的办法是"样样都伸手向美国要，连房子都要从美国搬来"。

宋子文报告完毕，各参政员提出书面和口头质询案65件，一些质询案暴露了四大家族及其亲信的罪恶行为。有的参政员在会上批评"行政院政策不一致"，有的参政员指出宋子文应对财政经济困境负责任，也有的参政员在询问中，请"宋院长拿得起、放得下"。这是规劝？还是嘲讽？宋子文真是别有一番滋味在心头。

事实上，不论国民党中央怎样责难宋子文对"财政经济多有贻误"，也不论参政员们如何让宋子文"拿得起，放得下"，此时此刻的宋子文，纵然有天大的本事，也是无法改变国民党政权财政经济极端困难的形势的。对此，宋子文似乎也有点自知之明。

1946年6月20日，宋子文在南京的一次记者招待会上，曾一再流露对财政经济"没有办法"的心态。

在记者招待会上，有的记者请宋子文谈谈"关于和平前途"问题。

宋子文回答说："本人一向乐观，且对国运前途具有信念，但能双方让步，定可获得结果。"

有的记者问："停战期满，和平仍无望时，又将如何？"

宋子文答道："望爱国心高于一切，在无希望中寻找希望。"

在这次招待会上，宋子文一再说："没有和平，则财政、经济整个都没有办法"。

这种说法，引起许多记者不满意。有的记者一再追问："如和平不能实现就绝对一无办法吗？"

在记者们的追逼询问之下，宋子文只好说："尽量想办法而已。"

宋子文在这里所说的"双方让步"，谋求和平前途的话语，显然是站在维护蒋介石反动政权利益的基点上，掩饰蒋介石挑动内战的罪恶活动。在宋子文对记者发表谈话的几天后，国民党反动派以围攻鄂豫边宣化店为中心的中原解放区为起点，相继在晋南、苏北、鲁西南、胶东、冀东、察南、热河、辽南等地，向解放区展开大规模的进攻，悍然发动了全面内战。蒋介石声称，只需3个月到6个月，他就可以取得胜利，他的参谋总长陈诚也吹嘘说："也许3个月，至多5个月，便能整个解决中国共产党领导的军队。"蒋介石反动派对于人民革命力量从来是寸权必夺，寸利必得，毫无让步而言！

宋子文承认的"财政、经济整个都没有办法"确是一句真话。宋子文十分明白，以巨额军费为主的预算外支出，是平衡财政收支的最大困难，也是导致依赖中央银行垫款滥发通货的主要原因。尽管他作了些努力，但是在蒋介石庞大而又日益骤增的军费面前，他的种种减少财政赤字、抑制通货膨胀方面的努力，都是毫无意义的。

他的确在"尽量想办法"，他的办法就是实施"开放外汇"、抛售黄金的政策，这些政策能否帮宋子文摆脱困境呢？

宋子文 全传

·Biography of Song ziwen

20

黄金风潮

蒋介石发动全面内战，又把中国推向苦难深渊。

为了缓解财政金融危机，宋子文想出招数：开放外汇，抛售黄金。结果通货膨胀如脱缰的野马，一日千里，国民怨声载道，要求撤职惩办宋子文。

四面皆楚歌，唯有辞职一条路。

宋子文辞职后，宋美龄向美国大使司徒雷登说："他们把我哥哥当替罪羊了。"

宋子文担任行政院院长后不久，美籍顾问杨格于1946年初许诺美国将给宋20亿美元大借款。有了这张空头支票，宋子文在一段时间里颇为得势，在中央银行等金融机关中，安插亲信，排斥异己。杨格为了满足美籍商人的要求，极力主张开放外汇市场。宋子文也以挽回法币的信誉、维持法币的币值为名，极力主张依靠美援、用黄金和外汇来回笼法币。

1946年3月4日，宋子文以行政院的名义公布了《管理外汇暂行办法》及《进出口暂行办法》。其主要内容为：

（一）把外汇汇率由美元1元比法币20元，改为美元1元比法币2020元，设置5亿美金的外汇基金，并指定中外银行27家为买卖外汇的指定银行，充分供应外汇。

（二）划分进口为自由进口、许可进口和禁止进口三类；出口除特定禁止出口品外，其余都可自由出口，但须先结汇。

在这种所谓"开放外汇市场"的政策下，四大家族集团趁机捞取了大量廉价外汇。从表面上看，在外汇管理中，是"充分供应外汇"，而实际上，国民党政府只对与四大家族有关的人物和企业充分供应外汇，并且按官定低价结汇，而对民族资产阶级工商业则拒绝提供外汇。这样，仅在开放外汇市场的短短一年内，宋子文的"孚中公司"，就从中央银行拿到外汇达153.7万美金；孔祥熙的"扬子公司"，也从中央银行拿到180万美金的外汇，他们用以进口美国货，从中牟取巨额利润。

这种所谓"开放外汇市场"的政策，更加便利了美商对中国进口贸易的垄断，从而使美国商品潮水般地涌入中国。1946年春，美国运到上海的物资堆积如山，南京政府动员了上海所有的起重机，花了整整半年的时间才全部卸完。这一年，美国商业性输华商品总值3.2亿多美元，占中国商业进口总值的57.2%。

1946年，由于美国物资的大量倾销，导致了中国对外贸易的巨大赤字，入超近1.12亿关元，创中国历史的最高纪录，比抗战前的1936年7000万美元，增加了近5倍，结果使南京政府的外汇储备大量消耗。

所谓的"开放外汇市场"的政策，使得南京政府的外汇基金濒于枯竭。在抗战胜利后，南京政府掌握了600万两黄金和9亿美元外汇。但是，仅仅在1946年3月4日至1947年2月15日近一年时间里，就动用了外汇美金4亿元，英镑1763.5万镑，港币2787万元。

一方面外汇大量损失，另一方面宋子文幻想的20亿美元大借款，却如同画饼充饥。在这种形势下，宋子文想出了两个办法：

一个办法是变更外汇官价。

1946年8月17日，南京政府宣布汇率从2020元调高为3350元（即美金1元等于3350元，调高了65%）。汇率变动以后，市场掀起大波，情况日趋恶化。美钞黑市自9月19日起，五天之内狂涨至4450元，比官价汇率高出1/3。结果其他物价跟随上涨，人心惶恐，市场动荡不安。

还有一个办法是限制进口。

美籍顾问杨格见情势不妙，称病辞职，撒手不管。宋子文不得已，又请英籍顾问罗杰士和马克想对策。他们两人提出了两项建议：其一，课纱厂重税。理由是纱厂获利极厚，因为自1946年3月至1947年3月，棉价上涨只2000倍，纱价上涨到4000倍以上，市场上抢购美钞的大户，多半就是各大纱布厂家，所以他们主张应当课以重税，来弥补因大量外棉进口而受到的巨额外汇损失。其二，即速限制进口贸易，设法推广出口贸易。这两项建议虽不是什么仙方妙药，对于一时维持汇价，稳定币值，或许不无小补。

但是，宋子文也有他的考虑。对于纱厂课重税的建议，认为有损自己的利益，无意实行。因为被他控制的中国纺织公司占全国纱锭总数的一半还多，是宋子文手中的一张王牌。若单课其他私人厂以重税，又恐遭人攻击，道理也说不过去。因此，他只采用第二项建议而放弃第一项建议。

宋子文请英籍顾问罗杰士及马克、英籍职员吉勃脱共同草拟"修正进出口贸易办法"，并于1946年11月15日颁布实行。可是，美国商人表示坚决反对，这个所谓"办法"只能是一纸空文。结果，大量的美国物资仍然倾销到中国内地，中国的对外贸易的巨大赤字日益增加。

南京政府不得不采取紧急措施，于1949年2月17日再度严禁外币买卖，对外贸进口采取限额制。同时，把法币对美钞的汇率再次调整为每1美元合法币1．2万元。随着官定汇价的不断变更，美钞黑市直线上升，法币恶性通货膨胀，经济形势日益恶化。

在1946年8月，宋子文同美国特派专员还就美军在华的驻军费用进行过单独磋商，使中国不但没有得到应该得到的美金外汇现款，反而蒙受了极大损失。

自1942年6月起，美国根据《中美互相协定》派军队来华，截至1944年，美国先后只付给2．5亿美元来抵偿美军在华应偿付的25亿美元的驻军费用。从1945年至1946年8月底止，南京政府对美军垫付的各项费用，又达1300亿元。

在宋子文同美国特派专员的单独磋商中，宋表示同意将美国战时散布在太平洋各岛上的一些剩余物资来估价抵偿这笔巨额费用。美国以声称可值8亿美元实际上等于废品的各地剩余物资作抵，这无疑是变相赖账。何况，要运回这些在太平洋各岛上的剩余物资，南京政府还需付出巨额美金外汇的运输费用因为这些物资需要美国船舶运输。这样，就更进一步地削弱了本来就已摇摇欲坠的法币的基础。

宋子文推行的外汇政策彻底失败了！

抗战胜利时，国民政府掌握了600万两黄金和9亿美元外汇。由于挑起内战后，通货急速膨胀，宋子文在美国顾问杨格的建议下，一度实行大量抛售黄金的政策。

1946年3月，国民政府宣布黄金市场开放，由中央银行在上海配售黄金，配售价格随市价变动，配售方式为明配暗售，对银楼业正式配售，同时在市场暗地抛售。

这次黄金抛售活动，由宋子文和其亲信中央银行总裁贝祖贻直接指挥，每天黄金头卖的情形，都用英文向宋子文做出报告，连当时的财政部长俞鸿钧都不能过问。

1946年3月4日开始，中央银行在上海抛售黄金，采取明配和暗售的两种方式相机进行。上海3月份全月黄金市价的平均价格为156万。以后继续抛售，金价直线上升。6月，黄金平均价达190万；11月，又升为256万；12月，高达316万。

1947年1月卜旬，南京政府宣布奖励出口、给予补贴及进口限制结汇办法，美钞、黄金价格并肩上涨，使1月份的金价平均价升为382万。

在开放黄金的同时，宋子文还发放巨额贷款，美其名曰"生产贷款"，用厂基及机器作抵并指定上海及外埠12个城市的四行总处同时开办。当然，宋子文发放这种"贷款"是有目的、有选择的。只有同

中央银行法币——解放战争时期的关金券

四大家族有密切联系的企业才能得到这种"贷款"。宋子文凭借其特权，在每次活动中也都轻而易举地获取了暴利。仅在1946年12月初的头几天中，四行总处便放出了560亿元的"生产贷款"。那些获得贷款的大资本家，并不将此款用于生产，而是马上用来抢购黄金美钞。甚至中央银行上午发出的"生产贷款"支票，在当日下午抛售黄金的收款中，支票就回了笼。

国民党的政客、军阀们趁机大发横财。当时，沿津浦、陇海一带，国民党军队云集，正进行大规模的内战。许多军阀将领到的军饷钞票，故意不下发。他们将国民党军队的大批军饷装运到上海来抢购黄金美钞。一些军阀为了争取交通工具运送钞票，经常发生争斗，以至武装冲突。南京国民政府财政部长俞鸿钧于1947年2月14日在参政会上坦白供称了"利用军饷在沪购买黄金事态的降临"。

2月5日，南京政府颁布"出口津贴，进口征费"的办法，企图平息抢购黄金美钞的风潮。此举立刻引起美国政府的反对。美国驻沪总领事馆当即以书面通知各海洋轮船公司，告以中国所实行的出口津贴的办法，与美国1930年颁布的火税法令及海关税则有抵触，并通知出口商凡输往美国的出口货须在领事签证书内将津贴及奖励费加以注明，到达美国口岸后，还要特别课税。宋子文最后的这个毫无用处的办法，也因美国的反对而完全失败。

金融危机终于爆发了。这时，市面上发现重庆造币厂熔铸的金条，一些人认为中央银行存金已罄，引起争购风潮，黄金、美钞更加狂涨，法币狂跌，物价飞跃上升。2月10日、11日，物价平均涨了80%，某些物品甚至涨了两倍。由于中央银行金市已失去控制，终于酿成了1947年2月17日的黄金风潮。这天，黄金价格每市两高达法币61.1万元。

从1946年3月4日至1947年2月15日，南京政府共抛售黄金351万两，约为600万两储备的60%。其中，仅1946年12月23日一天就抛出黄金5吨，计16000条。

黄金暴涨风潮，席卷国民党统治区各大城市。整个市场陷于极度混乱。上海从1947年2月11日起连接三四日食米有价无市，米店闭门拒售，其他城市也有类似情形。许多中小工商业者数日之间纷纷破产。许多民众无以为生，迁怒于米店、银楼。上海市民因买不到米，仅在一区内即捣毁米店多家、把米拿走。南昌一家银楼为群众捣毁，徐州亦有数家银楼被毁。在福州，由于物价飞涨，饿死者日众。

宋子文推行的外汇和黄金政策，引起了广大民众的强烈反对。1946年6月19日，宋子文在行政院召开记者招待会。有的记者就直接问宋子文："通货膨胀到什么程度？"宋子文答："物价涨到什么程度，通货膨胀到什么程度。"记者进一步追问："政府对财政经济危机有什么办法？"宋子文无可奈何地说："老实说，不和平，什么办法都没有。"

南京、上海的有些报刊对宋子文公开指责，要求将宋子文等撤职惩办。许多中外报纸都发出蒋介石政权经济崩溃、危机来临的惊叹。

黄金风潮的爆发，直接导致了宋子文的倒台。

在社会经济生活日益混乱的情况下，国民党内政学系、CC系等，利用新闻媒介，对宋子文大加攻讦，就连蒋介石也大骂宋子文为"败家子"。国民党内的各派系，由于种种不同的动机汇合起来，形成了一个打倒宋子文的怒潮，酿成了当时国民党内部一场激烈的政治斗争。

1947年2月15日，《世纪评论》发表了傅斯年的《这个样子的宋子文非走不可》的长文，在社会上引起很大反响。

这篇文章提出，国民政府政治上的失败不止一事，而用这样的行政院长，前有孔祥熙，后有宋子文，真是不可救药的事。

这篇文章分析了国民党面临的严重形势后，提出，所以今天能决定中国将来之命运者，必须会晤今天政治的严重性不在党派，不在国际，而在自己。要做的事多极了，"而第一件事便是请走宋子文"。

这篇文章从五个方面对宋"最荒谬之点"进行了尖锐攻击：

一、他的黄金政策，"不足以平抑物价，反而刺激物价，紊乱物价，至少说来，他是彻底失败了"。

二、他的工业政策，"心中没有人民"。

三、他的对外信用，"公私难分"。"我向社会广泛提议，如立法院，如参政院，以及一切人民，都应彻底调查上海及他地及国外所有豪门权族之'企业'是些什么内幕。他们的营业范围如何？他们的外汇得自何处。"

四、他在办事时，"在行政院把各部长都变成奴隶或路人。一个主管部的事他办了，部长不知，看报方知之"。

五、他的中国文化，"请化学家把他分解到一忽米，业不见踪影"。

六、这篇文章大呼："国家吃不消他了，人民吃不消他了，他真该走了，不走一切垮了。"

这篇文章，实际成了倒宋"檄文"。

紧接着，监察院于2月16日举行全体监委紧急会议，会议决定派员彻底清查这次金潮酿成的情形和负责者。会上有人慷慨激昂地说："这次的查案，监察院必须下决心打老虎，不要只拍苍蝇，必须派几个精明干练的委员，才能完成任务，莫使各方失望。"

监察院长于右任指派何汉文、谷凤翔、万灿、张庆桢四人为上海黄金风潮彻查委员。这四名监察委员于2月16日当晚赴沪，开始调查。

经过一番紧张的调查，四名监察委员发现这个案子不只是中央银行总裁贝祖贻、业务局局长林凤苞、副局长杨安仁、上海金业公会主席同丰余、经理詹莲生朋比为奸，造成百万两黄金的贪污问题，而且已经牵涉宋子文乃至蒋介石的问题。

监委们发现，中央银行1946年3月实行抛售黄金是经过行政院决定备案的，而1947年2月8日停止暗售黄金，15日停止一切黄金的抛售，以至引起大风潮，事先并没有由财政部或行政院向最高国防委员会议提出报告，通过讨论决定。事先既无行政院决定，究竟是谁发出的停售命令呢？

监委们询问了中央银行总裁贝祖贻，他答复："停售黄金是奉宋院长的指示。决策是上面的事，中央银行是业务机构，不能参与，只是奉令执行。"

　　监委们又到宋宅去问宋子文。宋子文又将此事推给了蒋介石。他说："停售黄金是奉主席的口头指示，我不过是奉令行事。"

　　在谈话中，宋子文还说："在停售黄金的两三个月以前，我看到事态严重，向主席请示过，并且表示工作困难，我干不下去。当时主席表示：因为时局紧张，前方百万大军的饷给重要，职是不准辞，办法由你去想，黄金能用到哪一天用完再说。当时我以为美援贷款有实现的希望，把库存问题看成次要，贷款实现是解决问题的关键，所以着力在贷款的进行。不料贷款搁浅，在紧急情况之下，只有宣告停售黄金之一法了。"

　　对于停止一切黄金抛售，宋子文自我辩护地说："至于事先没有提出讨论，一来事机迫促，二来主席的意思，大家也不会另有什么好办法，徒然引起一些无谓的争论，暴露国家的机密，影响戡乱大计。主席为国家元首，所以由他决定行事。现在责任落在宋某身上，我反正是奉命行事，我的能力不行，已经向主席提出辞职，一切听上面决定处理。"

　　宋子文的谈话实际上将酿成黄金风潮的责任推向了蒋介石。正是由于蒋介石急于发动内战，不惜以黄金抛售为手段，解决百万大军军饷，才造成了这场社会经济、政治的全面危机。然而，宋子文作为外汇、黄金政策的主要制定者，作为行政院院长，其酿成黄金风潮的罪责是怎么也推卸不掉的。

　　2月19日，四位监委打了一个电报给蒋介石："此次中央银行停售黄金，事出突兀，致引起风潮，摇动金融经济。据宋院长称，停售系奉钧座指示，确否祈赐电示。"电报发出后，等了一个星期，仍杳无音信。

　　于是，他们于2月26日回到南京，到国民政府文官处查询。文书局长笑着对他们说："主席批是批了，不好复电，你们看看吧！"原来蒋介石在电报上的批语是："并无其事。事到如今，有何办法！"

　　真是令人啼笑皆非！既然"并无其事"，就应"追究责任"，何故不追究呢？所说"事到如今，有何办法"，明明就是要不了了之。事实已经十分明显，蒋介石对黄金风潮的酿成应负主要责任，但他又不愿自己承认，他对宋子文将事情弄得一团糟，恼怒万分，但仍要在关键时刻庇护宋子文。这从一个侧面反映了蒋、宋间的微妙关系。

在此情况下，为了向民众有所交代，这四位监委决定向宋子文、贝祖贻提出弹劾案。他们打破过去的关于弹劾案处理程序的限制，将全案的调查报告书，由监察院正式公布，同时发动立法院召开临时院会。

立法院开会时，宋子文、贝祖贻出席报告后，一些立法委员根据监察院调查报告的材料，当面提出尖锐的问题，弄得宋子文面红耳赤，无法答复，气呼呼地走了。

1947年3月1日，在许多立法委员的要求下，南京国民党立法院召开报告会。经立法院的一再邀请，行政院院长宋子文终于出席报告，这也是他在立法院的最后一次报告。

上午9时，身着厚厚呢大衣的宋子文率财政部部长俞鸿钧、经济部部长王云五、中央银行总裁贝祖贻、行政院秘书长蒋梦麟等一行人来到立法院会议场。

待他们坐下后，立法院长孙科宣布，因请到了宋子文等出席报告，原讨论提案的议程停止，即请宋等做报告。

宋子文起立，取出事先准备好的讲稿宣读。他首先说，上周经济紧急措施方案颁布后，因赶沪督导而未能应邀出席报告，甚感抱歉！然后，他谈到就任行 政院长以来，曾先后3次向蒋介石提出辞职，现已获准。

关于财政经济形势，他先自称任广州中央银行行长之职时，他发行的纸币，没有一张不可靠。继而，他又说，国民党政府定都南京后，因美国实行白银政策，国民政府于1935年采取法币政策，对支持抗战厥功甚伟。不意抗战胜利后，"共产党破坏交通与成产"，财政经济情形为何会造成如此局面，这就是最好的答案。政府为谋补数，也有变卖敌产经营中纺公司等措施。目前的经济紧急方案，为谋平衡收支，行政院将中纺公司及敌产出售，危险或可渡过。今年向美购买1.7亿元的棉花，本年棉花自给者1/4，现已有美国技术人员前来，预计明年可望自给3/4，以应急需。最后，他很不高兴地说，现在每逢物价上涨，大家就骂我，似乎一切都要行政院负责。

宋子文自称对一切都已尽力去做，尽管政策有错，但是良心上可告无愧。当离开行政院时，觉得自己的所作所为，对得起国家民族。

宋子文报告完毕，立法委员楼桐荪立即发言：

"（一）宋院长就职两年多，今天是第一次出席立法院报告，这证明过去不是行政院与立法院不需要合作，而是合作不够，缺少和衷共济、忠诚谋国的精神。

（二）许多法规本来没有到紧急措施的时候而不送立法院研究审议就颁行，实在是国家损失。

（二）去夏国家经济情形已危机四伏，当时就很想宋院长来开诚布公的检讨，而宋院长不是在南京公忙，便是到上海上，始终未来。今天由于'黄金潮'的发生，经济真已濒于崩溃，行政院不能不采取经济紧急措施，办法颁行了十多天，宋院长才来报告。若是半年前就从长检讨，早下决心，不是我们妄想和夸口，事实上也许不会糟到如此地步。可惜事只是沉痛的回忆了。

宋院长说他已辞职，这是一种别有滋味的趋势，我们今天就讲今天的话，经济紧急措施方案是经国防会议通过国府颁布的，似乎非由行政院负责；然而此方案施行多久，希望得到什么效果才算完成，其中不完善的地方施行了，会不会发生舞弊情事，应当如何设法预防和补充，如果发生相反的效果，这责任由谁负责？宋院长说他政策或许有错，错不错是见仁见智、各有说法：不过我们看到的是头痛医头、脚痛医脚的办法。基本的政策与紧急措施相冲突，而没有一种如何使整个国民经济走上正当的道路的方法。"

楼桐荪的发言刺痛了宋子文。宋子文一会儿取下近视眼镜，换上深色的太阳眼镜，一会儿仰望天花板，显示出一种极不耐烦的神情。

楼桐荪发言告一段落，接着宣布关于黄金美钞的问题，将由张启允委员发言，物价管制问题将由张九如委员发言，改善公教人员生活问题将由简贯之委员发言。

但是，还未待楼桐荪慢慢讲完，立法委员周一志就提出："楼委员预定的询问方式我不赞成。因为对行政院长不能限于财政经济的询问。"

周一志坐在最前排，靠近宋子文。他穿着灰大褂，带着棕色粗边框眼镜，说话十分从容。他在会上谈了对宋子文的四点感想：

"（一）在广东时代，我们认为国民党有两位财政专家，即是廖仲恺与宋子文。北伐时廖不幸殉难，宋主持行政院，初获好感，今天我以党员地位与宋院长讨论，宋的声望已一落千丈。《大公报》以买办来形容宋院长，宋院长也是总理遗嘱中签字人之一，如何洗刷这个买办之名？

（二）宋院长现在是同时作许多单位的行政院长，如中央银行、中纺公司、行总等。

（三）一切错误都想叫共产党负责而不承认人谋不臧，是最要不得的。回忆总理当年以3000元创办中央银行，全靠当时革命力量。现在政权在手，民治之不进步，不能只怪共产党之破坏。

（四）黄金政策失去了信用，且闻川滇黔实行黄金购粮储蓄券，至今还未归还。此外，关于通货问题，还是作合理整理？还是再发行？这个问题，今天能答复，不能答复我也不勉强。"

接着，司徒德发言。他说："辞职有两种可能，一是自己政策有错误，二是自己政策行不通。若为前者，其辞职则使国家前途光明。此外，关于：

（一）经济紧急措施方案中之黄金政策，有无错误？

（二）金钞黑市不准报纸披露，现在上海有无黑市，是不是'鸵鸟政策'？

（三）工人生活指数冻结，致使上海国民党领导的总工会在请愿，又在规定补助7.3万元总差额，以后是否继续补贴？倘物价再涨有何办法？

（四）解决银行问题，是否要改变此方案？

（五）国营事业不加价，如何自给自足？不能自给自足，是否要政府贴补？"紧跟着是张启允询问了8个问题：

（一）经济措施方案直致黄金潮闹得不收拾始行发生，是否太迟，求金融安定，现在是否安定？

（二）以往抛售黄金，收回法币，现黄金只买不卖，是否又是使法币出笼？出笼之后，游资是否又造成囤积居奇？

（三）银楼黄金规定三个月内卖完，三个月后全国银楼都关门了，数百万工人失业如何办法？

（四）以往黄金自由买卖，人民都以此为储蓄，而今存钱的都要买东西，物价因之抬高如何办？

（五）上海黄金检查动员数千人，骚扰人民，流弊太大，引起社会不安，怎样处理？

（六）外汇只得换玻璃丝袜，其真正生产机器为何反少输入？两年前呼吁利用私人国外存款，现在时过境迁，是否有改户事情？

（七）自费留学生购买外款问题，如何补救？

（八）进出口办法不经本院通过，实行几天，美方反对又取消，问题经过如何？

至此，已有3位立法委员提出了询问，加起来也有17个问题了。有人提议请宋子文先作答复。

宋子文从座位上站起，以一种无可奈何的语气说："别人说我是买办，但当年收回关税自主，取消不平等条约，这是买办的事吗？我承认自己是经济的行政院长，日夜为经济问题焦虑，没有力量顾及其他政治问题，结果一事无成。错就错了，现在我已是辞职的人，再说话也没有用。"

宋子文转身向孙科说："本人要求退席。"未等孙科向大家宣布，宋子文即走出会场。

全场顿时一片寂静，但很快就出现一阵笑声。

有人说："宋院长如此作风，实已失去行政院长官态度。"

立法委员李晋芳则以玩笑的口气说："宋院长先报告辞职，意在造成'安定'作用，好在在座各位部长并未说要辞职，应请继续询问。前事不忘后事之师，立法院非审判机关，也无法把他提回来，人主既去，犹如人之将死，我们还应继续询问。"

这时，立法委员简贯山从座位中跳出来，气愤地说："宋院长虽已辞职，但对他的政策造成的影响仍该负责。"

也有的立法委员说："立法院是对事不对人，不能'人存政举，人亡政息'而停止询问。"

于是，孙科宣布，请俞鸿钧、王云五两位部长继续答复。

到了中午12时40分，报告会才结束。

当天下午4时，国民党最高国防委员会及国民党中常会举行联合紧急会议，任命蒋介石为行政院院长，翁文灏继任行政院副院长。

这一次，宋子文被彻底地赶出了行政院！

宋子文辞职后，宋美龄曾向美国大使司徒雷登表示："他们把我哥哥当作替罪羊了。"

宋子文究竟是谁的"替罪羊"呢？宋美龄却没有说出来。

尽管宋子文已经辞去行政院长之职，国民党内的C·C派仍主张彻底清查宋系官僚的贪污劣行。

在1947年3月23日国民党五届二中全会上，C·C派的国民党中央委员黄宇人等100人提案："请政府迅速切实惩治金潮案负责人宋子文、贝祖贻及其部属，并彻查官办商行账目，没收贪官财产，以肃官箴，而平民愤。"在提案中还提出："官办商号如一统公司、孚中公司、中国建设银公司、扬子建设公司等，皆有利用特权，套购巨额外汇，输入大量奢侈品情事。"

国民党中央把全会提案发交监察院执行。监察院又派了何汉文等四位监委彻查宋子文外汇贪污案。经过调查，监委们又将宋子文在外汇上贪污的情形，写成调查报告公布，并且第二次对宋子文提出弹劾。

同时，新闻界也不断披露宋子文的丑行。《中央日报》载文，揭露宋氏孚

中公司利用特权方式结汇，从国外买明令禁止进口的汽车、无线电设备等运回

上海图利。

尽管"弹劾案"叫得震天价响，全国舆论也大力支持。但是，正如中央银行副总裁陈行在宋氏下台之初私下说过的：不管怎么样，宋子文总是蒋介石的郎舅，不会让他过不去，今后还是要用他，我们犯不着作恶人。

在蒋介石的极力庇护下，弹劾案终归石沉大海，监察院也逐渐沉默不语了。

宋子文在辞去行政院院长的当月，便被国民政府授予"大同勋章"。1947年4月，又被任命为国民政府委员。但是，这改变不了他的困境。

美国鉴于国民党军事、政治、经济形势的恶化，于1947年7月11日派遣魏德迈为"特使"，率领使团来中国进行调查。8月22日，魏德迈当着蒋介石、宋美龄以及美驻华大使司徒雷登的面，对孔祥熙、宋子文进行了责难。魏德迈在一片寂静中讲述了国民党制度崩溃的事实，批评了国民党官员们贪赃枉法，政府腐败透顶。"仅在1947年的头几个月，中日商人以获得的美元87%（334496792美元）都转到属孔宋两家的两大公司——福建公司和扬子公司的手中"。这是一个严厉的而且是令蒋氏夫妇极为不快的批评。

魏德迈一席话更令宋子文万分难堪。

紧接着，又发生了一连串令人们十分关注和气愤的事。

1947年9月，蒋介石在国民党六届四中全会上称舆论界对宋的种种指责均为"诬蔑"。宋子文在会上再度被选为国民党中执会常委。

9月18日，宋子文在国民党中央常务委员会上书报告捐献出

宋子文（左）与美军事顾问团团长魏德迈合影

在中国建设银行的全部股权1800亿元。其实，宋子文做出这一决定完全不是出自什么关怀他人的善良动机。他企图通过这种"慷慨解囊"的举动，达到他一箭双雕的目的。一方面，可以使他的公司免受检查，另一方面企图改变其臭名昭著的形象。宋子文掏腰包捐献的这笔钱，即使不算他存入美国银行的黄金，也只是他万贯家财的极小一部分。

在宋子文捐款之后的一个星期，国民党行政院便通过了"宋子文为广东省政府委员兼主席"的任命案。

21

赴粤主政

宋子文辞去行政院长后，来到广东主政。

上任伊始，提出了治粤三项方针：整顿治安，恢复交通，澄清吏治。宋子文认为，这三项问题如能获得解决，则广东的各项经济建设便能推进，乃至使广东成为巩固国民党政权的基地。

然而，这次宋子文又错了。

在宋子文"捐款"之后的一个星期，行政院便通过了"宋子文为广东省政府委员兼主席"的任命案。为了任命宋子文，行政院特地于1947年9月20日召开了一次临时政务会议。那天的会议，虽然还通过了几条其他议案，但只不过是宋案的陪衬而已。不知是有意回避，还是偶尔巧合，那天行政院长张群一早就飞往东北，会议由行政院副院长、宋的旧部下王云五主持。出席会议的政务委员22人，有人因不在南京由副手代表出席。当宋子文主粤案提出时，会场中引起一阵骚动，有的人交头接耳，有的人面面相觑，除少数政务委员事先知情，胸有成竹外，其余的对此提案都有点"突然"之感。讨论时，一些人大唱反对论调。这种意外的尴尬场面弄得主持人王云五大搔白头。为了终止讨论，王云五只得提出表决。结果是9票对8票，"宋子文主粤案"以1票的微弱优势通过。

"宋子文主粤案"在行政院临时政务会议上勉强通过了。但中央政治会议和监察院都发出了反对的声音。9月24日，国民党中央政治会议开会，讨论追认宋子文主粤案，出席会议的许多人员对此大加抨击。依照程序，国民党员出任政府要职，应先送中央政治会议讨论通过之后，才可以提交行政院政务会议。而行政院的先斩后奏之举，显然激怒了中央政治会议的不少官员，一部分人的情绪竟非常激动，张道藩愤怒地责问行政院秘书长甘乃光：为何此案事先不送中央政治会议通过？张厉生亦严词质询：宋子文是否是一位胜任的地方官人才？后经会议主席孙科多方劝导，要大家以大局为重，才勉强平息了这场"追认"风波。

同样，监察院也再起责难之声。9月25日，监察院就宋子文主粤案举行座谈，当即有不少监委强烈表示反对，认为监察院曾对行政院院长宋子文提出弹劾案，要求政府将宋子文交付惩戒。现在，宋不但不受惩戒，反而易地做官了，这根本就是"政府忽视监察院的权力"。9月29日，监委王新令等20余人联名签署建议书，谓宋子文长行政院时，因措施乖谬，以至引起民怨，危及国家，引咎辞职，而今宋子文改过未见大效，适因其捐出小部分财产，遽拜封疆大吏之命，斯举乃开捐官鬻爵之先例。且所捐之款乃其财产一小部分，且并非献之国库，诚不可谓之为公。因此建议：立即否决行政院宋子文主粤之任命。劝谕宋氏与孔祥熙同时捐献其大部分财产，或征收其全部财产，借以充实国库。可以想象，这样的建议书送到国民党当局那里，只能是一个无声无息的结果。

自行政院临时政务会议之后，宋子文主粤事便不断受到舆论的抨击。尤其是《华夏》《救国》《南京》《中华》等报均先后刊文声讨，认为宋氏经捐款，即官拜封疆，此意如出于"朝廷"，则是卖官鬻爵；如出于宋氏，即是出钱买官。如是前者，则政府纲纪凌替，官场不饬；若是后者，则宋氏"巨款买官于前，焉知不贪巨款于后"。

在舆论的一片讨伐声中，一篇《我爱宋子文》的文章，引起一些人的注意。该文发表在9月23日的天津《真善美日报》上，文章写道："我真佩服宋子文先生，不怪人家发财，他早看透了中国的社会，看清了中国人的缺点，所以任凭一般穷小子的叫骂，人家沉着应付，满不理碴，结果，人家拿出了一根汗毛，不但堵住了众口，并且走马上任，谁不给人家挑大拇指！本来做买卖还得有本钱，这一省之长，当然也得牺牲一点，以宋先生的经济学来看，这买卖，绝不能赔钱，不但有名，而且有利。"文章提出一个尖锐的问题：宋子文为什么献产拜官？为什么看中了广东？为什么他不要烽火燎原的东北，不要哀鸿遍野的华北，偏偏要山明水秀，四境平安，资源富足，南方大门的广东？

对于宋子文献产拜官的动机，当时一些有识之士作过深入分析：

其一，宋子文所捐中国建设银公司股票，号称价信2000亿元法币（亦有报道称价值5000亿元法币），听起来是个天文数字，然而，若按当时汇率折算，大抵只在140万美元左右，比较于他作为世界富翁所拥有的巨额家产，仅为九牛一毛而已。亦有人形容宋子文的这次献产，仅仅是从衣领里拿出了两只金虱子而已。况且，捐出公司股票后，公司的总经理依然是宋子良，并不影响宋子文对该公司的控制。各种中饱私囊的戏法，仍可以一如既往地玩下去。

其二，宋子文所掌握的这部分资产，均为中国建设银公司投资的不动产，既不能带走，也难以变卖。随着国民党经济危机的不断加深，国民党在军事上的不断失利，宋子文对这些不动产的控制日渐丧失。与其这样，还不如拿出来。通过所谓的"献产"把戏，洗刷徇私舞弊、侵吞国库的臭名，赢得"国而忘家"的声誉。更重要的是，献产之后，很快就得到了广东省政府主席的任职。正是拔一毛而官拜封疆，这样的买卖，实在是吃小亏占了大便宜。

其三，宋子文即将走马上任的广东，不仅是全国闻名的富庶之地，而且远离战火、邻近港澳，具有进可攻、退可逃的意义。

其四，宋子文主粤，一方面可以将其控制的家族产业，逐步南移，进而迁移海外；另一方面可利用广东的优势地位，建立新的宋氏家族经济增长点。《我爱宋子文》一文称宋子文主粤"不但有名，而且有利"。

1947年10月2日，是宋子文一生中最后一次大出风头的日子。这一天上午，广东省政府全体人员及广州行辕各机关首长2000余人，云集中山纪念堂，出席省府原任主席罗卓英向新任主席宋子文的交接仪式。宋子文在就职致辞中，踌躇满志地阐明今后的施政方针：整顿治安，恢复交通，澄清吏治。

一个多月后，蒋介石免去张发奎的国民政府广州行辕主任，遗职一并交宋子文兼任；同月，根本不懂军事的宋子文再兼广东军管区司令：这是宋一生中，第一次也是最后一次从蒋的手里接受军职。

宋子文赴粤之后，主要干了以下几件事：

一是所谓的"整顿治安"。"整顿治安"实际上是企图消灭共产党组织。宋子文顽固坚持反共反人民的反动立场，梦想将广东建成抵御中共的"堡垒"。他竭力反对与中共和谈，声称国民党"不可能与共产党达成任何妥协"。宋子文来到广东后，发现共产党及其游击队四处活动，力量较大。他认为这是"心腹之患"，必须于短期内解决。他将全省划为9个绥靖分区，设立9个"剿匪"司令部，在湘粤、闽粤边境成立了2个指挥部。选派亲信负责各地的"绥靖工作"，更换了大批县长，大部分换用国民党军队军官。在此基础上，他调集国民党正规军队，从珠江三角洲、北江、南路及东江等方向"进剿"共产党领导下的粤湘赣边纵队等人民武装。他命令所有部队放弃守点守线的旧办法，改以机动和主动的做法，企图在三个月之内取得"剿匪"的胜利。

二是训练军队。

蒋介石授权由宋子文安排在广东训练3个师，在台湾训练4个师。蒋明确说这7个训练师均由宋领导。蒋要求宋：如果最坏的情况发生，这些新训练和装备的军队能帮助控制南方各省。或者派他们去北方，替换那些疲惫不堪、损失巨大的前线部队。在蒋介石的支持下，宋子文打出了建设"粤军"的旗号。通过训练军队，宋子文的权力逐渐渗透到广西、福建、江西、台湾等省。

三是加强对重要物资的控制。

宋子文先后成立了广东粮食经济委员会、广东燃煤供销委员会、广东物资调节委员会等物品购销的垄断机构。"粮经会"在筹建时，经宋子文上书申请，蒋介石一次拨款6000亿元，相当于当时中等米90多万担价。至于省内银行贷款，则随要随取。燃煤供销委员会成立后，国民政府中央银行也源源不断地给予巨款，先后达4000亿元。这些垄断组织利用这些巨款，操纵经济，剥削人民，囤积大量粮食和煤炭，准备与人民军队长期顽抗。"粮经会"在1948年的半年时间就盈利15000余亿元（法币）相当于中等米44万市担，到1949年1月共盈利金圆券5000余万元，相当中等米62万市担。燃煤供销委员会由于控制煤源，任意抬高物价，广州水电厂多次增加水电费，极大增加了人民的负担。

宋子文运用宋氏家族的权势以及巨额资本，乘1948年通货膨胀、物价飞涨之机，大炒金钞，套购港汇，操纵了整个广州金融市场，从中大量掠夺人民财富。在1948年所谓"币制改革"前夕，宋家就与广东省银行总经理勾结，套购港币3000万元之多。

四是争取美国对蒋介石的支持。

宋子文幻想依靠美国的援助来为日暮途穷的国民党政权输血打气，甚至要求美国发表声明，反对中共渡过长江。为换取美国对蒋介石进行内战的支持，宋子文大肆拍卖广东资源。早在1947年3月，广东省政府主席罗卓英经蒋介石批准，与美国潘宜公司老板订立了"接纳美资办法三十条"，允许美国在广东投资经营煤气、煤矿、汽车、造船、肥料、玻璃等工业和开港、筑路、修水利等共11个项目。但是，由于罗卓英资望不高。这些事项进展不快。宋子文到任后，加紧了这方面的活动。

10月2日，他同美国石油大王的孙子洛克菲勒商谈广东开矿的电力设备问题。13日，同潘宜公司的代表接洽原定生意和黄埔港的建筑。15日，设宴欢迎美国驻华大使馆参赞，交换"对华南商务意见"。

他还同美国西南钢铁公司商谈开采海南铁矿问题，并且宣称：如果蒋介石政府给予协助，他立即可以在海南设立具有现代化设备的铁矿厂，并将炼出的铁运往日本。11月16日，宋子文果然决定将原海南所存铁矿石的一半启运日本了。

南京国民政府资源委员会委员长翁文灏还于1948年1月来广东，同宋子文商谈华南工矿问题。他们发表声明，决定用美国资金、美国器材、美国技师，由美国人监督在广东建立电厂、煤矿、糖厂、铁矿等。

在宋子文统治广东期间，广东人民遭受了日益沉重的剥削。1948年冬季营业税比上一年秋季提高了5倍以上。据当时的税捐处预算，1948年11月，广州市库收入比10月增多三四倍。1948年原征粮数全省是500万担，后因反对人民战争的需要，又增加了40万担，从11月开征，至1949年1月征齐，也就是说，从1948年11月至1949年1月要从广东人民手中掠夺540万担粮食。

宋子文主政广东之际，正是人民解放军转入战略进攻，人民解放战争迅速发展的关键时刻。解放区军民经过一年的内线作战，歼灭敌人大量有生力量，敌我力量对比发生显著变化。国民党军队总兵由430万人下降到370万人，其中正规军由200万人下降到150万人。而人民解放军的总兵力则由120万人发展到195万人。

1947年6月30日，刘伯承、邓小平率领晋冀鲁豫野战军4个纵队在鲁西南地区强渡黄河，揭开了战略进攻的序幕。刘邓大军千里跃进大别山，解放军在各个战场上的攻势作战，构成了全国规模的战略进攻的总形势。

同年10月10日，中国人民解放军总部发布了《中国人民解放军宣言》，提出了"打倒蒋介石，解放全中国"的战略口号，宣布了打倒蒋介石独裁政府，成立联合政府，惩办内战罪犯，实行民主制度，没收官僚资本，发展民族工商业和实行耕者有其田等八项基本政策。

这时，历史已经到了一个重要的转折点，这是蒋介石的20年反革命统治由发展到灭亡的转折点。

在这个重要的历史关头，宋子文来到广东，无论他做出什么努力，一切都是徒劳的。

人民解放军在各个战场所取得的辉煌胜利，彻底粉碎了宋子文的痴心梦想。

从1948年9月12日开始到1949年1月31日结束的辽沈、淮海、平津三大战役，历时142天，人民解放军共歼灭敌人154万余人。国民党赖以维持其反动统治的主要军事力量基本上被摧毁。三大战役的胜利，奠定了人民解放战争在全国胜利的巩固基础。

1948年12月25日，中国共产党在陕北宣布了"举国闻名的头等战争罪犯"43名，蒋介石名列"榜首"，宋子文名列第十号。

　　1949年1月14日，毛泽东以中共中央主席的名义发表关于时局的声明，严正指出，虽然中国人民解放军具有充足的力量和充足的理由，确有把握，在不要很久的时间之内，全部地消灭国民党反动政府残余军事力量，但是，为了迅速结束战争，实现真正的和平，减少人民的痛苦，中国共产党愿意在惩办战争罪犯、废除伪宪法和伪法统、改编一切反动军队等八项条件的基础上，同南京国民党政府及国民党地方政府和军事集团进行和平谈判。毛泽东的声明得到了各阶层人民群众的热烈拥护。

　　1月21日，蒋介石宣告"引退"，其"总统"职务由"副总统"李宗仁代理。次日，李宗仁表示，愿以中共所提八项条件为基础进行和平谈判。

　　中共中央于1949年1月28日命令国民党反动政府重新逮捕前日本侵华军总司令冈村宁次和逮捕国民党内战罪犯。而在中国共产党命令必须首先逮捕的战犯中，蒋介石仍是头号战犯，其次是宋子文。

　　与此同时，国民党内的许多人也宣称已掌握了宋子文盗用巨额公款的文字记载材料，要求他至少将全部财产的一半交公。

22

梦幻泡影

树倒猢狲散。随着蒋介石政权的覆灭，大小官员如鸟兽散。

宋子文逃到香港，对法国记者说："不久将赴法国疗养。此次赴法国疗养，完全是个人行为，并不代表任何人做政治活动。"

宋子文在美国对记者说："这次来美国系持普通护照，当然是为了私事。"

宋子文在美国多次会见出席联合国大会的美国代表团成员杜勒斯。杜勒斯表示，赞成宋的想法，提供二亿美元的借款，并向中国派出一个军事代表团。

宋子文还会见了美国驻华大使司徒雷登，密谈了一个多小时。司徒雷登听了宋的组阁计划，立即说这是一个很好的计划。寥寥数语，使宋子文很受鼓舞。

很快，美国对宋子文的要求做出了正式答复。

宋子文得到了什么呢？

1949年，古老的中国发生了翻天覆地的变化。中国人民解放战争以摧枯拉朽之势，彻底摧毁了国民党的统治。

1月24日，宋子文辞去了广东省长职务，同妻子张乐怡一道逃往香港。宋子文夫妇在启德机场走下飞机。宋子文身着双排扣西装，戴了一顶翘边帽，手里拿着他心爱的手杖。在他的翻领上有两排国民政府和国民党的奖章。他板着一副脸，神色沮丧。张乐怡披着一件貂皮大衣，戴一副墨镜，以免人家看到她那双哭肿了的眼睛。真是无可奈何花落去，别有一番滋味在心头。

宋子文夫妇在香港暂时住下，宋子文仍对国民党的"和平"攻势和"千里江防"存有幻想。

3月25日，息影香港成水湾的宋子文突然又返回广东高级住宅区东山，住进其弟宋子良的私邸。由于路上被人发现，第二天，各种新闻媒介对宋子文重返广东提出了种种看法。有的说，宋子文来穗是要建立华南集团，帮助华南建军改政，发行地方货币，谋求经济独立，促请引退的蒋介石来粤，继续与人民力量作战到底。也有的说是履行诺言，帮助国民党广东省主席薛岳解决财政困难，使广东摆脱当时遍及国统区的经济危机。还有的说是协助当时新仕海南行政长官陈济棠，为当时纷乱不堪的海南岛打出一个新的局面。但也有的文章则说，宋子文纯为私人利益而来，他将对广东的巨额投资做出处理。

宋子文的三个女儿，摄于1946年秋，左起分别为长女琼颐、次女曼颐、幼女瑞颐。

这几种看法，都有其各自的道理。

宋子文来穗的次日，孙科也由沪飞穗。当天中午，两人就进行了长时间的密谈。留穗的国民党中央委员也分别于25日、26日与宋子文见了面。

3月27日，宋子文匆匆离穗，经宁波转至溪口，与蒋介石会晤。这是宋子文和蒋介石在大陆上最后一次见面。

宋子文于28日飞返香港。当晚接见法国新闻社记者，他说不久将赴法国疗养，现在已不在政治上活动，外间种种传言都没有依据。这实际上是对广东各报纸对他返穗目的种种推测的回复。

他还说，此次赴法国疗养，完全是个人行动，并未代表任何人做政治活动。到溪口是为处理与家族有关的私人事务。

然而在同一天，《香港虎报》（胡文虎办的英文报）则披露宋子文将在短期内赴欧洲为国民党政府购买军火，并将在巴黎与若干方面的代表会谈，商量太平洋公约问题。

《正义》报也揭露说，宋子文赴法"是代表政府洽商将马歇尔计划中之援欧物资的一部分转借援华"。

就在宋子文在香港短暂停留的一段时间，中国的政治、军事形势发生急剧变化。国民党所谓"和平"攻势迅速破产，人民解放军胜利进军，一路凯歌。4月20日深夜，人民解放军发起渡江战役，4月23日深夜解放了南京城，国民党军队苦心经营了三个半月的长江防线被彻底摧毁。

这样，宋子文夫妇在香港再也待不下去了。5月16日，宋子文夫妇赴巴黎，自称"疗养"。6月9日，由巴黎乘机抵达纽约。

至于宋子文在法国期间的行踪和赴美使命，上海俄文报纸《新生活》有这样的记述：

"中国前行政院长宋子文，已在法国和西班牙的边境，替政府首要购置很多别墅和私宅。他们在法国的尼斯、贝维拉斯等地方，已经购买和租定了100多所别墅。因为害怕法国可能发生政治变化，以至影响其安全，宋子文又派人到佛朗哥统治下的西班牙之巴塞罗那附近，购买和租定了25所别墅。宋氏之去纽约，闻系与宋美龄、孔祥熙商量投资南非洲钻石企业有关。"

当6月9日宋子文抵达纽约，他在美国的大女儿琼颐、二女儿曼颐、三女儿瑞颐均赴机场迎接。

有的记者问宋子文赴美的任务是什么？

宋子文在机场对记者说："这次来美系用普通护照，当然为了私事。"

当然，宋子文这次来到美国，要说是为了"私事"，也可以说得过去，这个"私事"就是为了逃避中国人民对他的审判和惩罚。

但是，宋子文是一个不甘于政治上寂寞的人，他来美国是作为蒋介石的私人代表，要从事许多政治、经济活动。其活动之一，就是乞求美国再次为蒋介石政权给予"援助"。

宋子文来到美国后，立即在纽约会见了国民政府驻美国的大使顾维钧。

宋子文对顾维钧说："中国的局势已经十分危急。"又说："国家兴亡，匹夫有责。"他所说的"国家"就是即将覆没的国民党政府。他还说，蒋介石本不想让他离开中国，但他到这里是以一个公民的身份来尽自己的力量。

宋子文还和顾维钧一起分析了国民党军队一再失败的原因。宋子文认为："军队之缺乏斗志和指挥官之堕落是军事溃败的主要原因之一。"宋子文和顾维钧指责国民党军队的将军们赶不上时代的要求，但他们自己又没有意识到这一点。最后，他们一致认为，军事形势——庞大的军事预算，指挥分散，纪律松弛——是造成中国许多麻烦的主要原因。

宋子文和顾维钧商议，请陈纳德组织一支空军志愿队，乞求美国派一个正规军队代表团，以挽救国民党军队的败局。

7月24日，宋子文邀请顾维钧等人在纽约的将延黻处开会。顾维钧在会上说，陈纳德想组织一支空军志愿队的计划，虽然遭到一些人反对，但却给了美国众议员和参议员一个很好的印象，应该纳入我们的正式计划之中。宋子文在会上提出他将电请蒋介石批准顾维钧将陈纳德计划纳入统一援助计划。

有了宋子文的支持，顾维钧即同陈纳德讨论了中国的军事形势。陈纳德表示，只要有他的"空军志愿队"，国民党军队在湖南衡阳地区很容易防御。

宋子文还多次对国民党派驻在美国的代表们说，"剩下的时间不多了"，问顾维钧等人是否可以轰炸上海发电厂（上海的主要供电单位）。他说如果能轰炸上海发电厂，也许会使上海的工业生产瘫痪。

宋子文还多次求见美国出席联合国大会代表团成员杜勒斯，请求美国派出一个军事代表团。1949年8月初，杜勒斯向宋子文表示，赞成宋的想法，即提供二亿美元的借款和向中国派出一个军事代表团，同时又问宋子文下一步该怎么办？这使宋子文似乎看到一线希望。

但是，无论是宋子文的"陈纳德计划"也好，还是"军事代表团"计划也好，都是痴心妄想。

中国人民解放军百万雄师渡过长江，解放了国民党反革命统治中心南京之后，迅速挥师南下，势如破竹。5月中旬解放了华中要镇武汉，5月下旬解放了中国最大的工业城市上海，8月5日，解放军进入长沙，湖南获得解放。9月13日至10月13日举行了衡宝战役，相继解放了衡阳、宝庆、广州等64座城市。中华人民共和国于10月1日正式宣告成立，中国人民革命取得了历史性的伟大胜利。

中国人民革命的迅速胜利，打破了宋子文期望依靠美国军事援助使国民党政权苟延残喘的迷梦。

目睹着国民党军队的彻底失败，美国许多官员也不同意向蒋介石派出军事代表团了。曾经支持过蒋介石的美国将军魏德迈说，不要再派出像宋子文要求的那种正规军事代表团。他说，过去在中国有6万美国士兵可以使用，现在这样的计划费用太大，国会不会批准。紧接着，他又说了一句讥讽之语："派少量美国顾问，分配给每个中国师长，则所需费用不大，也许只需几百万美元，是可以做到的。"怎样做到呢，魏德迈直言不讳地说："这笔经费让宋子文单独筹措就可以了。"他显然认为，宋子文应从私人财产中拿出这笔钱来。

在争取军事援助的同时，宋子文还企图为蒋介石集团谋取美国的经济援助。

在宋子文流亡美国之前，四大家族的重要成员宋美龄、孔祥熙、宋蔼龄也都先后飞赴美国，孔氏夫妇由于贪污中饱、鱼肉人民，名声太臭，来到美国后，借口身体不好，很少参加社会活动，对蒋介石集团不甚关心。

宋美龄于1948年11月底飞往华盛顿，蒋介石希望她能从美国获得大批的援助。然而，华盛顿对蒋夫人的到来显得并不热情。华盛顿没有铺红地毯，没有邀请蒋夫人在白宫过夜，也没有邀请她到国会讲话。

美国总统杜鲁门用挖苦的口吻说："她到美国来是为了再得到一些施舍的。我不愿意像罗斯福那样让她住在白宫。我认为她不太喜欢住在白宫，但是对她喜欢什么或者不喜欢什么我是完全不在意的。"

在许多官方场合，宋美龄处于十分尴尬的境地，杜鲁门不仅没有给她面子，而且不客气地向报界发表一篇声明，透露美国向蒋介石提供的援助已经超过38亿美元。

1949年8月，宋子文同宋美龄商议后，向美国国会递交了经济和军事援助计划，要求美国给2亿美元援助并且加上一笔白银借款。

宋子文还于8月初同杜勒斯进行了一次会谈。宋子文提出要谋求赫斯特报系、斯克里普斯——霍德华报系《时代》《生活》各刊物促进援助的时候，杜勒斯回答说，虽然国务院的态度还不太好办，但是他认为这么做没有必要，这次会谈给宋子文造成的印象是：国会将给中国以某些援助。杜勒斯后来还向宋子文表示，赞成宋子文的想法，即提供2亿美元的借款和向中国派出一个军事代表团。

但是，美国政界、军界许多人士反对给蒋介石集团更多的经济援助，这迫使宋子文再次向美国政府求援。10月中旬，宋子文对流亡到美国的蒋介石派出的"技术代表团"的成员说，有一位和杜鲁门总统很接近的美国政界重要人士，曾暗示想要一份美国如何能仍向中国提供有效援助的计划的备忘录。

按照宋子文的旨意，"技术代表团"搞了一份备忘录。这是一份长文件，叙述了如能获得美国的援助，以西南各省为基地守住一条防线的可能性。其想法是坚持一两年，以便赢得时间进行准备和等待世界形势的演变（第三次世界大战）。

为了争取得到美援，宋子文在备忘录中为国民党军队在广州的一败涂地辩解说，这是基于有必要以空间换取时间和保存仍在中国（即在台湾的蒋介石）手中的少量军事和财政实力。他说，否则在缺乏进一步援助的情况下，消耗只能意味着抵御的早日瓦解。

宋子文的计划是由美国提供2亿美元，其中包括经济合作署中国专款结存的约8500万美元，国会批准的对整个中国地带军事援助款7500万美元，以及向美国政府预支并以中国的锡、钨、锑和猪鬃等战略物资偿还的4000万美元。总数分5个月使用，每月用于轻武器1000万美元，用于军饷3000万美元。

宋子文一再给流亡在美国的蒋介石的亲信们施加影响，他说："局势迫使我们不得不行动，只得把死马当活马医。"

很快，美国的官员们对宋子文的备忘录做出了答复。11月初，美国国务院表示"已坚决停止援华"。美国的马歇尔将军在一次宴会上明确回答，美国限于财力，不能承担帮助国民党战胜共产党军队的艰巨任务。司徒雷登的代表傅泾波还说，白宫和国务院都对孔祥熙、宋子文、蒋夫人及他们的家族有强烈反感。

这样，宋子文企图获取美国的军事和经济援助，以挽救蒋介石集团灭亡的梦想，彻底破灭了。

宋子文移居美国之初，曾企图组织一个其成员主要是留美学者而又掌握实权的内阁，以挽救国民党政权的失败，这成为宋子文积极为之活动的又一个梦想。

宋子文到达美国后，多次就如何挽回败局同国民党驻美国的一些官员进行商议。1949年7月25日，宋子文来纽约会见了顾维钧。经过一番讨论，宋子文和顾维钧都认为，"组织一个其成员主要是美国熟悉的留美学者同时又掌握实权的内阁，是挽救国家的唯一途径"。他们认为，这样就有把握通过使用美国人在军事、经济、金融、交通运输各个领域的技术帮助而使国民党取得全面的美援和合作。他们还商议不惜以牺牲国家主权换取美国的支持，并说，无须害怕美国侵犯我们的主权，只要我们告诉他们或暗示我方意图，他们就会随时随地撤离。要得到美国的充分关心和甘心情愿的支持，就必须让美国分享控制权。

在与顾维钧的讨论中，宋子文还提出，在他担任行政院长时，就不能任命他自己的财政和外交部长。现在必须觉醒并加以改变。怎样改变呢？宋子文认为，要让文官去当省主席以恢复百姓的信心；起用年轻有为者，给他们以希望，并提供其发展事业的出路。这次宋、顾会谈反映了宋子文组织"新内阁"的总的指导思想，即内阁成员必须是亲美的且美国十分熟悉的文官人员，这些内阁成员必须握有实权，必须以牺牲国家的主权为代价，换取美国对这个内阁的信赖和支持。

8月9日，宋子文又就他所梦想的"新内阁"的人选同顾维钧进行密谋。顾维钧认为拯救局势的时间所剩十分有限了，竭力主张邀请一部分知名、廉洁、自由主义的留美学者在蒋介石和李宗仁支持下，组成一个新的内阁，并在各政府机构工作中使用若干美国顾问。他说，这样的联合会影响到美国政府，只要成功的合作两三个月，就会使美国当局认识到国民党真诚自救的决心，同时，顾维钧毫不隐讳地说，为使这项试验能付诸实施，必须说服蒋介石自己退居幕后。

宋子文表示，蒋介石将会这么办。

"新内阁"由谁来当首脑呢？宋子文认为胡适最为理想。但是，宋子文又认为胡适不敢贸然尝试，必须另找一人选。顾维钧提出，由吴国桢出任。宋子文又认为，在当前情况下，吴国桢的威望不足以担当此任。直至这次会谈结束，他们两个也没有找出"合适人选"。

8月10日，顾维钧来到坐落在伍德兰大道的宋子文住宅，继续密谋"新内阁"的人选。宋子文首先让顾维钧给美国的《纽约时报》打个电话，因为这家报纸的记者发表文章说，蒋介石拒绝与国民党在广州的国民政府合作，蒋介石的部队在台湾按兵不动，蒋介石认为大陆已无法防守。宋子文对这篇文章感到十分生气。顾维钧当即叫人同这家报纸打了电话。

接着，宋子文表示，如果胡适坚持不就的话，就让吴国桢出来组阁，而让胡适在吴国桢内阁中任外交部长。他还说，吴国桢任国民党上海市长的政绩"表现不错"。顾维钧对此方案表示同意。

紧接着，宋子文又去向司徒雷登求援。

司徒雷登这位美国驻华大使，对旧中国的政治、经济、军事状况十分了解。他虽然是美国人，但是他1876年出生于中国杭州。从1905年起他开始在中国传教，1919年起任美国在中国兴办的燕京大学的校长。1946年7月11日，出任美国驻中国大使，积极支持国民党反动政府进行反人民内战。1949年4月司徒雷登留在南京观望。同年8月，由于美国阻挠中国人民革命胜利的一切努力都已彻底失败，司徒雷登不得不悄然离开中国。在中国，在国民党南京政府如鸟兽散的情况下，没有人理睬司徒雷登，"使得他茕茕孑立，形影相吊，没有什么事做了，只好夹起皮包走路。"在美国，宋子文似乎觉得司徒雷登可以为他撑腰，便登门拜访，同司徒雷登密谈了一个多小时。司徒雷登听了宋子文的"组阁"计划，立刻给宋鼓劲，说这是一个很好的计划、寥寥几语，使宋子文受到"鼓舞"。

由于受到司徒雷登的支持，宋子文着手草拟了一份组成"新的、自由主义的政府成员名单"，总计有50人。开始，这份名单中有宋子文本人，后来他自己又叫人将他的名字删掉了。

宋子文将这份"新内阁"名单通过司徒雷登的私人秘书傅泾波转给司徒雷登。这位大使先生在重复了同意宋子文的想法的话语以后，又明确地告诉宋子文等人，美国国务院不信任蒋介石的军事领导才能，同时又认为李宗仁软弱无力，蒋介石的专横个性使他黯然失色。最好是请蒋介石交出政权，出洋考察。这番话，使得宋子文等人不得不对那份名单重新又进行研究。

10月2日，宋子文等人在美国听到了中华人民共和国中央人民政府在北京成立和苏联承认新中国的消息。接着，许多国家承认新中国的消息也陆续传来。这样，宋子文等人企图组成一个亲美的"新内阁"的梦想彻底破灭了。

宋子文移居美国之时，也正是国民党内部蒋介石集团同李宗仁集团矛盾日益白热化之时。1949年5月8日，李宗仁以国民政府代总统的身份从桂林到广州继续任职，但他既无军权，又无财权。蒋介石以国民党总裁的身份在马公岛遥控广州国民党政府。

宋子文来美国后，从维护本阶级的利益出发，力图调和蒋、李之间的矛盾，以延缓国民党政权的灭亡。这也是宋子文的一个梦想。

宋子文首先企图协调在美国的蒋介石的代表和李宗仁的代表的活动。

6月9日，刚刚到达美国纽约的宋子文就给国民党政府驻美国大使馆打电话，说要会见李宗仁派往美国的代表甘介侯，为的是告诉他亲蒋派和亲李派应该齐心协力，要他不应只效忠李宗仁而反对蒋介石。

但是，甘介侯并不听宋子文的那一套，他不愿同宋子文合作。甘介侯在华盛顿积极活动，以李宗仁企图建立一条抵御共产党的防线，并以李宗仁、白崇禧有一定的战斗能力为理由，力争美援。

甘介侯于6月9日赴美国国务院会见代理国务卿姆斯·韦布，将李宗仁致国务卿艾奇逊的信件交给了他。甘介侯向这位代理国务卿大肆吹嘘李宗仁、白崇禧残部的战斗能力之后，提出李宗仁需要美国的帮助，特别是道义上和经济上的援助。他请美国发表一份同情国民党政权并且赞同国民政府继续抵抗共产党的声明，还要求美国给一亿美元左右的援华拨款。

韦布对甘介侯的请求没有给予明确答复，只说等国务卿一回来他就研究这个问题。

而甘介侯的活动仍在继续，他拟定了一份军援计划，交给了美国一位参议员。

宋子文听到甘介侯的上述活动的消息后，内心感到十分不安。尽管宋子文这次赴美国，没有任何正式官衔，但是在美国的国民党官员都明白，他的行动代表着蒋介石，他同宋美龄一样都是"尽力为委员长效劳"。宋子文不能容忍甘介侯自行其是，独自争取美国援助。

6月24日，宋子文召集驻美的国民党外交人员在纽约蒋廷黻家开了一次会。他的目的是想"在争取援助问题上协调各方面的行动，并且制订一个提交美国政府的统一计划"。但是甘介侯根本不来参加这次会议，这更使得宋子文为甘介侯独自替李宗仁活动感到不安了。

由于驻美的蒋介石的代表和李宗仁的代表各自独立活动，使美国的一些官员也感到麻烦。美国的一些参议员建议，甘介侯同顾维钧等人联合签署一份全面援助计划。但是，宋子文等人又不同意甘介侯共同签署。宋子文自己拟定了一份两亿美元的美援计划，和甘介侯分道扬镳。

宋子文自己在美国同甘介侯互不相容，却对国内蒋介石同李宗仁的矛盾忧心忡忡。

1949年9月，美国的一些报纸报道了蒋、李矛盾的情况。有消息说，蒋介石推荐任命汤恩伯为国民党军队"东南剿共司令部"总司令，被李宗仁否决。有的消息则详细记述了蒋、李之间的裂痕。

这些消息，使宋子文心绪不宁。宋子文多次同胡适、顾维钧、蒋廷黻等人联名给蒋、李二位拍发电报，力劝他们为国民党政权的前途携手合作。

这些电报自然不会有什么实际效果！

11月21日，香港的报纸报道，李宗仁从桂林到达香港。有的记者说，他的香港之行是因为已和蒋介石决裂，并将组织一个既反共又反蒋的新政党。

12月10日，蒋介石乘飞机逃离成都，飞往台北。

这个时候，宋子文已经彻底失望了，他对华盛顿和中国国内的情况再无兴趣了。12月8日，李宗仁到达美国。宋子文也没有赴机场迎接。

又一个破灭的梦幻！

宋子文来到美国后，很快发现美国的官员们并不是再像以前那样"友好"，美国的一些官员和记者们津津乐道地谈论着宋子文的各种丑闻，这令宋子文十分难堪和不安。

在第二次世界大战结束后，回顾往事在华盛顿成了时髦的事情。有的美国情报界人士追述道，孔祥熙曾经用了两亿美元的美国贷款在1942年向被占领的上海商人购买货物，卖这些货物的是杜大耳朵（杜月笙）和宋氏家族同日本人共同拥有或者控制的企业。像木头中的蛀虫被鸟喙啄出来一样，这些和另一些新鲜事在闲谈中被挖掘出来，传遍华盛顿，成为人们屏息凝神聆听或手舞足蹈谈论的材料。

美国总统杜鲁门也时常向他的助手们坦率地谈论国民党政府中的"贪官和坏蛋"。1949年5月，杜鲁门听到银行界人士对国会议员说，宋家和孔家确实有20亿美元存在曼哈顿。杜鲁门立即命令联邦调查局秘密调查这些报告，以便确切地了解钱数和储存地点。

美国联邦调查局仔细查看了宋子文等人的战时档案，了解到宋子文"开始担任公职时财产比较有限，到1943年1月积累了7000多万美元"。宋蔼龄在美国一家银行拥有8000万美元，宋美龄在美国的一两家银行里存了15000万美元。

对于美国人的指责以及秘密调查，宋美龄极为不满，她愤怒地离开华盛顿，再次隐居里弗代尔的孔祥熙别墅。

正是在这种情况下，宋子文踏上了美国的土地。他原计划到华盛顿去拜会美国的官员们，但是他很快就不得不取消了这个计划。6月21日，宋子文通过其亲信贝祖贻转告国民党政府驻美大使馆，说宋子文改变了主意，不准备来华盛顿。

后来，宋子文在他的居住地纽约对顾维钧说："已被华盛顿的共产党分子或同情共产党的分子诽谤中伤到如此程度，""感到访问首都毫无意义。"

事实上，当时在华盛顿并没有"共产党分子或同情共产党的分子"对宋子文进行"诽谤中伤"。令宋子文伤透脑筋的是美国联邦调查局对他的资产和存款的调查以及记者们的报道。

美国联邦调查局向各地机构发出指示，要求调查宋子文所控制的工业、公司或企业的国内银行户头的钱数。尽管有些美国银行拒绝为联邦调查局提供材料，但是联邦调查局仍然发现了一些有价值的材料。他们发现宋子文的流动资产有很大一部分是在他的旧金山广东银行里，宋氏家族的许多成员（宋子文、宋美龄等）在东海岸到西海岸的城市里都拥有公寓大楼和办公大楼。一些公司被发现是宋家拥有或控制的，其中包括孚中国际公司，以及芒诺化学公司。

在那些日子里，美国的各种出版物上都有一些文章谈到中国人的贪污问题。7月13日，美国《商业日报》在头版刊登一篇文章说："中国高级官员们把政府财产大量转入私人账户被揭发后，国务院受到日益增长的压力，要求冻结中国国民政府在美资产。"

《美国新闻与世界报导》周刊也登载了一篇参议员写的文章。这篇文章揭露了与蒋介石有亲戚关系的某些官员的贪污劣迹。文章最后质问拨给中国的援助款项用到哪里去了。

就连英国的财政大臣斯塔福德·克里普斯爵士，在一次自助餐宴会上，也对国民党政府驻美大使馆的官员们说，那些美国人指的是蒋委员长的家族，包括孔祥熙、宋子文及其弟弟们，都发了大财。他还直截了当地说，宋子文现在到美国来，名义上是为了促进中国的利益。实际上是为了谋取他个人的利益。蒋委员长的亲信如宋子文，在商业交易中的贪污行为实在已经到达了罪恶昭彰的地步。

由于不断有关于前国民党的高级官员贪污腐败的消息见诸报端，不少文章又直指宋子文本人，使宋子文内心一直忐忑不安。

经过一番策划，宋子文提出公布中国银行纽约经理处和纽约的银行审计员之间的信件，表明中国银行没有任何不正常的转账。但是，宋子文的一些亲信们又反对这样做，他们怕欲盖弥彰。他们说，中国银行的信件并不足为证，因为从政府机构的账户中另外有一些是通过别的银行转给私人账户的。如果中国银行公布了信件之后，一些美国的消息来源或各家银行随后又另外披露了公款转给了几个私人户头的话，只会使情况更趋严重。他们还幻想由国民政府来发表声明，说美国报刊登载的消息是没有根据的。

当然，已经被中国人民彻底推翻了的国民政府是没有也完全不可能来为宋子文发表声明的，宋子文自己怎么也想不出一条"锦囊妙计"，摆脱美国朝野对他的攻讦，只有任其蔓延罢了。

正在彷徨不安时，1950年初，宋子文和张乐怡在美国曼哈顿花园大街1133号公寓收到一份急电，这是蒋介石要他回台湾的紧急邀请电。

1950年2月，他又得到一则消息：国民党中央委员会常务委员会通过一项决议，要求国民党党员返回台湾，否则注销护照。宋子文立即感到他的护照会出麻烦。

何去何从？是留？是走？都是矛盾重重。

23

流亡异国

无边落木萧萧下，不尽长江滚滚来。

宋子文对蒋介石的台湾"政府"失去信心，加上同蒋介石集团各派系的种种矛盾，他不愿偏居台湾。

他在美国深居简出20年，1971年画上了人生的句号和感叹号。

有关宋家的财富，一位美国记者披露，他们在20世纪40年代和50年代的总积蓄已超过30亿美元。大英百科全书称宋子文为"世界首富"。

1950年初，宋子文和张乐怡刚刚在曼哈顿公园大街1133号的一幢公寓住下来，就接到蒋介石请宋子文到台湾的紧急邀请。

美国作家斯特林·西格雷夫在《宋家王朝》中写道：

"这很像从意大利黑手党分子发来的一封要他回索伦托（意大利那不勒斯湾南边的一个海港）的邀请信。或者回去看看那不勒斯就死去。"

宋子文表示无意回台，但是蒋介石坚持要他到台湾，并且扬言，如果他不来"就任政府的正式职务"，就要把他开除出国民党的核心集团。宋子文再次拒绝了。

宋子文之所以不愿到台湾去，其原因主要是两条：

其一，宋子文对蒋介石的台湾"政府"已经丧失了信心。在1949年下半年到1950年初那一段时间里，在美国几乎没有人认为蒋介石能在台湾呆上一年以上。认为蒋介石必定失败的舆论空气很浓厚。英国尽管在同国民党政府断交和支持恢复新中国政府在联合国的合法地位的问题上采取暧昧态度，没有同新中国建立外交关系，但于1950年1月承认了新中国。美国国务院通知它的外交人员准备台湾落到共产党人手中，说美国不会向蒋介石提供军事援助或建议。结果在美国统治集团内部引起了激烈的辩论。麦卡锡参议员带头指责国务院里充满了共产党人。也正是在这一段时间，宋子文多次向蒋介石派往美国的外交人员表示出对台湾政权丧失信心的心境。

其二，宋子文同蒋介石集团中的许多人都有矛盾。当时《纽约时报》曾作了如下报道：

"国民党说，宋子文这位世界上首富之一，宁愿选择辞职，也不愿回到受共产党威胁的小岛。这个岛屿是蒋委员长从他原有的亿万人口大国所剩下的全部地盘，就只是这块避难所。"

宋子文是在南京政府迁往广州前离开中国的。当时，有人提出要宋子文把他的巨额财富的一部分捐献给国民党事业的动议。据说，他的财产分散在法国、南北美洲、南非以及这条线的一些银行里。

他没有理睬这些请求，匆匆离开广州。

蒋介石邀请宋子文去台湾，一是考虑到他同美国的特殊联系，二是想从这位世界巨富腰包中捞些资助，三是蒋宋之间虽有矛盾，但在共同的政治利益上毕竟是一致的。

宋子文精于政坛之道，他是不愿在这个时候冒风险的。他有他的计划。

后来，国民党还以中央党部的名义屡屡催促在美国当寓公的宋子文赴台湾，但也被宋子文拒绝。1952年10月，在国民党"七大"期间，部分代表提出了"党内重大整肃案"，并在次年得到蒋介石的圈定批准。在该案列出的开除国民党党籍者的名单上，宋子文位居第二，仅仅排在孔祥熙的后面。

在美国，宋子文把他的大部分精力用于经营他那日益扩大的金融帝国。但是他的确在金钱上支持"院外援华集团"，因为这样做是符合他的利益的。"院外援华集团"可以在许多方面起作用。

宋子文在曼哈顿住了一段时间。不久，离开曼哈顿，在长岛购买一套豪华的住宅。他用别人替他挑选的画装饰自己的住宅。他承认，那些人在艺术上比他懂行。他还收藏大量的中国青铜器皿，他说这些青铜器也是别人替他选择的。他的宅邸戒备森严，并安装了复杂的警报系统。

在美国的华人中间，有这样的街谈巷议，说宋子文在长岛家里存有"令人难以置信的财富"，宋子文是一个"极其危险"的人。因为他是在美国的最有势力的中国实业界巨头，不少"坏人"靠他生活，一个被美国中央情报局雇为分析人员的中国学者向外披露："这倒不是说宋子文本人是个危险的人。而是说，只要他轻轻说一句话，对中国人的堂社、辛迪加、中国银行以及一些其他叫不上名的恐怖组织的对象，都会带来可怕的后果。"

宋子文狂热地大做石油股票、农矿产品期货和新技术的交易。他正在赢得"世界上最富的人"的名声。

在华盛顿，在哈里曼的桑兹角的别墅，宋子文不时拜访艾夫里尔·哈里曼，跟他谈论中苏争端，试探华盛顿的消息。至于亨利·卢斯，虽然他们有时有书信来往或互致热情的邀请，但他们均未践约。有人说这是因为卢斯夫妇与宋美龄关系密切，因此很难和宋子文会见。宋子文的真正的朋友是他结识的新加坡、香港、东京和伦敦的有势力的财界人士，以及他所控制的银行的董事。

随着南京国民党政权的彻底崩溃，随着岁月的流逝，那些揭露宋子文中饱私囊的国民党的元老派们，再也没有能力攻击他了，而且一个个走向历史的终点。战后，戴笠乘坐飞机摔死在山腰，死因成为谜团。有人说死于大雾迷空，触山坠落，也有人说机上暗藏炸药，有人谋害。陈果夫、陈立夫是宋子文的政敌，陈果夫1948年12月，就迁居台湾台中，1950年担任国民党中央评议委员，1951年春迁居台北，同年8月25日离世，只活了59岁。陈立夫1949年12月由四川去台湾，1950年8月离台湾去欧洲，后去美国。1968年他又返台湾，任"中华文化复兴运动推行委员会"副会长等职。他声称再不涉足政坛，与宋子文的冲突早已不复存在了。

宋子文在美国深居简出，社会交往日益缩小。当然他也有几次活动引起了新闻界的注意。

第一次是他派其驻港代表秘密参加杜月笙的"祭奠"活动。杜月笙1949年4月去香港，1951年8月16日在香港病逝。在临死前，他当着为其祷告的牧师的面，哀呼了几遍"耶稣救我""耶稣救我"，充满着空虚、绝望之情。在杜月笙死后，宋子文除了致唁电外，另嘱香港广东银行代订祭菜全席，送到灵堂，由他的驻港秘书代祭。

第二次是1958年宋子文返回香港。这一举动再次引起海内外舆论界的广泛关注。12月11日，居住海外长达9年的宋子文突然返港。12月18日中午，宋子文在余东璇私邸，以一顿简单的西餐，招待香港20多位记者。

宋子文事先发了请帖，并请一位和新闻界熟悉的亲信分别打电话通知，计划得比较周到。他还请到了三位亲信，专门负责招呼客人。

参加招待会的记者报道说："宋显得苍老而瘦削，发已半白，但精神仍健旺，他这副模样和神态，如果不事先知道他是宋子文，至少得定睛端详，仔细忖量，方能认出。他说，现在的体重已较前减轻20磅。"

"一个同业说，我们新闻界这次失败了，因为宋子文到了香港后，我们还不知道。另一个同业说，大概因为宋子文先生瘦了，所以没有被认出来。"

席间，记者们一一提问，宋子文都不作正面答复。

他时而反问道："你的意见如何呢？"

时而又说："这是所谓Leading Question，很难答复！"

他说："我对这方面没有注意！"

还说："照你的想法，我该怎样？"

继而回答："等我将来有了研究再奉告！"

不过，在一位记者单独访问宋子文时，他做了些答复。

记者问："在美国当然和蒋夫人见面了？"

宋子文回答："是的！"

记者又问："她在明年元旦前不会回台北罢？"

宋子文说："她在美国有很多朋友，也有很多事要做，短期内不会离开美国的。"

记者又提出一个众人十分关心的问题："你几时去台湾呢？"

"过了圣诞节，我在这里有很多朋友，广东方面的，上海方面的，来此就是为了看朋友，并在香港度一个圣诞节。别无其他任务。"

也有的记者问宋："返台湾是否有什么新的政治任务？"

宋子文回答得也十分直率："我已是望土之人了，和政治生活已隔得太久了，不准备再搞了。"

这次午餐会非常清淡、宁静，许多人不明白宋子文为什么请新闻界吃这顿饭。

实际上，宋子文举办这次招待会的目的是十分明确的：向台湾传递信息，争取回到台湾。

尽管宋子文曾在记者招待会上表示将去台湾，但并没有成行。

1959年1月12日下午4时，宋子文偕夫人张乐怡乘泛美航空公司飞机赴马尼拉，并取道回美国。香港《华侨晚报》透露："宋氏此次离港，行踪秘密异常，当日虽其至爱亲朋，亦不告知。"

来港时，宋子文招待记者，精神健旺。离港时，行动秘密，匆匆而去。其中奥秘何在？

香港《自由日报》作了这样的报道：

原来宋氏此次离美东来，本有意复出为国家效力，最初之打算是宋氏出主救济总会并由宋氏先垫出美金1亿元，辅导国家财经建设，并扩大海外救济工作，因年来救总会由谷正纲主持，外间颇有繁言，若换一个宋子文，自能将工作圆满推进，因宋氏有的是钱，而救济工作则非钱不行也。

内幕的报道并说，如果此事能顺利进行，则宋氏复出之第一步工作算是完成，而第二步则是宋氏由主持救济事业进而兼涉财经任务。所传宋子安赴台为TV铺路，即是如此。宋子安赴台后，即分头和若干立法委员和国大代表接洽，同时并进谒某巨公（蒋介石），试探当局意见。

使宋子安感到犹如冷水浇背的是，某巨公谈当局对宋子文之复出，如果单是协力于救济总会工作，是无问题的，如果要进一步重登政治舞台，"以宋氏过去遭到各方的不良反应来说似乎目前尚非时机。当局之意如此，宋子文遂不得不知难而退。"

当初，宋子文拒不接受蒋介石的邀请，避不回台，而这次，当他有意回台时，台湾当局却表示"宋氏过去遭到各方的不良反应"，"目前尚非时机"。看来，宋子文夫妇只有长期滞留美国了。

直到1962年2月，宋子文终于接受了蒋介石的访台邀请。

他在蒋氏夫妇在台北以北的别墅中住了几天。他同"未透露姓名的官员"进行了会谈。返回美国后，宋子文向哈里曼详谈此行情况：我似乎是在试探，看看美国是否改变了支持蒋介石"光复"大陆的态度。约瑟夫·艾尔索普对哈里曼说："委员长和蒋夫人对子文深恶痛绝，请他去台湾，只是因为他们认为，他善于分析美国政府的意图。"

有位西方作家认为，蒋介石显然认定，虽然他无法使宋子文拿出钱来，他至少可以使子文对华盛顿施展他的老魔术。可是他错了。宋子文虽然有居高位的朋友，但是他不再想花力气了。"委员长"的愿望当时没有实现，后来也没有实现。

宋子文的小弟弟宋子安在1950年以后就被他的母校哈佛大学列为"下落不明的人"，意思是说他们同他失去联系。实际上，他在旧金山，是那里资金雄厚的广州银行董事长，直到1969年2月死去。

1969年3月，宋子文又一次抵香港，出席宋子安的葬礼。那一次，宋庆龄曾从北京拍去了唁电。

宋子文的二弟宋子良，第二次世界大战期间负责处理租借物资。他的家业在纽约市。后来，他变成一个神秘的人物。华盛顿的有关人士说，宋子良在20世纪50年代当过财政部的秘密顾问。他具体干些什么，他们不愿说。但是，财政部的人士则否认这种说法，他们宣称，在他们的档案中根本没有叫宋子良的人。

1971年4月，宋子安去世以后的两年，宋子文已经77岁了，他与张乐怡再次去旧金山访亲会友。4月24日晚，他们的老朋友，广州银行的爱道华·尤在他旧金山家里设宴款待他们。这天晚上人们的举止很优雅，宋子文还是以他通常的方式很快吃了许多道菜。突然，他停食了，面露惊恐地站了起来，喘不过气，很快便倒在地上。过了一会儿，他就死了。尸体解剖表明，一小块食物堵在他的气管里，他的颈部神经向他的心脏发出紧急信号，可是他的心脏太弱，不能承受这种压力。

对于宋子文的猝然去世，台湾当局的反应是不冷不热，"副总统"严家淦、"考试院长"孙科等官员发去了唁电，蒋介石"颁挽"了一块题有"勋猷永念"四字的匾额。台湾《"中央"日报》刊载了《宋子文事略》，内称："宋故院长一生热爱祖国，于北伐、抗战与戡乱诸役，或主持政府度支……或主持中央与地方政府，皆有重大贡献……大陆局势逆转后，他出国赴美。在旅美期间，仍时以祖国情况为念。"这算是台湾当局对宋子文的最后评价。

宋子文的一生，因其特殊的家族背景，往往家事与国事搅在一起，纠缠不清，与姐妹的手足之情也不能不受到政治的影响。他与二姐宋庆龄早已分道扬镳，数十年不能谋面。1949年后，宋氏其他兄弟姐妹也是各奔东西，难以相见。

宋子文的去世，本给宋氏三姐妹的相聚提供了一次有利的机会。当时，中美两国政府正在进行秘密的接触，以求改善关系。美国总统尼克松曾想通过宋氏三姐妹奔丧的机会推进中美两国建交，为此他邀请了时任中华人民共和国副主席的宋庆龄、在台的蒋介石夫人宋美龄和当时在美国的

1971年4月25日，宋子文在美国去世。

孔祥熙夫人宋蔼龄前来参加宋子文的葬礼。

邀请发出后，美国当天就收到了中方的信息："宋庆龄副主席赴美参加宋子文的葬礼，由于中美尚未建交，没有直达航班，现在通过美国航空公司联系专机，经伦敦飞美国。"同时尼克松总统获告宋蔼龄赶来参加胞弟的葬礼：宋美龄已经乘专机由台湾启程来美，当晚在夏威夷休息，翌日直飞美国。

尼克松总统获得上述信息后，当即决定让基辛格准备秘密访问中国。正当他们两人商议如何利用宋子文的葬礼，推动中美两国外交进程时，却收到了一份意外的情报：夜宿夏威夷的宋美龄得到了蒋介石的通知，勿入中共统战的圈套，停止飞赴美国参加葬礼。随后，死者亲属又收到孔家的电话，说宋蔼龄临时决定不来参加胞弟的葬礼了。尼克松总统闻之瞠目，不知该说什么才好。最后，他通知有关部门，立即电告蒋介石，说明宋子文的葬礼是宋氏家庭的私事，和大陆的中共无关，希望宋美龄女士应邀来美出席其兄葬礼。

一两天过去了，依然留居在夏威夷的宋美龄仍无登机的消息。宋子文葬礼的前一天，又突然收到中国政府的通知，由于包租不到专机，宋庆龄副主席不能应邀赴美参加胞弟的葬礼。对此，尼克松长叹一口气，遂又做出了决定：把宋庆龄女士不来奔丧的消息通知蒋、孔两家。大姐宋蔼龄、小妹宋美龄能赶来参加葬礼无论对生者还是死者都是一种安慰。

结果又使尼克松总统大失所望。宋美龄因恐怕是政治圈套，索性乘专机飞回了台湾，就连在美国的宋蔼龄也仍然犹豫不决。为了等待她的到来，宋子文的葬礼只好由上午改为下午进行。尼克松总统当时只说了一句话："我真不理解你们中国人。"

5月1日，在纽约市中心的一个教堂里举行了宋子文的追思礼拜。参加者有宋子文的遗孀张乐怡和3个女儿、宋子文的弟弟宋子良，以及顾维钧、台湾驻美"大使"刘锴等数百人。宋氏三姐妹均未出席，这不能不说是一个历史悲剧。

参考文献

《国民政府财政部档案》，中国第二历史档案馆藏。

《中国国民党历次代表大会及中央全会资料》，光明日报出版社 1986 年版。

《中共党史教学参考资料》，人民出版社 1978 年版。

《中共党史参考资料》，解放军政治学院 1979 年版。

《毛泽东书信选集》，人民出版社 1983 年版。

《周恩来选集》，上卷，人民出版社 1980 年版。

《孙中山年谱》，中华书局 1980 年版。

张宪文主编：《中华民国史纲》，河南人民出版社 1985 年版。

郑建生：《"西安事变"后的张学良》，陕西师范大学出版社 1991 年版。

《文史资料选辑》第 71 辑，中华书局 1980 年版。

《抗日民族统一战线与第二次国共合作》，中国文化出版社 1987 年版。

米暂沉：《杨虎城传》，陕西人民出版社 1979 年版。

应德田：《张学良与"西安事变"》，中华书局 1980 年版。

《蒋介石的外国高级参谋长——史迪威》，黑龙江人民出版社 1988 年版。

《中华民国史资料丛稿，译稿》，第二辑，中华书局 1985 年版。

中国社会科学院：《"西安事变"资料》第一辑，人民出版社 1980 年版。

《孔祥熙其人其事》，中国文史出版社 1987 年版。

《顾维钧回忆录》第 1 分册，中华书局 1983 年版。

［美］帕克斯·M. 小科布尔《江浙财阀与国民政府》，南开大学出版社1987年版。

［台］《中国外交史》，台湾清水商务印刷厂，1957年版。

《中美关系资料汇编》第一辑，世界知识出版社出版。

《旧中国公债史资料》，财政经济出版社1955年版。

《"西安事变"亲历记》，中国文史出版社1986年版。

《中国近代金融史》，中国金融出版社1985年版。

钦本立：《美帝经济侵华史》，世界知识出版社1950年版。

郑友揆：《中国的对外贸易和工业发展（1840—1948）》，上海社会科学院出版社1984年版。

李康华等：《中国对外贸易史简论》，对外贸易出版社1981年版。

［苏］B. B. 沃龙佐夫：《蒋介石之命运》，中共中央党校出版社1982年版。

李健：《金陵秋梦》，中国广播电视出版社1992年版。

徐苏：《蒋宋大家族》，辽宁人民出版社1988年版。

《中国近代对外关系资料选辑》，上海人民出版社1977年版。

斯诺：《西行漫记》，生活·读书·新知三联书店1979年版。

高承元：《广州、武汉革命外交文献》，神州国光社1929年版。

洪钧培：《国民政府外交史》，上海华通书局1930年版。

罗家伦主编：《革命文献》，台北1973年版。

《政治协商会议纪实》上卷，重庆出版社1980年版。

吴冬芝主编《中国外交史》，河南人民出版社1990年版。

［台］吴相湘：《第二次中日战争史》，台北1973年版。

［美］罗伯特·达莱克：《罗斯福与美国对外政策1932—1945》，商务印书馆1984年版。

肖效钦：《中国国民党党史》，安徽人民出版社1989年版。

陶文钊等：《抗日战争时期中国对外关系》，中共党史出版社1995年版。

［美］罗比·尤恩森《宋氏三姐妹》，世界知识出版社 1984 年版。

［美］埃米莉，哈恩：《宋氏家族——父女·婚姻·家庭》，新华出版社 1985 年版。

冯玉祥：《我的生活》，黑龙江人民出版社 1981 年版。

斯特林·西格雷夫：《宋家王朝》，星光书店 1985 年版。

《法币、金圆券与黄金风潮》，文史资料出版社 1985 年版。

张郁兰：《中国银行业发展史》，人民出版社 1957 年版。

［台］李云汉：《"西安事变"始末之研究》，近代中国出版社 1982 年出版。

时事问题研究会：《九一八以来国内政治形势的演变》，抗战书店 1940 年版。

史全生主编《中华民国经济史》，江苏人民出版社 1989 年版。

［美］巴巴拉·塔奇曼：《史迪威与美国在华经验》，商务印书馆 1984 年版。

《中国近代工业史资料》，第 3 辑，生活·读书·新知三联书店 1964 年版。

［美］哈里·哈丁主编《中美关系史上沉重的一页》，北京大学出版社 1989 年版。

《中央银行史话》，中国文史出版社 1982 年版。

王泰栋：《陈布雷外史》，中国文史出版社 1987 年出版。

尚明轩、唐宝林：《宋庆龄述论》，载《近代史研究》1989 年第 6 期。

《国民政府公报》1926 年、1927 年。

中国第二历史档案馆：《中华民国史档案资料汇编》第 4 辑。

《宋子文答记者谈》，《广州民国日报》1926 年 1 月 4 日。

《宋子文关于一年间库款收入及整理财政经过情形呈》1926 年 11 月 5 日。

《宋子文致蒋介石电附表》，《银行周报》11 卷 16 号。

《广东财政纪实》上第 1 编，广东省财政厅 1934 年发行。

《国民政府财政部宋部长之财政报告》，见《政治周报》第 5 期。

《申报》1927 年 1 月。

《晨报》1927 年 4 月。

《中华民国史资料丛稿大事记》，第 14 辑，中华书局 1986 年版。

王正廷：《近二十五年之中国外交》1927 年 7 月。

《抗战前财政工作概述》，《中央周报》1947 年 5 月。

《民国十九年盐务稽核所年报》，《财政公报》第 55 期。

国民政府财政部《1928 年 7 月 1 日至 1933 年 6 月 30 日常年岁入和岁出》。

《国民政府十九年财政报告书》《盐务》，《中央周报》。

南京第二档案馆《民国档案》1987 年、1988 年合订本。

国民政府《财政公报》第 53 期。

程锡庚：《盐务的重要问题及改革》、《新盐务专刊》。

《中华年鉴 1929—1930》，上海 1930 年版。

张玉法：《中国现代史》下册，台湾东华书店出版。

南京《中央日报》1936 年 12 月 15 日。

宋美龄：《"西安事变"回忆录》。

孔祥熙：《"西安事变"回忆录》。

西安《解放日报》1936 年 12 月 21 日。

杨天石：《关于张学良》，《团结报》1992 年 3 月 14 日。

［台］秦孝仪主编《中华民国重要史料初编——对抗战时期》第三编（二）。

《蒋"总统"秘录》第 13 册。

《大公报》1945 年 4—10 月。

《新华日报》1946 年 3 月。

《中央日报》1946 年 10 月。

《现代评论》1928 年 8 月 11 日，上海 1928 年版。

《国闻周报》卷 10，卷 11。

《南京所发八千万赈灾公债》，《中央导报》1931 年 9 月 9 日。

国民政府财政部《财政年度报告 1930 年—1932 年》。

《民众论谈》第 4 期（1931 年 6—7 月）。

《顾维钧致张学良电稿》，1931 年 10 月 14 日见《民国档案》1985 年第 1 期。

《全国银行年鉴》1934 年。

国民政府财政部《财政年度报告 1932 年—1934 年》。

宋子文：《在西安各界欢迎大会上的演说》，载《申报》1934 年 4 月 27 日。

宋子文：《考察西北经过》，载《申报》1934 年 6 月 24 日。

经委会：《西北建设计划》，载《申报》1934 年 6 月 24 日。

《中国评论周报》1933 年 8 月 31 日。

《密勒氏评论报》1933 年 11 月 4 日。

《中行月刊》1934 年 4 月。

上海《民国日报》1931 年 8 月 19 日。

《中国银行周报》1932 年 7 月 21 日。

《时事周报》1933 年 10 月 31 日。

《上海年鉴 1935—1936》。

1935 年 11 月 4 日国民政府财政部布告。

《新闻报》1934 年 5 月 11 日，载《中国近代工业史资料》第 3 辑，第 1020 页。

《中国军务》第 6 卷（1934 年 6 月 15 日）。

《宋子文给国民党中央监察委员会的报告》1946 年 10 月。

《经济统计日志》（1937 年 9 月）第 4 卷。

姜尚：《毛泽东给宋子文的一封信》，《革命英烈》1989 年第 2 期。

《博古关于南京来人谈话结果致张闻天、毛泽东等电》1936 年 2 月 7 日，藏中央档案馆。

陆末强：《上海革命历史的重要见证》，《支部生活》1987 年第 19 期。

潘合定：《抗日民族统一战线的形成》，《文献与研究》1985 年第 4 期。

谌小岑：《"西安事变"前一年国共两党关于联合抗日问题的一段接触》。

《潘汉年回忆七七前后国共联系情况》，《党史资料通讯》1987 年 5、6 期合刊。

《中国国民党中央政治委员会会议启示》1936 年 12 月 12 日。

全国经济委员会：《统制棉业告国人书》，载《国闻周报》卷 10，第 40 期。

《美国国务卿艾其逊致美国总统杜鲁门的信》1949 年 7 月 30 日。

国民政府外交部：《关于旧金山会议之前瞻》1945 年 3 月。

《宋子文"西安事变"日记独家揭秘：蒋介石痛哭绝食》，国际先驱导报 2004 年 6 月 22 日。

后　记

　　宋子文其人，是旧中国政治舞台上的一位风云人物。

　　他先后出任广州、武汉和南京国民政府的财政部长和中央银行行长（总裁），担任过外交部部长、行政院副院院长、代院长、院长，参与了南京国民政府政治、经济、外交等重大问题的策划，在民国时期的许多重要事件中起到了举足轻重的作用。

　　他曾追随孙中山，并以见证人的身份，在孙中山的两份遗嘱上签名，为时人所瞩目。后来，他却背叛了孙中山的革命事业。

　　他是"四大家族"的重要成员，长期为蒋介石政权筹款理财。他是南京国民政府同美、英等国联系的主要代表，多次出访西方各国，寻求援助。在"双十二事变"的关键时刻，他力排众议，飞赴西安，参加谈判，促成有关停止内战、联合抗日的协议。

　　在全国解放战争中，他追随蒋介石，坚持与人民为敌的反动立场，被共产党列入"必须立即动手逮捕"的战犯名单，是属于蒋介石之后的第二号战犯。

　　离开大陆后，他滞留美国，拒不返台居住，被蒋介石圈定为仅次于孔祥熙的第二位应开除国民党党籍的人。

　　在宦海中，他时沉时浮。同蒋介石的关系，时合时分。风云变幻，数度兴衰。其中缘由耐人思索。

　　他凭借权势，中饱私囊，弄得民怨沸腾，被赶下旧中国的政治舞台。他聚敛了巨额财富，被人称为"世界首富"。其巨额财富的确切数字，始终是无法彻底揭开的谜。

宋子文的所作所为，从一个侧面反映出民国时期的社会状况和特点。对其进行研究与评述，有助于广大群众特别是青年朋友们了解中华民国史，进一步认识中国人民推翻国民党的反动统治的历史必然性，从而更加坚定建设有中国特色的社会主义的信念。

近些年来，国内研究宋子文的学者日渐见多，已有不少文章专著问世。出于历史的责任感，本人也不揣浅陋，伏案笔耕，舞弄成书。在本书编写过程中，军事经济学院教员蒋仕民、饶方虎二人参与了资料的搜集和部分章节的写作，在此深表谢意。

宋子文在国民政府中长期担任要职。他的活动范围大，涉及面很广。由于受历史资料和学识的限制，本书在评述宋子文在政治、经济、外交等方面的主要活动时，难免有错误与失当之处，恳请读者指正。

王松 2016 年 7 月